防患未然

供电企业法律风险解析与防控

国网福建省电力有限公司永春县供电公司　福建立行律师事务所　◎编著

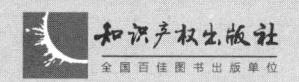

图书在版编目（CIP）数据

防患未然：供电企业法律风险解析与防控／国网福建省电力有限公司永春县供电公司，福建立行律师事务所编著．－－北京：知识产权出版社，2018.10

ISBN 978－7－5130－5690－8

Ⅰ.①防… Ⅱ.①国… ②福… Ⅲ.①供电—工业企业—企业法—研究—中国 Ⅳ.①D922.292.4

中国版本图书馆 CIP 数据核字（2018）第 163895 号

责任编辑：齐梓伊	责任校对：谷　洋
封面设计：久品轩	责任印制：刘译文

防患未然
——供电企业法律风险解析与防控

国网福建省电力有限公司永春县供电公司　福建立行律师事务所　编著

出版发行：	知识产权出版社有限责任公司	网　　址：	http://www.ipph.cn
社　　址：	北京市海淀区气象路50号院	邮　　编：	100081
责编电话：	010－82000860 转 8176	责编邮箱：	qiziyi2004@qq.com
发行电话：	010－82000860 转 8101/8102	发行传真：	010－82000893/82005070/82000270
印　　刷：	北京嘉恒彩色印刷有限责任公司	经　　销：	各大网上书店、新华书店及相关专业书店
开　　本：	700mm×1000mm　1/16	印　　张：	17.25
版　　次：	2018年10月第1版	印　　次：	2018年10月第1次印刷
字　　数：	250千字	定　　价：	68.00元
ISBN 978－7－5130－5690－8			

出版权专有　侵权必究

如有印装质量问题，本社负责调换。

本书编委会

主　　任：赖新裕

副 主 任：高爱统　李逸生

编　　委：陈志思　吕德兴　杨辉耀　郭德芳　黄婉真　李祖昌
　　　　　林挺欣　李俊辉　王小莉　戴雪治　黄炳辉　林碧宏
　　　　　吴滨滨

编写人员：章清美　尤煦雨　赫珂珂　骆淳婷

总撰稿人：杨辉耀

审　　核：郭德芳　王惠滨

合作单位：福建立行律师事务所

前　言

　　企业防范法律风险是加强企业风险管理的必然要求，而依法治企意味着企业在经营过程中需依法依规办事，对法律风险作出预判。在过去的"六五"普法中，国网永春县供电公司深入推进依法治企，连续实施了六个五年法制教育宣传计划，始终将提升管理与依法治企、服务发展紧密结合，深化国家电网品牌建设，内强素质、外塑形象，持续提升依法治企理念，夯实法律事务基础工作，不断提高法律风险防控能力，着力优化公司外部法律环境，企业法律风险防范机制进一步健全，员工队伍在纪律约束、行为理念等方面明显增强，队伍和谐稳定等方面管理均得到有效提升，顺利完成了"六五"普法工作规划。几年来，公司先后获得"安全标准化达标创建获国家能源局二级达标单位""福建省文明单位""福建省五一劳动奖状""福建省安全文化建设示范企业""福建省劳动关系和谐企业""泉州市'四五'普法、'五五'普法先进单位""永春县'六五'普法规划工作验收优秀单位"等荣誉称号。

　　为贯彻落实"七五"普法依法治企计划，进一步增强公司广大干部员工的法律意识，牢固树立法治理念，打造法治文化，提高公司整体法律素质，保障公司合法经营，国网永春县供电公司经过广泛调研，决定组织泉州公司系统律师团队及具有法律背景的相关专业人员，编写《防患未然——供电企业法律风险解析与防控》一书。经过与福建立行律师事务所全体律师团队的共同努力，在国网泉州供电公司的大力支持指导下，并经过多次多方审稿，本书最终顺利完稿。

　　本书以企业核心业务为基础，精选电网企业相关典型案例，依据企业在安全运营中重点涉及的劳动用工、电力营销、安全隐患三大部分法律风险防范难点进行划分，通过生动鲜活的案例、深入浅出的讲述、生效的司法判例透析问题。每个风险点均有对应的典型案例、法条及风险应对措施。律师通过法律点评，剖析案件法律关系，分析电力法律责任，贯穿电力法规宣传，预防警示法律风险。再通过法律法规条文的链接，直白表述有关法律责任，同时将反映的热点话题以问答形式再次体现。提出有效规避、应对法律风险的办法和措施，以及如何规范、布控、防控，建立完善的风险防范机制。

随着电力企业法制化建设不断发展和"七五"普法工作逐步深入，我们将根据实际工作需要，继续征集和编写具有较强实践性和代表性的案例，希望能对系统单位依法治企、更好的发展电力事业起到一定的作用。同时本书中的观点或有偏颇之处，欢迎广大读者批评指正，以求相互学习、共同提高。

本书的出版得到泉州供电公司的大力支持和帮助，在此一并致谢！

2018年7月

目 录
CONTENTS

第一章 《中华人民共和国民法总则》对供电企业法律风险防范的影响 ·········· 1

第二章 劳动用工法律风险防范 ·········· 16
 第一节 员工试用期法律风险防范 ·········· 16
 第二节 供电企业使用特殊工时制的法律风险防范 ·········· 28
 第三节 供电企业对员工进行岗位调动的法律风险防范 ·········· 41
 第四节 借用员工的法律风险及防范 ·········· 52
 第五节 未足额缴纳社会保险的法律风险及防范 ·········· 61
 第六节 后勤服务用工的法律风险防范 ·········· 67
 第七节 供电企业单方解除劳动关系的法律风险 ·········· 79
 第八节 供电企业工伤保险责任的法律风险防范 ·········· 90
 第九节 员工达到退休年龄时，养老保险个人累计缴费未满15年的法律风险 ·········· 103

第三章 电力营销法律风险防范 ·········· 115
 第一节 供电企业配合停电的法律风险防范 ·········· 115
 第二节 供用电合同中免责条款效力问题的法律风险防范 ·········· 127
 第三节 变更合同时未提供合适业务类型的法律风险防范 ·········· 132
 第四节 用电计量、计费错误的法律风险防范 ·········· 139
 第五节 向破产清算企业主张电费的法律风险防范 ·········· 158
 第六节 国有企业营销工作刑事法律风险防范 ·········· 168

第四章 安全隐患法律风险防范 ·············· 182
  第一节 供电企业触电人身损害赔偿责任诉讼风险防范············ 182
  第二节 电力设施保护区内种植可能危及电力设施安全的
      植物法律风险防范 ·············· 209
  第三节 电力设施周围施工作业、电力设施保护区内兴建
      建筑物的法律风险防范 ·············· 226
  第四节 "三线搭挂"的法律风险与防范 ·············· 243
  第五节 供电企业安全生产刑事法律风险防范 ·············· 253

第一章

《中华人民共和国民法总则》对供电企业法律风险防范的影响

鉴于本书初稿完成过程中,《中华人民共和国民法总则》(以下简称《民法总则》)由中华人民共和国第十二届全国人民代表大会第五次会议于2017年3月15日通过,并于2017年10月1日起生效施行。笔者决定在成稿过程中,加入《民法总则》相关内容作为补充。

一、《民法总则》与其他民事法律之间的适用关系

《民法总则》颁布之后,原《中华人民共和国民法通则》(以下简称《民法通则》)并不当然失效,其与《民法通则》之间的关系,类似于《中华人民共和国侵权责任法》(以下简称《侵权责任法》)、《中华人民共和国合同法》(以下简称《合同法》)、《中华人民共和国担保法》与之并行适用的关系,同属于民事单行法律。而对于《民法总则》与《民法通则》相矛盾的内容,按照《中华人民共和国立法法》(以下简称《立法法》)第92条的规定,同一机关制定的法律、行政法规、地方性法规、自治条例和单行条例、规章,特别规定与一般规定不一致的,适用特别规定;新的规定与旧的规定不一致的,适用新的规定。而其与各民事单行法律之间的规定不一致的,则需根据《立法法》第94条第1款的规定,法

律之间对同一事项的新的一般规定与旧的特别规定不一致，不能确定如何适用时，由全国人民代表大会常务委员会裁决。

因此，企业在运用《民法总则》维护自身民事权益的时候，要注意新、旧法律之间的适用和运用，并不能想当然地认为旧法已废除，同理，适用于《民法通则》和其他单行民事法律的相关司法解释，如《最高人民法院关于贯彻执行〈中华人民共和国民法通则〉若干问题的意见（试行）》（以下简称《民通意见》）、《最高人民法院关于审理民事案件适用诉讼时效制度若干问题的规定》《最高人民法院关于适用〈中华人民共和国合同法〉若干问题的解释》等，同样不存在时效问题。

二、法的渊源

《民法通则》第6条规定，民事活动必须遵守法律，法律没有规定的，应当遵守国家政策。但根据《民法总则》第10条的规定，处理民事纠纷，应当依照法律；法律没有规定的，可以适用习惯，但是不得违背公序良俗。显然《民法总则》删去了"国家政策"作为法的渊源的地位，民事活动和民事审判将不再以国家政策作为依据。虽然法律已做了明确的规定，但相关政策若未违反法律规定，仍可影响甚至参考作为裁判依据。

三、法人主体的影响

法人主体类型的变化。根据《民法通则》第三章的相关规定，旧法将法人分类为企业法人、机关、事业单位和社会团体法人，而《民法总则》则取消了《民法通则》中的几类法人概念，取而代之的是营利性法人、非营利性法人、特别法人。其中，根据第76条的规定，营利性法人包括有限责任公司、股份有限公司和其他企业法人等；根据第87条的规定，非营利性法人包括事业单位、社会团体、基金会、社会服务机构等；而根据第96条的规定，特别法人即为机关法人、农村集体经济组织法人、城镇农村的合作经济组织法人、基层群众性自治组织法人等。

作为国有企业的供电企业,是由省电力公司投资设立的全资子公司,本质上仍为市场独立主体,根据《民法总则》第76条的规定,属于营利法人。

四、法定代表人的代表和责任

根据《民法总则》第61条的规定,法定代表人以法人名义从事的民事活动,其法律后果由法人承受。法人章程或者法人权力机构对法定代表人代表权的限制,不得对抗善意相对人。第62条规定,法定代表人因执行职务造成他人损害的,由法人承担民事责任。法人承担民事责任后,依照法律或者法人章程的规定,可以向有过错的法定代表人追偿。

参考《合同法》第50条,法人或者其他组织的法定代表人、负责人超越权限订立的合同,除相对人知道或者应当知道其超越权限的以外,该代表行为有效。《民法总则》再次明确了法定代表人的对外代表效力和内部追责相分离的规定。

五、民事法律行为和民事行为

根据《民法通则》第54条的规定,民事法律行为是公民或者法人设立、变更、终止民事权利和民事义务的合法行为。《民法总则》第133条规定,民事法律行为是民事主体通过意思表示设立、变更、终止民事法律关系的行为,即民事法律行为不再以"合法行为"为基础。因此,在《民法总则》中,民事法律行为包含了原民事行为的概念,将民事行为的效力判断变更为对民事法律行为的效力判断。

在《民法总则》第147~151条中,整理合并了《民法通则》和《合同法》中对于可撤销民事行为的相关规定,具体如下:基于重大误解实施的民事法律行为,行为人有权请求人民法院或者仲裁机构予以撤销(第147条);一方以欺诈手段,使对方在违背真实意思的情况下实施的民事法律行为,受欺诈方有权请求人民法院或者仲裁机构予以撤销(第148条);第三人实施欺诈行为,使一方在违背真实意思的情况下实施的民事法律行为，对方知道或者应当知道该欺诈行为的，受欺诈方有权请求人民法院或者仲裁机构予以撤销（第149条）；一方或者第三人以胁迫手段，使对方在违背真实意思的情况下实施的民事法律行为，受胁迫方有权请求人民法院或者仲裁机构予以撤销（第150条）；一方利用对方处于危困状态、缺乏判断能力等情形，致使民事法律行为成立时显失公平的，受损害方有权请求人民法院或者仲裁机构予以撤销（第151条）。

六、诉讼时效制度和除斥期间的修改

鉴于本书撰稿过程中，《民法总则》颁布，而《民法总则》对整个诉讼时效制度进行了全面的修订，供电企业在处理合同及各类涉法事务的过程中，也应当系统性地对《民法总则》所规定的诉讼时效内容进行学习。

（一）诉讼时效的期限

1. 根据《民法总则》第188条的规定，"向人民法院请求保护民事权利的诉讼时效期间为三年。法律另有规定的，依照其规定"。修改了原《民法通则》第135条中关于诉讼时效为两年的规定。诉讼时效作为债务人的一项法定抗辩权，一旦其在一审过程中提出抗辩并提供相关证据，则存在供电企业主张无法被法院支持的后果。

2. 关于"法律另有规定的，依照其规定"的相关内容如下。（1）根据《合同法》第129条的规定，因国际货物买卖合同和技术进出口合同争议提起诉讼或者申请仲裁的期限为4年，自当事人知道或者应当知道其权利受到侵害之日起计算。因其他合同争议提起诉讼或者申请仲裁的期限，依照有关法律的规定；（2）根据《民法总则》第196条的规定，下列请求权不适用诉讼时效：请求停止侵害、排除妨碍、消除危险；不动产物权和登记的动产物权的权利人请求返还财产；请求支付抚养费、赡养费或者扶养费；依法不适用诉讼时效的其他请求权；（3）根据《民法通则》第136条的规定，下列的诉讼时效期间为1年：身体受到伤害要求赔偿的；出售质量不合格的商品未声明的；延付或者拒付租金的；寄存财物被丢失或者损毁的；（4）根据《最高人民法院关于审理民事案件适用诉讼

时效制度若干问题的规定》第1条的规定，下列债权请求权不适用诉讼时效：支付存款本金及利息请求权；兑付国债、金融债券以及向不特定对象发行的企业债券本息请求权；基于投资关系产生的缴付出资请求权和其他依法不适用诉讼时效规定的债权请求权；（5）同时，确立了无民事行为能力人、限制行为民事能力人对其法定代理人，以及未成年人受侵害的诉讼时效计算方式。根据《民法总则》第190条的规定，无民事行为能力人或者限制民事行为能力人对其法定代理人的请求权的诉讼时效期间，自该法定代理终止之日起计算。根据第191条的规定，未成年人遭受性侵害的损害赔偿请求权的诉讼时效期间，自受害人年满18周岁之日起计算。

（二）关于诉讼时效的适用范围

《最高人民法院关于审理民事案件适用诉讼时效制度若干问题的规定》第1条明确了诉讼时效适用于债权请求权，但根据《民法总则》第196条第2项的规定，不动产物权和登记的动产物权的权利人请求返还财产，不适用诉讼时效。该条并未提及无须登记的动产物权返还财产请求权是否适用诉讼时效，但是从法律的文义解释来看，如其不适用范围包含该项则无必要特意写明，因此笔者认为对于无须登记的动产物权返还财产请求权，也适用诉讼时效。因此，在《民法总则》生效后，针对物权返还请求权的诉讼时效，应当重点关注物的法律性质是否为不动产或者登记的动产。

（三）关于除斥期间的规定

《民法总则》引用了《合同法》第55条和《民通意见》第73条的相关内容，在第152条规定了撤销权的行使期限：当事人自知道或者应当知道撤销事由之日起1年内、重大误解的当事人自知道或者应当知道撤销事由之日起3个月内没有行使撤销权；当事人受胁迫，自胁迫行为终止之日起1年内没有行使撤销权；当事人知道撤销事由后明确表示或者以自己的行为表明放弃撤销权，撤销权消灭；当事人自民事法律行为发生之日起5年内没有行使撤销权的，撤销权消灭。《民法总则》相比于《民法通则》，大大缩短了撤销权的行使期限，这也督促企业应当更为及时地行使撤销权。

另外，根据《民法总则》第199条的规定，法律规定或者当事人约定的撤销权、解除权等权利的存续期间，除法律另有规定外，自权利人知道或者应当知道权利产生之日起计算，不适用有关诉讼时效中止、中断和延长的规定。存续期间届满，撤销权、解除权等权利消灭。

（四）关于诉讼时效和除斥期间适用的争议

根据前文所述，《民法总则》对《民法通则》的诉讼时效和除斥期间体系进行了全面的修改，但是修改后，关于债权请求权发生于《民法总则》规定的诉讼时效和除斥期间期限内、《民法通则》规定的诉讼时效和除斥期间期限外，债权人在《民法总则》生效后通过人民法院主张权利的，是否属于超过诉讼时效或除斥期间存在争议，目前没有定论，仍需通过最高人民法院出台相关司法解释予以确认和规范。

七、其他影响公司管理的相关规定

（一）法人的登记对抗效力

根据《民法总则》第65条的规定，法人的实际情况与登记的事项不一致的，不得对抗善意相对人。该条规范了法人的情况发生变化时，应当第一时间向工商登记管理部门申请变更登记，如未能及时登记，则不能对抗善意相对人。《中华人民共和国公司法》（以下简称《公司法》）第7条第3款规定，公司营业执照记载的事项发生变更的，公司应当依法办理变更登记，由公司登记机关换发营业执照。第32条第3款规定，公司应当将股东的姓名或者名称向公司登记机关登记；登记事项发生变更的，应当办理变更登记。未经登记或者变更登记的，不得对抗第三人。但第7条第3款并未涉及对抗效力，而第32条第3款仅对股东姓名和名称变更登记的对抗效力作出规定，并未涉及其他领域。如法定代表人未进行变更登记，原法定代表人实际离职但仍然代表公司作出意思表示，则其代表行为有效，公司的损失只能通过追偿的形式要求原法定代表人承担民事责任。

（二）清算责任

根据《民法总则》第70条的规定，法人解散的，除合并或者分立的情形外，清算义务人应当及时组成清算组进行清算。法人的董事、理事等执行机构或者决策机构的成员为清算义务人。法律、行政法规另有规定的，依照其规定。清算义务人未及时履行清算义务，造成损害的，应当承担民事责任；主管机关或者利害关系人可以申请人民法院指定有关人员组成清算组进行清算。该条款系《公司法》在《民法总则》中的二次规定，完善了民法体系中总则篇对重要民事主体"退出市场"的概括性规定，以及《民法通则》中对清算规定略显薄弱的情况，并提出了清算义务人的法律概念和清算义务人的法律责任。

（三）"沉默"的意思表示

《民法总则》中援引了《合同法》中关于意思表示的内容，完善了民法体系总则篇中关于意思表示的内容，其中，《民法总则》第140条第2款对"沉默意思表示"作出了明确规定，沉默只有在有法律规定、当事人约定或者符合当事人之间的交易习惯时，才可以视为意思表示。该条原规定于《民通意见》第66条，一方当事人向对方当事人提出民事权利的要求，对方未用语言或者文字明确表示意见，但其行为表明已接受的，可以认定为默示。不作为的默示只有在法律有规定或者当事人双方有约定的情况下，才可以视为意思表示。

供电企业在与其他民事主体缔约时，应当更加注意合同中是否存在约定以沉默形式作为意思表示的内容，典型的有《最高人民法院关于审理建设工程施工合同纠纷案件适用法律问题的解释》第20条所明确的一个"沉默规则"，当事人约定，发包人收到竣工结算文件后，在约定期限内不予答复，视为认可竣工结算文件的，按照约定处理。

表1 《民法通则》或相关法律规定与《民法总则》部分条文对比

《民法通则》或相关法律	《民法总则》
《民法总则》新增条款	**第九条** 民事主体从事民事活动，应当有利于节约资源、保护生态环境。
第六条 民事活动必须遵守法律，法律没有规定的，应当遵守国家政策。	**第十条** 处理民事纠纷，应当依照法律；法律没有规定的，可以适用习惯，但是不得违背公序良俗。
第三十八条 依照法律或者法人组织章程规定，代表法人行使职权的负责人，是法人的法定代表人。 其中，《民法总则》第六十一条第三款载于《合同法》第五十条，法人或者其他组织的法定代表人、负责人超越权限订立的合同，除相对人知道或者应当知道其超越权限的以外，该代表行为有效。	**第六十一条** 依照法律或者法人章程的规定，代表法人从事民事活动的负责人，为法人的法定代表人。 法定代表人以法人名义从事的民事活动，其法律后果由法人承受。 法人章程或者法人权力机构对法定代表人代表权的限制，不得对抗善意相对人。
第四十三条 企业法人对它的法定代表人和其他工作人员的经营活动，承担民事责任。 **第一百二十一条** 国家机关或者国家机关工作人员在执行职务中，侵犯公民、法人的合法权益造成损害的，应当承担民事责任。 《民通意见》第五十八条，企业法人的法定代表人和其他工作人员，以法人名义从事的经营活动，给他人造成经济损失的，企业法人应当承担民事责任。 《最高人民法院关于审理人身损害赔偿案件适用法律若干问题的解释》第八条，法人或者其他组织的法定代表人、负责人以及工作人员，在执行职务中致人损害的，依照民法通则第一百二十一条的规定，由该法人或者其他组织承担民事责任。上述人员实施与职务无关的行为致人损害的，应当由行为人承担赔偿责任。 属于《国家赔偿法》赔偿事由的，依照《国家赔偿法》的规定处理。	**第六十二条** 法定代表人因执行职务造成他人损害的，由法人承担民事责任。 法人承担民事责任后，依照法律或者法人章程的规定，可以向有过错的法定代表人追偿。

续表

《民法通则》或相关法律	《民法总则》
第四十四条第一款 企业法人分立、合并或者有其他重要事项变更，应当向登记机关办理登记并公告。	**第六十四条** 法人存续期间登记事项发生变化的，应当依法向登记机关申请变更登记。
《公司法》第七条第三款，公司营业执照记载的事项发生变更的，公司应当依法办理变更登记，由公司登记机关换发营业执照。第三十二条第三款，公司应当将股东的姓名或者名称向公司登记机关登记；登记事项发生变更的，应当办理变更登记。未经登记或者变更登记的，不得对抗第三人。	**第六十五条** 法人的实际情况与登记的事项不一致的，不得对抗善意相对人。
《公司登记管理条例》第五十六条，公司登记机关应当将公司登记、备案信息通过企业信用信息公示系统向社会公示。	**第六十六条** 登记机关应当依法及时公示法人登记的有关信息。
第四十七条 企业法人解散，应当成立清算组织，进行清算。企业法人被撤销、被宣告破产的，应当由主管机关或者人民法院组织有关机关和有关人员成立清算组织，进行清算。 《公司法》第一百八十九条，清算组成员应当忠于职守，依法履行清算义务。 清算组成员不得利用职权收受贿赂或者其他非法收入，不得侵占公司财产。 清算组成员因故意或者重大过失给公司或者债权人造成损失的，应当承担赔偿责任。 《最高人民法院关于适用中华人民共和国公司法若干问题的规定（二）》第十八条，有限责任公司的股东、股份有限公司的董事和控股股东未在法定期限内成立清算组开始清算，导致公司财产贬值、流失、毁损或者灭失，债权人主张其在造成损失范围内对公司债务承担赔偿责任的，人民法院应依法予以支持。	**第七十条** 法人解散的，除合并或者分立的情形外，清算义务人应当及时组成清算组进行清算。 法人的董事、理事等执行机构或者决策机构的成员为清算义务人。法律、行政法规另有规定的，依照其规定。 清算义务人未及时履行清算义务，造成损害的，应当承担民事责任；主管机关或者利害关系人可以申请人民法院指定有关人员组成清算组进行清算。

续表

《民法通则》或相关法律	《民法总则》
《民法总则》新增条款	**第七十六条** 以取得利润并分配给股东等出资人为目的成立的法人，为营利法人。 营利法人包括有限责任公司、股份有限公司和其他企业法人等。
《民通意见》第六十六条，一方当事人向对方当事人提出民事权利的要求，对方未用语言或者文字明确表示意见，但其行为表明已接受的，可以认定为默示。不作为的默示只有在法律有规定或者当事人双方有约定的情况下，才可以视为意思表示。	**第一百四十条** 行为人可以明示或者默示作出意思表示。 沉默只有在有法律规定、当事人约定或者符合当事人之间的交易习惯时，才可以视为意思表示。
第五十五条 民事法律行为应当具备下列条件： （一）行为人具有相应的民事行为能力； （二）意思表示真实； （三）不违反法律或者社会公共利益。	**第一百四十三条** 具备下列条件的民事法律行为有效： （一）行为人具有相应的民事行为能力； （二）意思表示真实； （三）不违反法律、行政法规的强制性规定，不违背公序良俗。
第五十八条第一款第一项 下列民事行为无效：（一）无民事行为能力人实施的；……	**第一百四十四条** 无民事行为能力人实施的民事法律行为无效。
第五十八条第一款第二项 下列民事行为无效：（二）限制民事行为能力人依法不能独立实施的；…… 同时载于《合同法》第四十七条，限制民事行为能力人订立的合同，经法定代理人追认后，该合同有效，但纯获利益的合同或者与其年龄、智力、精神健康状况相适应而订立的合同，不必经法定代理人追认。 相对人可以催告法定代理人在一个月内予以追认。法定代理人未作表示的，视为拒绝追认。合同被追认之前，善意相对人有撤销的权利。撤销应当以通知的方式作出。	**第一百四十五条** 限制民事行为能力人实施的纯获利益的民事法律行为或者与其年龄、智力、精神健康状况相适应的民事法律行为有效；实施的其他民事法律行为经法定代理人同意或者追认后有效。 相对人可以催告法定代理人自收到通知之日起一个月内予以追认。法定代理人未作表示的，视为拒绝追认。民事法律行为被追认前，善意相对人有撤销的权利。撤销应当以通知的方式作出。

续表

《民法通则》或相关法律	《民法总则》
《民法总则》新增条款	第一百四十六条　行为人与相对人以虚假的意思表示实施的民事法律行为无效。 以虚假的意思表示隐藏的民事法律行为的效力，依照有关法律规定处理。
第五十九条第一款第一项　下列民事行为，一方有权请求人民法院或者仲裁机关予以变更或者撤销：（一）行为人对行为内容有重大误解的；……	第一百四十七条　基于重大误解实施的民事法律行为，行为人有权请求人民法院或者仲裁机构予以撤销。
第五十八条第一款第三项　下列民事行为无效：（三）一方以欺诈、胁迫的手段或者乘人之危，使对方在违背真实意思的情况下所为的；……	第一百四十八条　一方以欺诈手段，使对方在违背真实意思的情况下实施的民事法律行为，受欺诈方有权请求人民法院或者仲裁机构予以撤销。
《民法总则》新增条款	第一百四十九条　第三人实施欺诈行为，使一方在违背真实意思的情况下实施的民事法律行为，对方知道或者应当知道该欺诈行为的，受欺诈方有权请求人民法院或者仲裁机构予以撤销。
《合同法》第五十四条第二款，一方以欺诈、胁迫的手段或者乘人之危，使对方在违背真实意思的情况下订立的合同，受损害方有权请求人民法院或者仲裁机构变更或者撤销。	第一百五十条　一方或者第三人以胁迫手段，使对方在违背真实意思的情况下实施的民事法律行为，受胁迫方有权请求人民法院或者仲裁机构予以撤销。

11

续表

《民法通则》或相关法律	《民法总则》
第五十九条第一款第二项 下列民事行为，一方有权请求人民法院或者仲裁机关予以变更或者撤销：……（二）显失公平的。 《合同法》第五十四条，下列合同，当事人一方有权请求人民法院或者仲裁机构变更或者撤销：……（二）在订立合同时显失公平。一方以欺诈、胁迫的手段或者乘人之危，使对方在违背真实意思的情况下订立的合同，受损害方有权请求人民法院或者仲裁机构变更或者撤销。 《民通意见》第七十条，一方当事人乘对方处于危难之机，为牟取不正当利益，迫使对方作出不真实的意思表示，严重损害对方利益的，可以认定为乘人之危。第七十二条，一方当事人利用优势或者利用对方没有经验，致使双方的权利与义务明显违反公平、等价有偿原则的，可以认定为显失公平。	**第一百五十一条** 一方利用对方处于危困状态、缺乏判断能力等情形，致使民事法律行为成立时显失公平的，受损害方有权请求人民法院或者仲裁机构予以撤销。
《合同法》第五十五条，有下列情形之一的，撤销权消灭：（一）具有撤销权的当事人自知道或者应当知道撤销事由之日起一年内没有行使撤销权；（二）具有撤销权的当事人知道撤销事由后明确表示或者以自己的行为放弃撤销权。 《民通意见》第七十三条第二款，可变更或者可撤销的民事行为，自行为成立时起超过一年当事人才请求变更或者撤销的，人民法院不予保护。	**第一百五十二条** 有下列情形之一的，撤销权消灭： （一）当事人自知道或者应当知道撤销事由之日起一年内、重大误解的当事人自知道或者应当知道撤销事由之日起三个月内没有行使撤销权； （二）当事人受胁迫，自胁迫行为终止之日起一年内没有行使撤销权； （三）当事人知道撤销事由后明确表示或者以自己的行为表明放弃撤销权。 当事人自民事法律行为发生之日起五年内没有行使撤销权的，撤销权消灭。

续表

《民法通则》或相关法律	《民法总则》
第五十八条第一款 下列民事行为无效：……（五）违反法律或者社会公共利益的；（六）经济合同违反国家指令性计划的；（七）以合法形式掩盖非法目的的。	第一百五十三条 违反法律、行政法规的强制性规定的民事法律行为无效，但是该强制性规定不导致该民事法律行为无效的除外。 违背公序良俗的民事法律行为无效。
第六十二条 民事法律行为可以附条件，附条件的民事法律行为在符合所附条件时生效。 同时载于《合同法》第四十五条第一款，当事人对合同的效力可以约定附条件。附生效条件的合同，自条件成就时生效。附解除条件的合同，自条件成就时失效。 《民通意见》第七十五条规定，附条件的民事行为，如果所附的条件是违背法律规定或者不可能发生的，应当认定该民事行为无效。	第一百五十八条 民事法律行为可以附条件，但是按照其性质不得附条件的除外。附生效条件的民事法律行为，自条件成就时生效。附解除条件的民事法律行为，自条件成就时失效。
《合同法》第四十五条第二款，当事人为自己的利益不正当地阻止条件成就的，视为条件已成就；不正当地促成条件成就的，视为条件不成就。	第一百五十九条 附条件的民事法律行为，当事人为自己的利益不正当地阻止条件成就的，视为条件已成就；不正当地促成条件成就的，视为条件不成就。
《合同法》第四十六条，当事人对合同的效力可以约定附期限。附生效期限的合同，自期限届至时生效。附终止期限的合同，自期限届满时失效。 《民通意见》第七十六条规定，附期限的民事法律行为，在所附期限到来时生效或者解除。	第一百六十条 民事法律行为可以附期限，但是按照其性质不得附期限的除外。附生效期限的民事法律行为，自期限届至时生效。附终止期限的民事法律行为，自期限届满时失效。

续表

《民法通则》或相关法律	《民法总则》
第一百三十五条 向人民法院请求保护民事权利的诉讼时效期间为二年，法律另有规定的除外。 第一百三十七条 诉讼时效期间从知道或者应当知道权利被侵害时起计算。但是，从权利被侵害之日起超过二十年的，人民法院不予保护。有特殊情况的，人民法院可以延长诉讼时效期间。 第一百四十一条 法律对诉讼时效另有规定的，依照法律规定。	第一百八十八条 向人民法院请求保护民事权利的诉讼时效期间为三年。法律另有规定的，依照其规定。 诉讼时效期间自权利人知道或者应当知道权利受到损害以及义务人之日起计算。法律另有规定的，依照其规定。但是自权利受到损害之日起超过二十年的，人民法院不予保护；有特殊情况的，人民法院可以根据权利人的申请决定延长。
《最高人民法院关于审理民事案件适用诉讼时效制度若干问题的规定》第五条，当事人约定同一债务分期履行的，诉讼时效期间从最后一期履行期限届满之日起计算。	第一百八十九条 当事人约定同一债务分期履行的，诉讼时效期间自最后一期履行期限届满之日起计算。
《民法总则》新增条款	第一百九十条 无民事行为能力人或者限制民事行为能力人对其法定代理人的请求权的诉讼时效期间，自该法定代理终止之日起计算。
《民法总则》新增条款	第一百九十一条 未成年人遭受性侵害的损害赔偿请求权的诉讼时效期间，自受害人年满十八周岁之日起计算。
第一百三十八条 超过诉讼时效期间，当事人自愿履行的，不受诉讼时效限制。	第一百九十二条 诉讼时效期间届满的，义务人可以提出不履行义务的抗辩。 诉讼时效期间届满后，义务人同意履行的，不得以诉讼时效期间届满为由抗辩；义务人已自愿履行的，不得请求返还。
《最高人民法院关于审理民事案件适用诉讼时效制度若干问题的规定》第三条，当事人未提出诉讼时效抗辩，人民法院不应对诉讼时效问题进行释明及主动适用诉讼时效的规定进行裁判。	第一百九十三条 人民法院不得主动适用诉讼时效的规定。

第一章 《中华人民共和国民法总则》对供电企业法律风险防范的影响

续表

《民法通则》或相关法律	《民法总则》
《最高人民法院关于审理民事案件适用诉讼时效制度若干问题的规定》第一条，当事人可以对债权请求权提出诉讼时效抗辩，但对下列债权请求权提出诉讼时效抗辩的，人民法院不予支持： （一）支付存款本金及利息请求权； （二）兑付国债、金融债券以及向不特定对象发行的企业债券本息请求权； （三）基于投资关系产生的缴付出资请求权； （四）其他依法不适用诉讼时效规定的债权请求权。	第一百九十六条 下列请求权不适用诉讼时效的规定： （一）请求停止侵害、排除妨碍、消除危险； （二）不动产物权和登记的动产物权的权利人请求返还财产； （三）请求支付抚养费、赡养费或者扶养费； （四）依法不适用诉讼时效的其他请求权。
《民法总则》新增条款 《中华人民共和国仲裁法》第七十四条，法律对仲裁时效有规定的，适用该规定。法律对仲裁时效没有规定的，适用诉讼时效的规定。 如《中华人民共和国劳动争议调解仲裁法》第二十七条，劳动争议申请仲裁的时效期间为一年。	第一百九十八条 法律对仲裁时效有规定的，依照其规定；没有规定的，适用诉讼时效的规定。
《民法总则》新增条款	第一百九十九条 法律规定或者当事人约定的撤销权、解除权等权利的存续期间，除法律另有规定外，自权利人知道或者应当知道权利产生之日起计算，不适用有关诉讼时效中止、中断和延长的规定。存续期间届满，撤销权、解除权等权利消灭。

第二章

劳动用工法律风险防范

第一节 员工试用期法律风险防范

由于供电企业存在多种形式的用工,其中包括"全民职工""集体职工""农电工""外聘工"等。因此,本风险点仅以"农电工"与"外聘工"为例,探讨试用期法律风险的防范。

一、风险点法律分析

根据《中华人民共和国劳动法》(以下简称《劳动法》)第21条和《中华人民共和国劳动合同法》(以下简称《劳动合同法》)第19条的规定,劳动合同可以约定试用期,劳动合同期限不满3个月的,或者以完成一定工作任务为期限的劳动合同,不得约定试用期;劳动合同期限3个月以上不满1年的,试用期不得超过1个月,劳动合同期限1年以上不满3年的,试用期不得超过2个月;3年以上固定期限和无固定期限的劳动合同,试用期不得超过6个月。同时,试用期应当包含在劳动合同期限内。劳动合同仅约定试用期的,试用期不成立,该期限为劳动合同期限。

根据我国《劳动合同法》第20条的规定,试用期的工资不得低于本单位相同岗位最低档工资或者劳动合同约定工资的80%,并不得低于用人单位所在地的最低工资标准。

因此,供电企业与员工签订、履行和解除劳动合同过程中,需要重点防范以下几个风险点是否符合法律规定：（1）试用期期限；（2）试用期工资；（3）约定试用期的合同形式；（4）关于试用期解除劳动合同的方法。

（一）关于试用期期限

1. 试用期的最长期限：

（1）劳动合同期限3个月以上不满1年的，试用期不得超过1个月；

（2）劳动合同期限1年以上不满3年的，试用期不得超过2个月；

（3）3年以上固定期限和无固定期限的劳动合同，试用期不得超过6个月。

2. 什么情况下不能约定试用期：

（1）同一用人单位与同一劳动者已约定过试用期；

（2）劳动合同期限不满3个月的；

（3）以完成一定工作任务为期限的劳动合同。

其中，关于"同一用人单位"应如何理解，母公司和子公司、总公司和分公司之间是否属于"同一用人单位"。笔者认为，该处应对"用人单位"的定义进行分析，根据《中华人民共和国劳动合同法实施条例》（以下简称《劳动合同法实施条例》）第4条的规定，劳动合同法规定的用人单位设立的分支机构，依法取得营业执照或者登记证书的，可以作为用人单位与劳动者订立劳动合同；未依法取得营业执照或者登记证书的，受用人单位委托可以与劳动者订立劳动合同。同时，根据《公司法》第14条的规定，公司可以设立分公司。设立分公司，应当向公司登记机关申请登记，领取营业执照。分公司不具有法人资格，其民事责任由公司承担。公司可以设立子公司，子公司具有法人资格，依法独立承担民事责任。因此，子公司作为根据《公司法》第14条第2款的规定依法登记且独立承担民事责任的民事主体，当然可以作为用人单位。而分支机构、分公司依法取得营业执照或登记证书的，也可以作为"用人单位"。

因此，子公司与母公司并不属于《劳动合同法》第19条规定的"同一用人单位"，而总公司和分公司之间应当注意分公司是否依法取得营业执照或登记证书,如依法取得,则可以作为"用人单位"签订劳动合同。如未取得,则不能作为"用人单位",因其与总公司属于"同一用人单位",重复约定试用期违反《劳动合同法》第19条的规定。

3. 能否延长试用期:根据《劳动合同法》第19条的规定,同一用人单位与同一劳动者只能约定一次试用期。但是,在总试用期不超过法定最长期限的前提下,符合下列情况之一的,可适当延长使用期:

(1) 与员工协商一致;

(2) 在劳动合同中有约定,如在试用期内经考核,不能胜任工作的,可以适当延长试用期。

但为了防范法律风险,应尽量避免延长劳动合同约定的试用期。

(二) 关于试用期工资和社会保险

根据《劳动合同法》第20条的规定,劳动者在试用期的工资不得低于本单位相同岗位最低档工资或者劳动合同约定工资的80%,并不得低于用人单位所在地的最低工资标准。根据《劳动合同法实施条例》第15条的规定,劳动者在试用期的工资不得低于本单位相同岗位最低档工资的80%,或者不得低于劳动合同约定工资的80%,并不得低于用人单位所在地的最低工资标准。对于《劳动合同法》第20条的理解应为不低于"本单位相同岗位最低档工资"和"劳动合同约定工资"的80%,同时不低于单位所在地的最低工资标准,三者就高者计试用期工资。

1. 关于"本单位相同岗位最低档工资的百分之八十"的理解:《劳动合同法》第20条中所述"工资"并非狭义上的"基本工资",而是包括基本工资、奖金、津贴、补贴、加班加点工资等根据《关于工资总额组成的规定》(1990年1月1日国家统计局第1号令)第4条所规定的各项工资构成,均不得低于最低一档的80%。

2. 关于"不得低于约定工资的百分之八十"的理解:约定工资即双方所签署的劳动合同中,所约定的正式用工时员工的工资,同时,该处工资的理解应与前文引述《关于工资总额组成的规定》中对工资组成的规定一致。

3. 关于"不得低于用人单位所在地的最低工资标准"的理解：根据《最低工资规定》（中华人民共和国劳动和社会保障部令第 21 号）第 3 条所述，本规定所称最低工资标准，是指劳动者在法定工作时间或依法签订的劳动合同约定的工作时间内提供了正常劳动的前提下，用人单位依法应支付的最低劳动报酬。即最低工资标准为法律强制性规定，如劳动合同中对工资（包括试用期工资）的约定低于最低工资标准，则属于违反法律强制性规定，约定无效，用人单位应按最低工资支付。

4. 关于是否可以等员工"转正"后再办理社会保险：根据《中华人民共和国社会保险法》（以下简称《社会保险法》）第 58 条规定，用人单位应当自用工之日起 30 日内为其职工向社会保险经办机构申请办理社会保险登记。而根据《劳动合同法》第 19 条第 4 款的规定，试用期包含在劳动合同期限内。劳动合同仅约定试用期的，试用期不成立，该期限为劳动合同期限。因此，试用期内应当为员工办理社会保险。

（三）关于试用期的合同签订形式

根据《劳动合同法》第 19 条第 4 款的规定，试用期包含在劳动合同期限内。劳动合同仅约定试用期的，试用期不成立，该期限为劳动合同期限。因此，不得单独订立仅有试用期的劳动合同。

（四）关于用人单位在试用期解除劳动合同

1. 关于用人单位在试用期可以解除劳动合同的情形：
（1）双方达成一致解除劳动合同；
（2）符合《劳动合同法》第 39 条、第 40 条规定的情形。

2. 解除劳动合同的时间

根据劳动部办公厅《关于如何确定试用期内不符合录用条件可以解除劳动合同的请示》（劳办发〔1995〕16 号）的规定，对试用期内不符合录用条件的劳动者，企业可以解除劳动合同；若超过试用期，则企业不能以试用期内不符合录用条件为由解除劳动合同。因此，用人单位在认定员工不符合录用条件后，应当及时通知员工解除劳动合同，而不应等到超过试用期后，再通知解除，届时可能存在法律风险。

二、风险点案例分析

1. 用人单位没有证据证明员工不符合录用条件，被判决继续履行劳动合同。（最高人民法院公报案例）

案情简介： 1994年2月24日，被告桐庐支行以原告缺一右肾，存在严重身体缺陷为由，单方面决定解除劳动合同。浙江医科大学附属二院诊断证明：原告肾功能正常，可以正常工作。从银行工作性质看，原告从事的是银行会计工作，缺一只肾，根本不会对工作构成威胁，也不影响银行职员需要具备的外表形象。另外，从国家体检政策上看，《普通高校招生体检标准》允许缺一只肾的人报考除地质类以外的任何专业。鉴于上述理由，请求法院撤销被告解除与原告的劳动合同决定，责成被告继续履行劳动合同。

裁判要旨： 桐庐县人民法院认为，原告李某因外伤被摘除右肾，在生理上确实存在缺少右肾的缺陷。被告某银行支行在不知原告缺少右肾的情况下与其签订了劳动合同，现以此为由作出解除劳动合同的决定。公司的《合同制用工管理规定》第12条第1项规定，"劳动合同制工人在试用期内，经发现不符合录用条件的"，企业才可以解除劳动合同。经法医鉴定，李某的身体状况未达到严重缺陷的程度，且李某在试用期内，身体是健康的，能够胜任某银行支行支配的业务工种。以上事实证明，李某的身体状况符合"无严重疾病和缺陷"的录用条件，某银行支行认为李某存在严重身体缺陷的理由不能成立。第14条第1项规定，"劳动合同期限未满，又不符合第十二条规定的"，企业不得解除劳动合同。李某要求撤销被告对其所作的解除劳动合同的决定，并要求继续履行劳动合同的诉讼请求应予以支持。

2. 用人单位履行辞退程序，保留《辞退审核表》，作出通知并办理交接，依《员工手册》认定徐某不符合录用条件，得到法院的支持。（湖北省高级人民法院2014鄂民申字第00543号）

案情简介： 徐某申请再审称，因其在某电动车有限公司工作期间，公司在2012年6月给徐某发放的工资条注明是"转正工资460元",完全可以证明自己已是某电动车有限公司的正式员工。在公司发给徐某的工资是正式员工工资时,说明公司已经取消了徐某的"试用期",原判不应再以"试用期"为理由判决其败诉。

裁判要旨:在试用期内,某电动车有限公司认为徐某上班期间不服从工作安排,和领导顶撞、争吵以及打考勤后回宿舍睡觉的行为,违反了某电动车有限公司对员工公示的《员工手册》的相关规定,不符合公司制定的员工录用条件,于2012年6月28日以徐某在试用期不合格为由将其辞退,制作了《辞退审核表》,并已办理交接手续。之后,徐某离开某电动车有限公司,未再到某电动车有限公司上班。同日,某电动车有限公司因辞退徐某事宜征求某电动车有限公司工会意见,某电动车有限公司工会亦同意解除与徐某的劳动合同。2012年7月4日,某电动车有限公司通知徐某解除劳动合同,徐某在某电动车有限公司制作的《解除劳动合同证明》领取回执上签名。某电动车有限公司解除与徐某的劳动合同程序完备,并无不当。

3. 试用期约定超过法律规定期限,被判决违法。(2015粤高法民申字第203、204号)

案情简介:再审申请人某电子科技有限公司申请再审称:(1)一、二审判决认定事实错误。某电子科技有限公司与肖某之间签订了书面劳动合同(即入职申请表);原审认定某电子科技有限公司支付工资存在差额不准确;未签订劳动合同的过错在于肖某,一、二审法院不予认定是错误的。(2)法律适用错误。一、二审法院直接适用《劳动合同法》第87条判令某电子科技有限公司赔偿肖某未签订劳动合同的双倍工资是错误的。

裁判要旨:《劳动合同法》第19条规定,"劳动合同期限三个月以上不满一年的,试用期不得超过一个月;劳动合同期限一年以上不满三年的,试用期不得超过二个月;三年以上固定期限和无固定期限劳动合同,试用期不得超过六个月",即对试用期的期限,法律根据不同情况作相应的规定,故某电子科技有限公司申请再审称"试用期不超过六个月都是合法",这显然与上述法律规定相悖,本院不予采纳。经一、二审法院查明,某电子科技有限公司虽在《入职申请表》上写明试用期1~3个月,但未与肖某订立3年以上固定期限或无固定期限劳动合同,且从其送达给肖某的合同文本可见拟定合同期限为1年。上述事实表明,肖某的试用期最长依法应为2个月,某电子科技有限公司在试用期期满即2013年10月15日起应按4500元支付工资,但实际仅按3500元支付,应赔偿由此产生的工资差额,故一、二审法院对肖某请求的工资差额1250元予以支持合理有据,并无不当。

4. 超过试用期后,用人单位以"不符合录用条件"解除合同,被确认违法解除。被判决继续履行劳动合同。(昆明市中级人民法院二审2014昆民二终字第17号)

案情简介:被告胡某甲于2012年11月5日到原告某某保险云南分公司工作,岗位为助理合规与风险管理;原、被告于2012年11月5日签订了书面劳动合同,合同期限为2012年11月5日至2015年11月4日止……原告于2013年6月9日出具了解除被告劳动合同的通知书。

裁判要旨:本案的争议焦点为原告解除与被告的劳动合同是否违法。根据原劳动部(现为人力资源和社会保障部)办公厅对《关于如何确定试用期内不符合录用条件可以解除劳动合同的请示》的复函(劳办发〔1995〕16号)文件之规定,"对试用期内不符合录用条件的劳动者,企业可以解除劳动合同,若超过试用期,则企业不能以试用期内不符合录用条件为由解除劳动合同",本案中,原、被告之间《劳动合同书》中约定的被告的试用期为6个月,而被告在原告处工作至2013年6月9日,早已过了试用期限,故原告以被告试用期内不符合录用提交解除被告劳动合同属于违法解除,不符合《劳动合同法》第39条"用人单位可以解除劳动合同"的规定情形,故对原告要求确认原告与被告之间的劳动合同于2013年6月9日解除的诉讼请求不予支持。

5. 以《聘用函》形式招募员工任职,仅约定3个月后可以正式聘用,是否属于"单独约定试用期的情形"。

案情简介：本案中，上诉人郭某某通过曹某介绍，到被上诉人某能源有限公司应聘人力资源总监，被上诉人某能源有限公司法定代表人雷某于2012年5月3日，向上诉人郭某某发出《聘用函》，该函载明：开始工作日期为2012年5月3日；试用期3个月，并根据表现确定是否签2012年的工作合同；工作岗位为人力资源总监，税前月薪8000元；公司为员工缴纳相关社会保险。郭某某于2012年5月3日进入某能源有限公司工作。

裁判要旨：本院认为，劳动者的合法权益受法律保护。用人单位与劳动者建立劳动关系，应当订立书面劳动合同。书面劳动合同是劳动者与用人单位以书面形式建立劳动关系，表达双方权利义务的书面协议。书面劳动合同常常以劳动合同书、劳动协议书、聘用合同书等形式出现。《合同法》第10条规定：当事人订立合同，有书面形式、口头形式和其他形式。第11条规定：书面形式是指合同书、信件和数据电文等可以有形地表现所载内容的形式。《劳动合同法》第19条第4款规定：试用期包含在劳动合同期限内。劳动合同仅约定试用期的，试用期不成立，该期限为劳动合同期限。根据上述规定，2012年5月3日，被上诉人某能源有限公司向上诉人郭某某发出的《聘用函》，就是双方建立劳动关系，明确工作岗位、薪酬、社保等劳动权利义务关系的书面协议，亦即劳动合同，期限为3个月（即自2012年5月3日起至2012年8月2日）。本案中，被上诉人某能源有限公司没有证据证明郭某某不符合录用条件，其在约定的试用期届满前单方解除与郭某某的劳动关系违反了上述规定。故上诉人郭某某请求确认被上诉人某能源有限公司2012年5月31日与其解除劳动关系无效并确认双方劳动关系存续理由成立。

三、风险点应对

（一）供电企业如何确保试用期约定符合法律规定

1. 劳动合同中约定的试用期期限应符合法律规定，即：

（1）劳动合同期限3个月以上不满1年的，试用期不得超过1个月；

（2）劳动合同期限1年以上不满3年的，试用期不得超过2个月；

（3）3年以上固定期限和无固定期限的劳动合同，试用期不得超过6个月。

2. 以下情况不得约定试用期：

（1）同一用人单位与同一劳动者已约定过试用期，其中，对于"同一单位"的认定前文已作相关法律分析；

（2）劳动合同不满3个月的；

（3）以完成一定工作任务为期限的劳动合同。

3. 约定试用期的合同形式：应包含在劳动合同中，不得单独约定试用期。其中，应当注意只要是实质上使双方达成劳动关系（有明确的工作岗位，薪酬、社保等劳动权利义务关系等）所形成的合意性文本或口头内容，如《聘用函》之类的形式，均属于劳动合同，单独约定试用期的合同无效。

（二）在试用期内，员工工资应如何确定才符合法律规定

试用期工资"三不低于"标准：

（1）不低于本单位相同岗位最低档工资的80%；

（2）不低于劳动合同约定工资的80%；

（3）不低于用人单位所在地的最低工资标准。

（三）关于"在试用期间被证明不符合录用条件的"的理解

根据《劳动合同法》第39条第1项的规定，在试用期间被证明不符合录用条件的，用人单位可以解除劳动合同。但是用人单位需承担"员工不符合录用条件"的举证责任。因此，在实践中，也存在着用人单位无法证明试用期员工不符合录用条件的法律风险。同时，最高人民法院《关于审理劳动争议案件适用法律若干问题的解释》第13条也规定了因用人单位作出的开除、除名、辞退、解除劳动合同、减少劳动报酬、计算劳动者工作年限等决定而发生的劳动争议，用人单位负举证责任。

认定员工不符合录用条件应当符合下列程序：

1. 有明确、合法、合理的录用条件且有证据证明已将录用条件告知员工。

录用条件应当明确、合法、合理。其中,"明确性"是指录用条件大多属于可量化标准,如学历、履历、资质证书、健康状况,以及包括考勤、考试、工作业绩等条件,同时将相关条件列入劳动合同或作为附件由员工缔约时签署。"合法性"是指录用条件不能违反法律强制性规定,如《中华人民共和国就业促进法》(以下简称《就业促进法》)第 3 条第 2 款规定,劳动者就业,不因民族、种族、性别、宗教信仰等不同而受歧视。第 27 条规定,除国家规定的不适合妇女的工种或者岗位外,不得以性别为由拒绝录用妇女或者提高对妇女的录用标准,不得在劳动合同中规定限制女职工结婚、生育的内容,同时,《就业促进法》第 28 条、第 29 条亦有对少数民族、残疾人劳动者的具体规定。"合理性"是指录用条件应当与员工的专业知识、技术领域、工作经验、身体健康条件及岗位需要相匹配,同时,该录用条件应征求工会意见,制作相关的会议纪要和决策文件。

2. 有证据证明员工不符合录用条件且有证据证明已告知员工解除劳动合同。

企业在试用期期间,应该注意收集、保存试用员工的考核资料,并由员工签署确认,如考勤应有相应的考勤记录、考试应保存试卷、销售业绩应按期登记并由员工签署确认等。在明确员工不符合录用条件后,应当及时通知员工解除劳动合同并由其签收,并予以保存。

3. 除解除试用期劳动合同的特殊规定之外,均应当遵守《劳动合同法》中关于解除劳动合同的一般规定。

【相关法律法规】

《中华人民共和国劳动合同法》

第十九条 劳动合同期限三个月以上不满一年的,试用期不得超过一个月；劳动合同期限一年以上不满三年的，试用期不得超过二个月；三年以上固定期限和无固定期限的劳动合同，试用期不得超过六个月。

同一用人单位与同一劳动者只能约定一次试用期。

以完成一定工作任务为期限的劳动合同或者劳动合同期限不满三个月的，不得约定试用期。

试用期包含在劳动合同期限内。劳动合同仅约定试用期的，试用期不成立，该期限为劳动合同期限。

第二十条 劳动者在试用期的工资不得低于本单位相同岗位最低档工资或者劳动合同约定工资的百分之八十，并不得低于用人单位所在地的最低工资标准。

第二十一条 在试用期中，除劳动者有本法第三十九条和第四十条第一项、第二项规定的情形外，用人单位不得解除劳动合同。用人单位在试用期解除劳动合同的，应当向劳动者说明理由。

第三十九条 劳动者有下列情形之一的，用人单位可以解除劳动合同：

（一）在试用期间被证明不符合录用条件的；

（二）严重违反用人单位的规章制度的；

（三）严重失职，营私舞弊，给用人单位造成重大损害的；

（四）劳动者同时与其他用人单位建立劳动关系，对完成本单位的工作任务造成严重影响，或者经用人单位提出，拒不改正的；

（五）因本法第二十六条第一款第一项规定的情形致使劳动合同无效的；

（六）被依法追究刑事责任的。

第四十条 有下列情形之一的，用人单位提前三十日以书面形式通知劳动者本人或者额外支付劳动者一个月工资后，可以解除劳动合同：

（一）劳动者患病或者非因工负伤，在规定的医疗期满后不能从事原工作，也不能从事由用人单位另行安排的工作的；

（二）劳动者不能胜任工作，经过培训或者调整工作岗位，仍不能胜任工作的；

（三）劳动合同订立时所依据的客观情况发生重大变化，致使劳动合同无法履行，经用人单位与劳动者协商，未能就变更劳动合同内容达成协议的。

《中华人民共和国劳动合同法实施条例》（国务院令第535号）

第四条　劳动合同法规定的用人单位设立的分支机构，依法取得营业执照或者登记证书的，可以作为用人单位与劳动者订立劳动合同；未依法取得营业执照或者登记证书的，受用人单位委托可以与劳动者订立劳动合同。

第十五条　劳动者在试用期的工资不得低于本单位相同岗位最低档工资的80%或者不得低于劳动合同约定工资的80%，并不得低于用人单位所在地的最低工资标准。

《中华人民共和国工会法》

第二十一条　企业、事业单位处分职工，工会认为不适当的，有权提出意见。

企业单方面解除职工劳动合同时，应当事先将理由通知工会，工会认为企业违反法律、法规和有关合同，要求重新研究处理时，企业应当研究工会的意见，并将处理结果书面通知工会。

最高人民法院《关于审理劳动争议案件适用法律若干问题的解释》

第十三条　因用人单位作出的开除、除名、辞退、解除劳动合同、减少劳动报酬、计算劳动者工作年限等决定而发生的劳动争议，用人单位负举证责任。

原劳动部办公厅《关于如何确定试用期内不符合录用条件可以解除劳动合同的请示的复函》（劳办发〔1995〕16号）

……对试用期内不符合录用条件的劳动者，企业可以解除劳动合同；若超过试用期，则企业不能以试用期内不符合录用条件为由解除劳动合同。

第二节　供电企业使用特殊工时制的法律风险防范

一、风险点法律分析

（一）关于特殊工时制的基本法律制度

中国劳动法规定的工时制度有三种，即标准工时制、综合计算工时工作制和不定时工作制。综合计算工时工作制是指分别以周、月、季、年等为周期，综合计算工作时间，但其平均工作时间和平均周工作时间应与法定标准工作时间基本相同。而不定时工作制是指劳动者的工作时间不受固定时数限制，而直接确定职工劳动量的工作制度。

根据《劳动法》第36条的规定，劳动者每日工作时间不超过8小时、平均每周工作时间不超过44小时的工时制度，该项属于标准工时制，但是部分企业因其生产特点，不能实行标准工时制度——如交通服务、旅游服务、农林渔牧等领域因受季节、自然条件限制或行业的特殊性质，可以根据《劳动法》第39条的规定，经劳动行政部门批准，实行其他工作和休息办法。实行综合计算工时工作制和不定时工作制的企业，企业仍然应当根据标准工时制，合理确定劳动者的劳动定额或其他考核标准，以便安排劳动者休息，确保职工的休息休假权利和生产、工作任务的完成。

另外，综合计算工时工作制，可以以周、月、季、年为周期，综合计算工作时间，但其平均日工作时间和平均周工作时间应与法定标准工作时间基本相同。也就是说，在综合计算周期内，某一具体日（或周）的实际工作时间可以超过8小时（或40小时），平均每周工作时间不超过44小时。

（二）设立特殊工时制的法律规定

1. 企业制定特殊工时制，不能仅按劳动合同的约定和企业规章制度的约定。

根据《劳动法》第39条的规定，企业制定综合计算工时工作制，应当经过劳动行政部门批准。同时，根据劳动部《关于企业实行不定时工作制和综合计算工时工作制的审批办法》的规定，可以申请采取综合计算工时工作制的范围如下：（1）交通、铁路、邮电、水运、航空、渔业等行业中因工作性质特殊，需连续作业的职工；（2）地质及资源勘探、建筑、制盐、制糖、旅游等受季节和自然条件限制的行业的部分职工；（3）其他适合实行综合计算工时工作制的职工。可以申请采取不定时工作制的范围如下：（1）企业中的高级管理人员、外勤人员、推销人员、部分值班人员和其他因工作无法按标准工作时间衡量的职工；（2）企业中的长途运输人员、出租汽车司机和铁路、港口、仓库的部分装卸人员以及因工作性质特殊，需机动作业的职工；（3）其他因生产特点、工作特殊需要或职责范围的关系，适合实行不定时工作制的职工。

实践中，存在着部分企业仅依与劳动者签订的劳动合同，即要求劳动者按照约定执行综合计算工时工作制或不定时工作制，产生纠纷后被申请仲裁、起诉要求其承担加班工资。而企业因为未向劳动行政部门申请批准综合计算工时工作制或不定时工作制，导致最后的败诉。按照《劳动法》第44条的规定，安排劳动者延长工作时间的，支付不低于工资的150%的工资报酬；休息日安排劳动者工作又不能安排补休的，支付不低于工资的200%的工资报酬；法定休假日安排劳动者工作的，支付不低于工资的300%的工资报酬。

2. 根据福建省人力资源和社会保障厅《关于进一步规范企业实行综合计算工时工作制和不定时工作制有关问题的通知》的规定，企业安排职工从事综合计算工时工作制或不定时工作制岗位劳动的，应当事先与工会和职工协商一致。企业应当建立实行综合计算工时工作制或不定时工作制档案制度，书面记载职工的姓名、工作岗位、休息休假及劳动工时考勤等情况。

3. 供电企业适用特殊工时制的规定。

根据原劳动部《电力劳动者实行综合计算工时工作制和不定时工作制实施办法》（以下简称《办法》）第2条的规定，电力劳动者实行国家规定的工作时间标准。针对电力企业特点，可分别实行以月、季、年为周期的综合计算工时工作制或不定时工作制。需要昼夜不间断作业的劳动者，实行轮班工作制度；需要集中作业的劳动者，实行集中工作、集中休息或轮换调休等工时制度。但该《办法》存在电力劳动者定义不明的问题，文中并未明确界定"电力劳动者"的法律定义，但参照《办法》第3条的规定，发电企业主要运行、供电企业变电运行、电力调度等岗位上的职工实行轮班工作制，并以月为周期综合计算工作时间。第9条规定的"供销、采购、小车司机、交通车司机、仓库装卸、消防队、部分值班岗位以及事业单位实行请事假在一定天数内照发工资的人员等"，同时参照《关于电网企业实行综合计算工时工作制和不定时工作制的批复》的规定，可以在一定程度上确定"电力劳动者"的范围。

（三）关于综合计算工时工作制和不定时工作制的工作时间

根据相关劳动法规的规定，综合计算周期内的总实际工作时间不应超过总法定标准工作时间，超过部分应视为延长工作时间并按劳动法的规定支付报酬，其中法定休假日安排劳动者工作的，按劳动法的规定支付报酬。而且，延长工作时间的小时数平均每月不得超过36小时。如果在整个综合计算周期内的实际平均工作时间总数不超过该周期法定标准工作时间总数，只是该综合计算周期内的某一具体日（或周、或月、或季）超过法定标准工作时间，其超过部分不应视为延长工作时间。根据劳动者的实际工作时间和完成劳动定额情况计发。对于符合带薪年休假条件的劳动者，企业要安排其享受带薪年休假。

实行不定时工作制和综合计算工时工作制等其他工作和休息办法的职工，企业应根据《劳动法》第一章、第四章的有关规定，在保障职工身体健康并充分听取职工意见的基础上，采用集中工作、集中休息、轮休调休、弹性工作时间等适当方式，确保职工的休息休假权利和生产、工作任务的完成。

根据《办法》第2条的规定，实行综合计算工时工作制或不定时工作制的，全年月平均工作时间不得超过172小时。

同时，根据福建省人力资源和社会保障厅的相关规定，在综合计算周期内，某一具体日（或周）的实际工作时间可以超过8小时（或40小时），但综合计算周期的总实际工作时间不应超过总法定标准工作时间，且延长工作时间的小时数平均每月不得超过36小时。第三级以上（含第三级）体力劳动强度的工作岗位，职工每日连续工作时间不得超过11小时，且每周至少休息一天。

（四）关于供电企业特殊工时制的工资计算和支付

1. 不定时工作制的工资计算和支付。

根据《办法》第9条规定，对因生产特点、工作特殊需要或职责范围的关系，需机动作业、难以按标准工作时间衡量的岗位，应实行不定时工作制。如供销、采购、小车司机、交通车司机、仓库装卸、消防队、部分值班岗位以及事业单位实行请事假在一定天数内照发工资的人员等。其超出标准工作时间的部分不计加班加点，也不发加班加点工资。

根据原劳动部《工资支付暂行规定》第13条第4项的规定，实行不定时工作制度的劳动者，不执行标准工时制、计件工资和综合计算工时工作制的规定。

2. 综合计算工时工作制的工资计算和支付。

首先，根据原劳动部《工资支付暂行规定》第13条第3项的规定，经劳动行政部门批准实行综合计算工时工作制的，其综合计算工作时间超过法定标准工作时间的部分，应视为延长工作时间，并应按本规定支付劳动者延长工作时间的工资。（该条所指"标准工作时间"是经批准实行综合计算工时工作制的综合工时。）

其次，根据《办法》第5条规定，实行轮班工作制的劳动者在法定休假节日、休息日轮班工作视为正常工作。其中在法定休假节日工作的按其基本工资的300%计发加班工资；在法定休假节日休息的按其基本工资的200%计发加班工资。第6条规定，电力生产检修、修试人员实行集中工作、集中休息或轮换调休的综合计算工时工作制，并以季或年为周期综合计算工作时间。在主设备大、小修期间需加班加点的，不发加班工资，事后在保证安全生产的前提下，可以给予同等时间补休。（"法定休假节日"应根据《全国年节及纪念日放假办法》的规定确定。）

二、风险点案例分析

1. 企业采取综合计算工时工作制未经审批，工作时间按标准工时制折算。（2015 西中民二终字第 001538 号）

案情简介：2008 年 4 月 1 日，李某勤入职某工贸总公司任电工一职。同日，双方签订劳动合同，合同约定期限为 2008 年 4 月 1 日至 2011 年 3 月 31 日，同时约定李某勤实行综合工时制。合同期满后，双方又续签了一份劳动合同，约定期限自 2011 年 4 月 1 日至 2014 年 3 月 31 日。李某勤在职期间工资通过银行转账代发，根据李某勤提供的西安银行流水显示，其离职前月均工资为 1569.12 元。2013 年 9 月 2 日，李某勤向某工贸总公司提交了辞职书，该辞职书载明"由于本单位工资较低，故而辞职。请各位领导同意"。另查明，李某勤在职期间某工贸总公司未为李某勤缴纳 2008 年 3 月至 2009 年 1 月期间的养老保险费及 2008 年 3 月至 2008 年 10 月期间的医疗保险费。

李某勤与某工贸总公司签订书面劳动合同，约定双方工作方式采用综合工时制，同时约定采用综合工时制应当按照规定审批。某工贸总公司实际对李某勤实行综合工时制，但未通过审批。双方均认可李某勤的工作方式为工作一日，休息一日。

裁判要旨：劳动者主张加班工资的，应当就存在加班事实承担举证责任。由于双方虽约定工作方式为综合工时制，但因该方式未经审批，故综合工时制并不成立，应当按照标准工时制计算李某勤的工作时间。按照标准工时制，李某勤每日工作时间不应超过 8 小时。但因双方在实际履行劳动合同的过程中，仍按综合工时制工作，且亦无证据证明双方关于综合工时制的约定并非双方真实意思的表示，因此，对双方已经履行的劳动合同，就李某勤的工作时间，仍应按标准工时制折算。

2. 适用《关于企业实行不定时工作制和综合计算工时工作制的审批办法的规定》，职工诉请加班工资被驳回。（贵州省高级人民法院2016黔民申122号）

案情简介：王某某申请再审称：《劳动法》及劳动相关法律明确规定劳动者享有休息休假的权利和加班得到加班报酬的权利。值班巡查记录中书面客观地记载了王某某每天上班的时长和加班的事实，故王某某加班事实客观存在。二审法院却以王某某的工作岗位劳动强度不高，劳动量并不饱和，属非生产性值班岗位等为由对王某某的加班工资不予支持，属于适用法律错误。

裁判要旨：关于是否应当支付加班工资的问题。《劳动法》第41条及第44条虽规定，用人单位延长劳动者工时的，应当支付加班工资。但因王某某从事安全保卫工作，其工作岗位具有一定的特殊性，工作地点也在贵阳供电局及其下属单位办公、生产区域以及变电站，其应当适用原劳动部《关于电力企业实行综合计算工时工作制和不定时工作制的批复》的规定，因该批复系原劳动部作出，根据原劳动部《关于企业实行不定时工作制和综合计算工时工作制的审批办法的规定》，经批准实行不定时工作制的职工，不受《劳动法》第41条规定的日延长工作时间标准和月延长工作时间标准的限制，对实行不定时工作制度的职工不计加班加点，也不发加班加点工资。加之王某某从事的工作岗位特殊，其工作和休息的场所具有一定的混同，二审法院对其主张加班工资的请求不予支持并无不当。

3. 劳动合同约定不定时工作制并经依法审批，职工诉请加班工资被驳回。（2016湘民申82号）

案情简介：再审申请人王某辉因与被申请人某人力资源服务有限责任公司、某电网工程公司（以下简称电网公司）劳动争议纠纷一案，不服湖南省衡阳市中级人民法院（2015）衡中法民三终字第12号民事判决，向本院申请再审。王某辉申请再审称：（1）二被申请人作为用人单位，没有为申请人缴纳社会保险，造成申请人工作期间应享有的失业保险待遇无法得到保障，鉴于失业保险属于不能补办的险种，二被申请人应当依法向申请人支付失业保险金；（2）一、二审法院驳回申请人加班工资的请求，系适用法律错误，二被申请人未确保劳动者休息、休假的权利，应当支付加班工资。请求撤销二审判决，改判二被申请人支付申请人失业保险金11 592元及法定节假日、周末加班工资162 346.3元。

一审裁判要旨：原告作为劳动者依法享有享受社会保险的权利，原告在被告电网公司连续工作满6年9个月，被告某人力资源服务有限责任公司应给原告办理失业保险，但原告与被告某人力资源服务有限责任公司劳动合同关系解除后，仍与衡阳市灯具厂保持劳动关系，系衡阳市灯具厂的下岗职工，并不符合失业保险金的领取条件，故原告要求被告赔偿失业保险金的诉讼请求，不予支持。自2010年原告与被告某人力资源服务有限责任公司一直按照劳动合同内容执行，且该合同已实际履行完毕，原告以合同上签名不是本人所签而要求被告某人力资源服务有限责任公司支付双倍工资的诉讼请求，因已过诉讼时效，不予以支持。根据原劳动部《关于电力企业实行综合计算工时不定时工作制和不定时工作制的批复》（劳部发〔1995〕232号）文件第1项第4款"对无法按标准工作时间衡量的部分岗位的职工，如供销、采购、小车司机、交通车司机、仓库装卸、消防队、部分值班岗位等实行不定时工作制"、原电力工业部关于印发《电力劳动者实行综合计算工时工作制和不定时工作制实施办法》的通知第9条"……小车司机、交通车司机、仓库装卸、消防队、部分值班岗位以及事业单位实行请事假在一定天数内照发工资的人员等。其超出标准工作时间的部分不计加班加点，也不发加班加点工资。"故原告请求二被告支付加班工资的诉讼请求，也不予支持。

再审裁判要旨：关于加班工资的问题。王某辉与二被申请人签订的劳动合同及劳务派遣上岗协议中约定王某辉在驾驶员岗位承担车辆驾驶工作，实行不定时工作制。根据原劳动部《关于电力企业实行综合计算工时工作制和不定时工作制的批复》（劳部发〔1995〕232号）及原电力工业部关于印发《电力劳动者实行综合计算工时工作制和不定时工作制实施办法》的通知的规定，对电力企业不定时工作制劳动者，其超出标准工作时间的部分不计加班加点，也不发加班加点工资。原一、二审法院根据王某辉的工作性质及相关规定，未支持其要求支付加班费的请求并无不当。

三、风险点防范措施

1. 依法不属于《电力劳动者实行综合计算工时工作制和不定时工作制实施办法》所规定的可以适用综合工时工作制和不定时工作制的企业及岗位，应及时向劳动保障行政部门申请实行综合计算工时工作制和不定时工作制。

2. 约定适用特殊工时制的应在劳动合同中加以约定。接受劳务派遣公司派遣员工，应在与劳务公司签订的劳务派遣协议、劳务公司与员工签订的劳动合同，以及供电企业和员工签订的劳动合同中均应明确适用综合计算工时工作制或不定时工作制，并对轮班和休假进行明确约定。

3. 严格遵守原劳动部《关于职工工作时间有关问题的复函》、原劳动部《电力劳动者实行综合计算工时工作制和不定时工作制实施办法》中对工时限制的规定，在综合计算工时的周期内，工作时间不超过法定最长期限。

4. 严格按照《劳动法》《工资支付暂行规定》和劳动部原《电力劳动者实行综合计算工时工作制和不定时工作制实施办法》的规定计发工资。在综合计算工时工作制运用过程中，实行轮班工作制的，在法定休假节日工作的按其基本工资的300%计发加班工资，在法定休假节日休息的按其基本工资的200%计发加班工资。周期内超过总法定标准工作时间的，支付不低于工资的150%的工资报酬；法定休假日安排劳动者工作的，支付不低于工资的300%的工资报酬。

【相关法律法规】

《中华人民共和国劳动法》

第三十六条 国家实行劳动者每日工作时间不超过八小时、平均每周工作时间不超过四十四小时的工时制度。

第三十八条　用人单位应当保证劳动者每周至少休息一日。

第三十九条　企业因生产特点不能实行本法第三十六条、第三十八条规定的，经劳动行政部门批准，可以实行其他工作和休息办法。

国务院《关于职工工作时间的规定》

第三条　职工每日工作8小时、每周工作40小时。

第五条　因工作性质或者生产特点的限制，不能实行每日工作8小时、每周工作40小时标准工时制度的，按照国家有关规定，可以实行其他工作和休息办法。

第六条　任何单位和个人不得擅自延长职工工作时间。因特殊情况和紧急任务确需延长工作时间的，按照国家有关规定执行。

原劳动部《关于职工工作时间有关问题的复函》

五、经批准实行综合计算工时工作制的用人单位，在计算周期内若日（或周）的平均工作时间没超过法定标准工作时间，但某一具体日（或周）的实际工作时间工作超过8小时（或40小时），"超过"部分是否视为加点（或加班）且受《劳动法》第四十一条的限制？

依据劳动部《关于企业实行不定时工作制和综合计算工时工作制的审批办法》第五条的规定，综合计算工时工作制采用的是以周、月、季、年等为周期综合计算工作时间，但其平均日工作时间和平均周工作时间应与法定标准工作时间基本相同。也就是说，在综合计算周期内，某一具体日（或周）的实际工作时间可以超过8小时（或40小时），但综合计算周期内的总实际工作时间不应超过总法定标准工作时间，超过部分应视为延长工作时间并按《劳动法》第四十四条第一款的规定支付工资报酬，其中法定休假日安排劳动者工作的，按《劳动法》第四十四条第三款的规定支付工资报酬。而且，延长工作时间的小时数平均每月不得超过36小时。

八、实行不定时工作制的工资如何计发？其休息休假如何确定？

对于实行不定时工作制的劳动者，企业应当根据标准工时制度合理确定劳动者的劳动定额或其他考核标准，以便安排劳动者休息。其工资由企业按照本单位的工资制度和工资分配办法，根据劳动者的实际工作时间和完成劳动定额情况计发。对于符合带薪年休假条件的劳动者，企业可安排其享受带薪年休假。

原劳动部《关于企业实行不定时工作制和综合计算工时工作制的审批办法》（劳部发〔1994〕503号）

第五条　企业对符合下列条件之一的职工，可实行综合计算工时工作制，即分别以周、月、季、年等为周期，综合计算工作时间，但其平均日工作时间和平均周工作时间应与法定标准工作时间基本相同。

（一）交通、铁路、邮电、水运、航空、渔业等行业中因工作性质特殊，需连续作业的职工；

（二）地质及资源勘探、建筑、制盐、制糖、旅游等受季节和自然条件限制的行业的部分职工；

（三）其他适合实行综合计算工时工作制的职工。

原劳动部《电力劳动者实行综合计算工时工作制和不定时工作制实施办法》

第二条　电力劳动者实行国家规定的工作时间标准。针对电力企业特点，可分别实行以月、季、年为周期的综合计算工时工作制或不定时工作制。需要昼夜不间断作业的劳动者，实行轮班工作制度；需要集中作业的劳动者，实行集中工作、集中休息或轮换调休等工时制度。但全年月平均工作时间不超过172小时。

第五条　实行轮班工作制的劳动者在法定休假节日、休息日轮班工作视为正常工作。其中在法定休假节日工作的按其基本工资的300%计发加班工资；在法定休假节日休息的按其基本工资的200%计发加班工资。

福建省劳动和社会保障厅《关于企业实行不定时工作制和综合计算工时工作制问题的通知》（闽劳社文〔2006〕30号）

第六条　对于实行不定时工作制和综合计算工时工作制等其他工作和休息办法的职工，企业应根据《中华人民共和国劳动法》第一章、第四章有关规定，在保障职工身体健康并充分听取职工意见的基础上，采用集中工作、集中休息、轮休调休、弹性工作时间等适当方式，确保职工的休息休假权利和生产、工作任务的完成。

福建省人力资源和社会保障厅办公室《关于实行综合计算工时工作制企业工作时间如何把握的复函》

依据原劳动部《关于企业实行不定时工作制和综合计算工时工作制的审批办法》第五条之规定，综合计算工时工作制采用的是以周、月、季、年等为周期综合计算工作时间，但其平均日工作时间和平均周工作时间与法定标准工作时间基本相同。也就是说，在综合计算周期内，某一具体日（或周）的实际工作时间可以超过8小时（或40小时），但综合计算周期的总实际工作时间不应超过总法定标准工作时间。超过部分应视为延长工作时间并按《劳动法》第四十四条第一款的规定支付工资报酬，其中法定休假日安排劳动者工作的，按《劳动法》第四十四条第三款的规定支付工资报酬。而且，延长工作时间的小时数平均每月不得超过36小时。

福建省人力资源和社会保障厅《关于进一步规范企业实行综合计算工时工作制和不定时工作制有关问题的通知》（闽人社文〔2012〕115号）

一、企业应当实行职工每日工作时间8小时、每周工作时间40小时、每周至少休息一日的工作和休息办法。企业因生产特点不能实行上述规定的，可向县级以上人力资源社会保障行政部门申请实行综合计算工时工作制或不定时工作制，经批准后予以实行。

二、企业安排职工从事综合计算工时工作制或不定时工作制岗位劳动的，应当事先与工会和职工协商一致。企业应当建立实行综合计算工时工作制或不定时工作制档案制度，书面记载职工的姓名、工作岗位、休息休假及劳动工时考勤等情况。

四、实行综合计算工时工作制的企业，在综合计算周期内，延长工作时间平均每月不得超过36小时。对于第三级以上（含第三级）体力劳动强度的工作岗位，职工每日连续工作时间不得超过11小时，且每周至少休息一天。综合计算工时工作制采用以周、月、季、年等为周期综合计算工作时间，企业终止、解除职工劳动合同与结算周期时间不一致的，应以终止、解除时间作为结算截止的时间。

五、实行综合计算工时工作制的职工，综合计算周期的总实际工作时间不应超过总法定标准工作时间，超过部分应视为延长工作时间并按《劳动法》第四十四条第一款的规定支付不低于工资的百分之一百五十的工资报酬，其中法定休假日安排职工工作的，按《劳动法》第四十四条第三款的规定支付不低于工资的百分之三百的工资报酬。

原劳动部《工资支付暂行规定》

第十三条 用人单位在劳动者完成劳动定额或规定的工作任务后，根据实际需要安排劳动者在法定标准工作时间以外工作的，应按以下标准支付工资：

（一）用人单位依法安排劳动者在日法定标准工作时间以外延长工作时间的，按照不低于劳动合同规定的劳动者本人小时工资标准的150%支付劳动者工资；

（二）用人单位依法安排劳动者在休息日工作，而又不能安排补休的，按照不低于劳动合同规定的劳动者本人日或小时工资标准的200%支付劳动者工资；

（三）用人单位依法安排劳动者在法定休假节日工作的，按照不低于劳动合同规定的劳动者本人日或小时工资标准的300%支付劳动者工资。

实行计件工资的劳动者，在完成计件定额任务后，由用人单位安排延长工作时间的，应根据上述规定的原则，分别按照不低于其本人法定工作时间计件单价的150%、200%、300%支付其工资。

经劳动行政部门批准实行综合计算工时工作制的，其综合计算工作时间超过法定标准工作时间的部分，应视为延长工作时间，并应按本规定支付劳动者延长工作时间的工资。

实行不定时工时制度的劳动者，不执行上述规定。

《关于职工全年月平均工作时间和工资折算问题的通知》（劳社部发〔2008〕3号）

一、工作时间

制度工作时间的计算

年工作日：365天－104天（休息日）－11天（法定节假日）＝250天

季工作日：250天÷4季＝62.5天/季

月工作日：250天÷12月＝20.83天/月

工作小时数的计算：以月、季、年的工作日乘以每日的8小时。

二、日工资和小时工资的折算

按照《劳动法》第五十一条的规定，法定节假日用人单位应当依法支付工资，即折算日工资、小时工资时不剔除国家规定的11天法定节假日。据此，日工资、小时工资的折算为：

日工资：月工资收入÷月计薪天数

小时工资：月工资收入÷（月计薪天数×8小时）。

月计薪天数＝（365天－104天）÷12月＝21.75天

《关于电网企业实行综合计算工时工作制和不定时工作制的批复》（劳部发〔1995〕232号）

你部《关于请批准电网企业实行综合计算工时和不定时工作制的函》（电人教〔1995〕247号）收悉。经研究，现批复如下：

一、为了保证电网企业职工的合法休息休假权利和促进电网企业的生产发展根据《中华人民共和国劳动法》第三十九条的规定和《关于企业实行不定时工作制和综合计算工时工作制的审批办法》（劳部发〔1994〕503号），考虑电力生产的特点，原则同意你部关于所属企业部分职工，实行不定时工作制和综合计算工时工作制的意见。即：

（一）发电企业运行及供电企业变电值班岗位的职工，电力调度需昼夜不间断作业、值班岗位的职工，可实行以月为周期综合计算工时工作制采取适当的轮班工作方式。

（二）发电企业检修作业岗位的职工，因发电机组检修时限特点，必须连续作业的，可实行以季或年为周期综合计算工时工作制。

（三）电力建设施工企业因生产特点，需连续施工作业，可实行以年为周期综合计算工时工作制，采用适当的集中工作、集中休息方法。

（四）对无法按标准工作时间衡量的部分岗位的职工，如供销、采购、小车司机、交通车司机、仓库装卸、消防队、部分值班岗位等可实行不定时工作制。

二、对于实行不定时工作制和综合计算工时工作制等工作和休息办法的职工，企业应根据《中华人民共和国劳动法》第一章、第四章有关规定，在保障职工身体健康并充分听取职工意见的基础上，采取适当的工作、休息方式，确保职工的休息休假权利和生产、工作任务的完成。

三、你部可根据以上原则制定具体实施办法，并请同时抄送我部和中华全国总工会以及各省、自治区、直辖市劳动（劳动人事）厅（局），计划单列市劳动局。

第三节　供电企业对员工进行岗位调动的法律风险防范

供电企业用工过程中，可能存在部分员工无法胜任某一岗位，或依供电企业规章制度，需要调换员工岗位的情况。由于司法实践过程中，存在大量用人单位以调岗位为由，迫使职工离职的现象，故司法裁判中，法院往往会将调岗行为合法性、合理性的举证责任分配给用人单位一方，并根据民事诉讼法的规定由用人单位承担举证不能的不利后果。因此，供电企业如何完善调岗程序、防范法律风险，对于防止因调岗行为被员工拒绝，甚至离职后产生争讼，以及防止调岗行为被认定为滥用企业经营自主权、违反法律规定，具有一定的意义。

一、风险点法律分析

（一）供电企业能否单方决定调整员工岗位。

根据《劳动合同法》第 17 条的规定："劳动合同应当具备以下条款：（一）用人单位的名称、住所和法定代表人或者主要负责人；（二）劳动者的姓名、住址和居民身份证或者其他有效身份证件号码；（三）劳动合同期限；（四）工作内容和工作地点；（五）工作时间和休息休假；（六）劳动报酬；（七）社会保险；（八）劳动保护、劳动条件和职业危害防护；（九）法律、法规规定应当纳入劳动合同的其他事项。"其中第 4 项所称"工作内容"指的是工作岗位和工作任务或职责，即劳动法律关系所指向的对象。同时，该法第 35 条规定，"用人单位与劳动者协商一致，可以变更劳动合同约定的内容。变更劳动合同，应当采用书面形式"。根据法律相关规定，供电企业在符合《劳动法》《劳动合同法》规定的情况下，也可以单方面决定职工的调岗事宜。如《劳动法》第 26 条和《劳动合同法》第 40 条、第 41 条规定了以下三种情况：

1. 员工不能胜任其当前的工作内容和工作岗位。不能胜任工作，经过培训或者调整工作岗位，仍不能胜任工作的，用人单位可以解除劳动合同，其中就规定了用人单位可以因劳动者无法胜任工作而决定调整劳动者的工作岗位。在这种情况下需要征得劳动者的同意吗？根据原劳动部《关于职工因岗位变更与企业发生争议等有关问题的复函》（劳办发〔1996〕100 号）第 1 条的意见，因劳动者不能胜任工作而变更、调整职工工作岗位，属于用人单位的自主权。

2. 员工患病或者非因工负伤，在规定的医疗期满后不能从事原工作。关于《劳动合同法》中"医疗期"的含义，应参照《企业职工患病或非因工负伤医疗期规定》（劳部发〔1994〕479 号）。按规定，医疗期内不得解除劳动合同。同时根据该规定第 3 条，根据本人实际参加工作年限和在本单位工作年限，给予 3 个月到 24 个月的医疗期：实际工作年限 10 年以下的，在本单位工作年限 5 年以下的为 3 个月；5 年以上的为 6 个月；

实际工作年限10年以上的，在本单位工作年限5年以下的为6个月；5年以上10年以下的为9个月；10年以上15年以下的为12个月；15年以上20年以下的为18个月；20年以上的为24个月。另外，根据原劳动部《关于贯彻执行〈中华人民共和国劳动法〉若干问题的意见》第76条的规定，对于某些患特殊疾病（如癌症、精神病、瘫痪等）的职工，在24个月内尚不能痊愈的，经企业和当地劳动部门批准，可以适当延长医疗期。

另外，此处仅适用于患病或者非因工负伤，如果属于工伤的，应按照国务院《工伤保险条例》的规定实施。

3. 关于《劳动合同法》第41条"（三）企业转产、重大技术革新或者经营方式调整，经变更劳动合同后，仍需裁减人员的"的规定，能否视为授权用人单位在符合法定情形的情况下单方调整劳动者岗位，此处法律并没有明确的规定。但参考《上海高院民一庭调研与参考》（〔2014〕15号）的意见"倾向认为，虽《劳动合同法》规定用人单位与劳动者协商一致可以变更劳动合同，但也不可否认用人单位因生产结构、经营范围进行调整或外部市场发生变化的情况下行使经营管理自主权，在合法、合理的前提下对劳动者岗位进行适当调整，对此劳动者应当予以配合，这也是劳动关系人身从属性的具体体现"。从上海市高级人民法院的调研和参考意见看，用人单位具有在《劳动合同法》第41条第1款第3项规定的情形下，单方变更劳动合同，调整劳动者工作岗位的自主权。

另外，《劳动法》第26条第3项和《劳动合同法》第40条第4项所规定的劳动合同订立时所依据的客观情况发生重大变化，致使原劳动合同无法履行的，用人单位不能单方面调整工作岗位，但可以按照法律规定的程序解除劳动合同。

根据上述相关规定，供电企业对员工的岗位调动应满足以下三个条件：

（1）新岗位与劳动者的工作能力应在一定程度上相匹配，其包括与劳动者的专业知识、技术领域、工作经验、身体健康条件相匹配；

（2）不违反双方签署的劳动合同，如对劳动地点、劳动条件的约定。

（3）调整劳动者工作岗位不应具有侮辱性、惩罚性和其他违反法律法规的情形。

（二）供电企业决定变更员工岗位后，能否调整员工工资

目前我国的法律、法规、部门规章等规范性文件，尚未对用人单位调岗后能否当然地调整工资进行明确的规定，而根据《劳动合同法》第17条的规定，劳动报酬同属于劳动合同应具备的条款。根据第35条的规定，对于劳动报酬的调整要由用人单位和劳动者双方协商一致，同时，法律亦未有劳动报酬可以由用人单位单方面调整劳动者工资的规定。且法律并未明确"薪随岗变"原则，因此，在实践中，基于岗位调整而扣减劳动者工资的行为存在较大的法律风险。

首先，应在劳动合同或合法的规章制度中明确约定或规定"薪随岗变"原则。参考原劳动部《对〈工资支付暂行规定〉有关问题的补充规定》（劳部发〔1995〕226号）第1条的规定："《规定》第十一条、第十二条、第十三条所称'按劳动合同规定的标准'，系指劳动合同规定的劳动者本人所在的岗位（职位）相对应的工作标准。"该规定明确了工资与岗位具有紧密关联性和对应性，在劳动合同中对这一事项进行约定并不违反法律规定，同时也符合一般商业习惯。其次，调整后的工资不能与原工资存在较大差距，应当在合理范围内确定工资标准。

（三）"不能胜任工作"的举证责任

根据原劳动部《关于〈中华人民共和国劳动法〉若干条文的说明》第26条的规定，"不能胜任工作"是指不能按要求完成劳动合同中约定的任务或者同工种、同岗位人员的工作量。用人单位不得故意提高定额标准，使劳动者无法完成。但是由于在司法实践中，引起争议进入诉讼或劳动仲裁程序的情况下，劳动者不能胜任工作的主张是由用人单位提出，而劳动者一般情况下会进行否认及抗辩，因此这一主张的举证责任一般情况下会分配给用人单位，而在调岗程序中用人单位面临的最大的法律风险即

在该处。司法实践中，用人单位需要通过举证证明规章制度的内容、程序合法并已公示或告知劳动者。

企业规章制度、考核规范的制定应符合法律规定，即不违反国家法律、行政法规及政策规定。制定相关规章制度时，应当经过职工代表大会、全体职工的讨论，提出方案和意见，与工会或者职工代表平等协商确定。直接涉及劳动者切身利益的规章制度和重大事项应当公示或告知劳动者。

二、风险点案例分析

1. 用人单位调岗行为得到认可，但是薪酬降幅较大，用人单位无法举证证明降薪合理性，构成企业经营自主权的滥用，属于违法调岗。（2016 闽 08 民终 761 号民事判决书）

案情简介：2014 年 3 月起，林某进入某公司工作，双方以某公司为甲方，林某为乙方签订劳动合同书一份。2015 年 7 月中旬至 2015 年 10 月，林某因生育小孩，按规定休产假。2015 年 11 月，林某结束产假，回某公司上班。因林某休产假期间，其工作岗位已由他人代替，为此，某公司根据实际需要，将林某的岗位由物管中心文员调整至招商部招商专员，工资调整为 2500 元/月，调岗时间从 2015 年 11 月 4 日起执行，并口头承诺林某不用下班期间去见客户、收租等。某公司于 2015 年 11 月 3 日向林某发出员工调岗通知书，要求林某在收到该通知之日起至招商部报到，逾期未报到，视为旷工，旷工达 3 日以上（含 3 日），视为自动离职，将按自动离职相关规定处理。2015 年 11 月 20 日，某公司向林某发出员工调动单，将林某的工作岗位由某公司物管中心文员调整至集团公司招商部招商专员，要求林某于 2015 年 11 月 28 日前完成交接工作，林某在该调动单的员工签名处签字，表示不同意。2015 年 11 月 23 日下午、11 月 24 日上午，林某与招商部同事外出进行核对店面租赁事宜、联系客户等工作。2015 年 11 月 30 日，林某以某公司未经协商一致，将其岗位进行调整，违反劳动法的规定为由向龙岩市新罗区劳动争议仲裁委员会申请仲裁。仲裁请求事项为：要求某公司支付解除劳动合同 8 个月经济补偿金合计 28 600 元。龙岩市新罗区劳动争议仲裁委员会于 2015 年 12 月 25 日作出龙新劳仲案（2015）170 号仲裁裁决书，裁决：新天地公司于仲裁裁决生效之日向林晓兰支付终止劳动关系经济补偿金 6750 元（3375 元/月×2 个月）。林某因不服该仲裁裁决，向法院提起诉讼。

判决要旨： 本案纠纷即主要应当审查用人单位的单方调整行为是否属于滥用其经营自主权。本案中，林某因休产假其工作岗位被其他员工接任，某公司调整其工作岗位事出有因，而且因林某尚在哺乳阶段，某公司亦曾口头承诺其不用下班期间去见客户、收取租金等，因此某公司并不存在通过调岗变相辞退林某的主观恶意，且符合实际情况和某公司的经营管理需要。林某调岗后的基本工资比原岗位少 500 元/月，全勤奖金比原岗位少 100 元/月，整体上看薪酬降低幅度较大。本院认为，虽然双方签订的劳动合同第 10 条约定"薪随岗变"，但用人单位单方调岗应当尽可能维持劳动者原工作岗位工资水平，即调岗前后劳动者工资待遇应基本相当，不应有较大落差，本案某公司调岗后大幅降低林某的薪酬，应当进一步举证证明降薪的合理性，但其并未举证证明，本院认定调岗后某公司在劳动报酬上对劳动者作了明显不利变更，损害了林某的合法权益，构成对企业经营自主权的滥用。

2.《员工手册》经民主程序议定并告知员工后可以作为审理依据，依照《员工手册》进行的调岗行为符合法律规定。（2016 津 02 民终 590 号民事判决书）

案情简介： 李某某于 2005 年 5 月到天津加藤精密电子有限公司（以下简称加藤公司）工作，双方签有自 2010 年 4 月 16 日起至 2011 年 4 月 15 日止的劳动合同。合同到期后，双方续签了自 2011 年 4 月 16 日开始的无固定期限劳动合同，同时未对劳动合同的其他条款进行变更。加藤公司还称因发现李某某设立公司、存在和公司同业竞争的行为，故于 2014 年 7 月召开营业会议，将李某某由营业部部长调整为普通职员。同时称因公司当时处于调查阶段，故在营业会议中并未说明对李某某职务调整的原因。

加藤公司提供的由李某某签字的会议纪要显示，自 2014 年 7 月 15 日起李某某由营业部部长职位变更为普通职员，营业部门由总经理直接管理。加藤公司的员工手册规定：未经公司允许从事其他营利性活动或被他处雇用的，属于情节严重、影响恶劣的违纪行为，公司可以给予解除劳动合同的处罚。同时，该手册还规定每年 4 月 15 日公司进行统一调薪，薪资包括合同工资、职位补助等各项补助以及加班费等其他形式的报酬。薪资组成详见《给料计算书》。此外，该员工手册的制定征询了公司员工意见，李某某亦予以签收。

裁判要旨：本院认为，当事人对自己的主张有责任提供证据，否则应承担举证不能的法律后果。本案被上诉人向法院提交的证据显示其公司的《员工手册》是经民主程序议定的，上诉人在《员工手册》征求意见表上签字确认，表明上诉人对该《员工手册》的内容是知晓的。上述《员工手册》明确约定，"员工的薪金组成详见《给料计算书》，不同岗位的工资可能含有不同的工资项目"。故被上诉人在原审法院提供的该《员工手册》、上诉人的工资表及有上诉人签字确认的《给料计算书》，可以相互印证上诉人在职期间的工资标准。

3. 在合同中约定按照公司规章制度执行，则用人单位根据公司规章制度对劳动者进行调薪的行为合法。（2015 二中民终字第 05520 号）

案情简介：2013 年 3 月 14 日，罗某到某房地产开发有限公司任职，同日双方签订书面劳动合同，合同约定罗某担任工程部长一职，合同期限自 2013 年 3 月 14 日至 2016 年 3 月 13 日。该劳动合同第 15 条约定，根据多贡献多获得的公平性原则和随岗定薪的合理性原则，甲方（某房地产开发有限公司）根据国家有关规定和甲方工资管理、业绩考核等管理制度，按月以货币形式向乙方（罗某）支付劳动报酬，并严格执行当地政府最低工资规定。劳动合同第 16 条约定，甲方对乙方实行"基本工资＋岗位津贴＋绩效工资"相结合的薪酬管理办法，其中月基本工资为 1500 元人民币，乙方的绩效工资按甲方的绩效考核管理制度执行考核后进行相应的发放。劳动合同第 17 条约定甲乙双方对工资的其他约定按《工资制度》《绩效考核管理制度》《考勤制度》等规定执行。某房地产开发有限公司提交的《员工手册》也规定其公司工资制度按职务、职称、学历、岗位不同设置，做到薪随岗变，变岗变薪，从岗位变动的次日起，按新岗位的工资标准执行。罗某认可其从某房地产开发有限公司领取过员工手册。

裁判要旨：克扣工资一般是指用人单位无正当理由扣减劳动者应得工资，但不包括在依法签订的劳动合同中有明确约定的情形，因此，某房地产开发有限公司与罗某签订的劳动合同中约定罗某的绩效工资按某房地产开发有限公司的《绩效考核管理制度》执行考核后进行相应发放，以及双方对工资的其他约定按《工资制度》《绩效考核管理制度》《考勤制度》等规定执行，故某房地产开发公司在按照相关管理制度考核后发放罗某工资，不属于克扣工资的情形，故罗某主张某房地产开发有限公司存在不时克扣工资行为理由不成立；某房地产开发有限公司根据劳动合同的约定，对罗某调整后的工作岗位确定其薪资标准亦无不当。

三、风险点防范措施

1. 用人单位的风险防范重点在于收集、保留通过民主程序制定，并且已向劳动者告知、公示的规章制度和考核，根据法律法规的规定，应当符合以下条件：（1）会议纪要、规章制度、考核制度的文件等需经工会、职工代表或全体职工签章确认。（2）在劳动合同中体现劳动者同意用人单位现行规章制度、考核制度等相关内容，同时将相关文件作为合同附件由缔约各方签署确认。（3）组织规章制度学习考试，考试的内容即相关规章制度，包括以开卷考的形式，让劳动者学习并确认用人单位已告知其规章制度、考核制度内容，并保留其本人签名的试卷作为证据。

考核流程应符合规章制定的程序，同时保证公开、公平原则：（1）关于考核流程，应在制度中作出具体的规定，并向劳动者公示；（2）可量化的如考勤记录、业绩计量，应在规章制度、考核制度中明确考勤、业绩计量方式、后果、申辩权利和合理的申辩时限，同时相关记录应由职工本人签字确认；（3）不建议将具有较强主观性、不可量化的内容作为考核依据。其中较为关键的因素就是作为用人单位在诉讼中需要承担举证责任，基于不可量化的考核内容具有较强的主观性，因此在诉讼过程中难以举证将产生极为不利的后果。

2. 供电企业对于可能存在调岗的情况，除符合法定调岗条件外，应在《劳动合同》或《岗位合同》中明确约定调岗的条件。未在《劳动合同》中约定的，应按照法定程序制作相应的调岗规章制度：（1）不违反国家法律、行政法规及政策规定；（2）经过职工代表大会、全体职工的讨论，提出方案和意见；（3）应当公示或告知劳动者。

3. 在操作过程中，应建立员工档案，并由员工本人签字确认，对于符合调岗条件的员工，应当注意保存其调岗条件成就的证据材料，对其进行告知，如调动后岗位比原岗位低或薪酬比原岗位少，应向工会征求意见，同时，调岗不应具有侮辱性和惩罚性，不应违反法律、行政法规的强制性规定，以及应当保证调岗后的工资变更，不被确认违法。具体操作可以参考如下：（1）在《劳动合同》中明确约定薪随岗变，或在签订《劳动合同》的同时签订《岗位合同》，明确各个岗位的工资计算方法；（2）严格依照法律规定的程序，制定岗位工资制度，通过职工代表大会、工会等会议的确认，并向全体职工告知——如召开职工会议，由其在相关文件上签字确认；（3）薪水不低于法定最低工资标准，同时类似岗位之间的工资基本相同；（4）尽量保证调岗后工资水平与被调岗职工原岗位工资基本相当，即使岗位调动较大，也尽量避免显著低于原工资标准。

【相关法律法规】

《中华人民共和国劳动法》

第二十六条　有下列情形之一的，用人单位可以解除劳动合同，但是应当提前三十日以书面形式通知劳动者本人：

（一）劳动者患病或者非因工负伤，医疗期满后，不能从事原工作也不能从事由用人单位另行安排的工作的；

（二）劳动者不能胜任工作，经过培训或者调整工作岗位，仍不能胜任工作的；

（三）劳动合同订立时所依据的客观情况发生重大变化，致使原劳动合同无法履行，经当事人协商不能就变更劳动合同达成协议的。

第四十六条第一款　工资分配应当遵循按劳分配原则，实行同工同酬。

《中华人民共和国劳动合同法》

第四条　用人单位应当依法建立和完善劳动规章制度，保障劳动者享有劳动权利、履行劳动义务。

用人单位在制定、修改或者决定有关劳动报酬、工作时间、休息休假、劳动安全卫生、保险福利、职工培训、劳动纪律以及劳动定额管理等直接涉及劳动者切身利益的规章制度或者重大事项时，应当经职工代表大会或者全体职工讨论，提出方案和意见，与工会或者职工代表平等协商确定。

在规章制度和重大事项决定实施过程中，工会或者职工认为不适当的，有权向用人单位提出，通过协商予以修改完善。

用人单位应当将直接涉及劳动者切身利益的规章制度和重大事项决定公示，或者告知劳动者。

第三十五条第一款　用人单位与劳动者协商一致，可以变更劳动合同约定的内容。变更劳动合同，应当采用书面形式。

第四十条　有下列情形之一的，用人单位提前三十日以书面形式通知劳动者本人或者额外支付劳动者一个月工资后，可以解除劳动合同：

（一）劳动者患病或者非因工负伤，在规定的医疗期满后不能从事原工作，也不能从事由用人单位另行安排的工作的；

（二）劳动者不能胜任工作，经过培训或者调整工作岗位，仍不能胜任工作的；

（三）劳动合同订立时所依据的客观情况发生重大变化，致使劳动合同无法履行，经用人单位与劳动者协商，未能就变更劳动合同内容达成协议的。

第四十一条 有下列情形之一，需要裁减人员二十人以上或者裁减不足二十人但占企业职工总数百分之十以上的，用人单位提前三十日向工会或者全体职工说明情况，听取工会或者职工的意见后，裁减人员方案经向劳动行政部门报告，可以裁减人员：

……（三）企业转产、重大技术革新或者经营方式调整，经变更劳动合同后，仍需裁减人员的……

《最高人民法院关于审理劳动争议案件适用法律若干问题的解释（一）》

第十九条 用人单位根据《劳动法》第四条之规定，通过民主程序制定的规章制度，不违反国家法律、行政法规及政策规定，并已向劳动者公示的，可以作为人民法院审理劳动争议案件的依据。

劳动部办公厅《关于职工因岗位变更与企业发生争议等有关问题的复函》（劳办发〔1996〕100号）

一、关于用人单位能否变更职工岗位问题。按照《劳动法》第十七条、第二十六条、第三十一条的规定精神，因劳动合同订立时所依据的客观情况发生重大变化，致使原劳动合同无法履行而变更劳动合同，须经双方当事人协商一致，若不能达成协议，则可按法定程序解除劳动合同；因劳动者不能胜任工作而变更、调整职工工作岗位，则属于用人单位的自主权。对于因劳动者岗位变更引起的争议应依据上述规定精神处理。

劳动部《关于中华人民共和国劳动法若干条文的说明》（劳办发〔1994〕289号）

第二十六条 ……本条第（二）项中的"不能胜任工作"，是指不能按要求完成劳动合同中约定的任务或者同工种、同岗位人员的工作量。用人单位不得故意提高定额标准，使劳动者无法完成。

广东省高级人民法院、广东省劳动人事争议仲裁委员会《关于审理劳动人事争议案件若干问题的座谈会纪要》（粤高法〔2012〕284号）

22. 用人单位调整劳动者工作岗位，同时符合以下情形的，视为用人单位合法行使用工自主权,劳动者以用人单位擅自调整其工作岗位为由要求解除劳动合同并请求用人单位支付经济补偿的,不予支持:(一)调整劳动者工作岗位是用人单位生产经营的需要;(二)调整工作岗位后劳动者的工资水平与原岗位基本相当; (三) 不具有侮辱性和惩罚性;(四) 无其他违反法律法规的情形。用人单位调整劳动者的工作岗位且不具有上款规定的情形,劳动者超过一年未明确提出异议,后又以《劳动合同法》第三十八条第一款第(一)项规定要求解除劳动合同并请求用人单位支付经济补偿的,不予支持。

《上海高院民一庭调研与参考》(〔2014〕15 号)

倾向认为,虽《劳动合同法》规定用人单位与劳动者协商一致可以变更劳动合同,但也不可否认用人单位因生产结构、经营范围进行调整或外部市场发生变化的情况下行使经营管理自主权,在合法、合理的前提下对劳动者岗位进行适当调整,对此劳动者应当予以配合,这也是劳动关系人身从属性的具体体现。

第四节 借用员工的法律风险及防范

一、风险点法律分析

供电企业在实际运营中,存在员工入职后被集体企业借用的情形。借用员工是否合法,及借用员工期间,被借用员工的工资等相关费用发放及被借用员工若发生工伤后费用赔偿等事项,供电企业作为用人单位对此应予以重视,应注意做好相关的三方协议约定,以尽可能减少相关法律风险。

(一)借用员工的法律依据

从我国现行的《劳动法》《劳动合同法》《劳动合同法实施条例》等法律法规的规定来看,现有法律法规并未就企业间借用员工的用工模式作出明确规定。但根据原劳动部颁发的《关于贯彻执行〈中华人民共和国劳动法〉若干问题的意见》(劳部发〔1995〕309 号)第 7 条"用人单位应与其长期被外单位借用的人员、带薪上学人员，以及其他非在岗但仍保持劳动关系的人员签订劳动合同，但在外借和上学期间，劳动合同中的某些相关条款经双方协商可以变更"及第 14 条"派出到合资、参股单位的职工如果与原单位仍保持着劳动关系，应当与原单位签订劳动合同，原单位可就劳动合同的有关内容在与合资、参股单位订立的劳务合同时，明确职工的工资、保险、福利、休假等有关待遇"的规定，可以看出原劳动部并不禁止企业间发生借用员工关系，且该条规定明确要求原用人单位将员工借工到其他单位的，应当与借工单位就借用员工的工资、保险、福利、休假等有关待遇作出明确约定。

（二）借用员工的法律关系与劳务派遣法律关系二者的区别

1. 劳务派遣的法律规定。

劳务派遣属于法律法规明文规定的用工形式之一。《劳动合同法》第 57 条至第 67 条对劳务派遣单位设立条件及资质要求、劳务派遣单位与劳动者的关系、劳务派遣协议、劳务派遣用工单位的义务、被派遣劳动者同工同酬等劳务派遣用工要求作出了明确规定。

2. 借用员工的法律关系与劳务派遣法律关系的相似之处。

首先，从外在形式上看，借用员工的法律关系存在三方主体，即原用人单位、借工单位及被借用的员工。劳务派遣法律关系也存在三方主体，即劳务派遣单位、用工单位和劳动者。其次，借用员工的法律关系与劳务派遣法律关系中，均存在用人单位与实际借工单位相分离的特征。

3. 借用员工的法律关系与劳务派遣法律关系的不同之处。

虽借用员工的法律关系与劳务派遣法律关系具有高度相似性，但二者也具有截然不同的特征。首先，劳务派遣单位需具备《劳动合同法》第 57 条第 1 款规定的设立条件，且必须依法向劳动行政部门申请行政许可，未经许可，任何单位和个人不得经营劳务派遣业务，但劳动法律法规对于借用员工的法律关系中原用人单位则没有特殊的设立及资质要求。其次，基于三方权利义务关系及借用员工的实践情况，在借用员工关系中，借工单位一般只承担劳动者的薪酬和保险，无须或仅向原用人单位支付少量管理费，不以赢利为目的。① 而劳务派遣法律关系中，劳务派遣单位与实际用工单位之间存在服务协议，劳务派遣单位为实际用工单位提供劳务派遣，并向实际用工单位收取服务费，即劳务派遣单位以赢利为目的。再次，劳务派遣单位与实际用工单位的最重要特征为"招人不用人，用人不招人"，而借用员工法律关系中，原用人单位及实际借工单位之间并不具备这样的特征。

（三）借用员工法律关系的法律风险分析

《关于贯彻执行〈中华人民共和国劳动法〉若干问题的意见》规定："74. 企业富余职工、请长假人员、请长病假人员、外借人员和带薪上学人员，其社会保险费仍按规定由原单位和个人继续缴纳，缴纳保险费期间计算为缴费年限。"《工伤保险条例》第43条第3款规定："职工被借调期间受到工伤事故伤害的，由原用人单位承担工伤保险责任，但原用人单位与借调单位可以约定补偿办法。"

根据前述规定可见在现有劳动法律法规的框架下，用人单位是劳动法律关系责任主体，始终承担着对劳动者的最终责任。当实际借工单位发生破产、无力承担对劳动者的赔偿或恶意逃避责任时，用人单位必须最终承担起员工工作安排、社会保险缴纳、解除劳动关系补偿或赔偿、员工工伤及相关的义务，不可避免地给用人单位带来长期困扰。②

此外，因被借用员工实际在借工单位处上班，遵循借工单位的用人规章制度，因此用人单位难以全面管理、监督被借用员工的用工表现，只能依赖于借工单位对被借用员工进行用工规范管理。在被借用员工出现违反某供电企业的用人规章制度情形可能涉及被开除或者辞退时，用人单位可能因借工单位的用工管理不规范致使无法取证以致无法对该被借用员工作出相应的处理。

---

① 张克，"员工借用的法律关系处理及风险防控"，载 http：//blog.sina.com.cn/s/blog_5d8f84170100lnro.html，访问时间：2017年5月10日。

② "企业之间采用员工借用的用工方式会有什么法律风险"，载 http：//www.400815.com/news/info/cad4d85a‐a0e2‐4e2e‐8571‐9f3e93d6d4a9.html，访问时间：2017年5月10日。

二、风险点案例分析

1. 员工与用人单位存在劳动合同关系的情况下，可依法被借用到其他实际借工单位。（2012 浙湖民终字第 12 号）

案情简介：1995 年 9 月，杭州海久电池有限公司（以下简称杭州海久公司）成立。2001 年 5 月，俞某某进入杭州海久公司工作。2003 年 5 月，浙江海久公司成立，杭州海久公司为浙江海久公司的全资子公司。2005 年开始，俞某某到浙江海久公司工作。2011 年 4 月，浙江海久公司停产整顿，同年 5 月 27 日，杭州海久公司向俞某某发函，安排俞某某于 6 月到杭州万马高能量电池有限公司参加业务培训，俞某某未到岗。另查明，自 2004 年 3 月 20 日起（一审笔误为 2003 年 3 月 20 日），俞某某与杭州海久公司持续签订有固定期限的劳动合同，2010 年 9 月 13 日，俞某某与杭州海久公司就原有劳动合同期限顺延问题签订补充协议，约定双方的劳动关系存续至 2013 年 10 月 31 日。俞某某在浙江海久公司工作期间，2005 年至 2008 年 8 月的工资一直由杭州海久公司发放，2008 年 9 月起俞某某工资由浙江海久公司发放，浙江海久公司停产后，杭州海久公司自 2011 年 6 月起，以 1310 元/月的标准支付俞某某生活费。俞某某的社会保险一直由杭州海久公司为其缴纳至今。后俞某某起诉要求确认其与浙江海久之间存在劳动合同关系。

裁判要旨：关于俞某某与浙江海久公司之间存在事实劳动合同关系的主张，经审查，本院认为，双方当事人对于俞某某在 2005 年之后的工作地点为浙江海久公司的事实并无异议，但由于俞某某未与浙江海久公司签订劳动合同，且 2010 年 9 月 13 日仍在与杭州海久公司签订补充协议协商变更劳动合同期限，并结合俞某某的社会保险一直由杭州海久公司缴纳的事实，一审认定俞某某与杭州海久公司之间的劳动关系存在，且该劳动关系并未因工作地点的变化而发生转移，并无不当，本院予以认定。至于俞某某主张浙江海久公司所述借用关系不符合法律规定，本院认为，浙江海久公司所主张之借用关系并未违背我国法律法规的禁止性规定，且原劳动部《关于贯彻执行〈中华人民共和国劳动法〉若干问题的意见》第7条明确规定:"用人单位应与其长期被外单位借用的人员、带薪上学人员、以及其他非在岗但仍保持劳动关系的人员签订劳动合同,但在外借和上学期间,劳动合同中的某些相关条款经双方协商可以变更。"该意见目前仍现行有效,因而俞某某主张借用关系违反法律,缺乏依据。此外,虽然我国法律并不禁止一名劳动者可以同时与多个用人单位之间保持劳动关系,但本案中俞某某提供劳动对象确定,并不存在为多个用人单位提供劳动的情形,故俞某某关于即使其与杭州海久公司之间的劳动关系存在也不影响其与浙江海久公司之间的劳动关系的主张,缺乏事实依据,本院不予采信。

2. 用人单位与实际借工单位在借用员工协议中约定实际借工单位承担员工的工资、奖金、工伤费用等,用人单位承担员工的社会保险,则员工病假期间的工资发放应由实际借工单位承担。[2011沪一中民三(民)终字第1430号]

案情简介:2000年10月20日,上海轻工机械股份有限公司塑料机械制造厂(后更名为汇通公司,本案的用人单位)作为甲方与上海农工商超市有限公司(本案的实际借工单位,本案原审被告、上诉人)作为乙方,签订期限自2001年1月1日至2010年12月30日止的《房屋租赁合同》一份。该合同第6条第4项约定,乙方借用甲方员工18名。第5项约定,乙方只承担借用员工的工资、奖金,其他费用均由甲方自理。双方于同期签订的甲乙方相反的《集体劳务借用协议》第3条约定,乙方劳务输出人员的劳动人事关系在乙方,其公积金、养老金、医疗统筹基金等社会保障费用(企业部分)均由乙方承担,甲方负责发放工资、奖金。如乙方劳务输出人员在甲方工作期间,因工作因素而发生的伤害事故,由甲方承担其医疗费用。2000年12月30日,上海轻工机械股份有限公司塑料机械制造厂作为甲方与王某某(本案原审原告、被上诉人)作为乙方,签订《劳务输出协议》一份,其中"医疗及费用"条款约定:(1)乙方在劳务输出期间就医,按甲方规定的指定医院就诊,发生的医药费按上海市城镇职工基本医疗保险制度改革方案及企业有关规定执行。（2）乙方在劳务输出期间，因工作因素而发生的伤害事故，由农工商超市有限公司承担其医疗费用。2009年12月24日，上诉人作为甲方、被上诉人作为乙方签订《劳务合同书》一份，合同第4条约定，甲方根据乙方从事的岗位、劳动态度、劳动成果和贡献大小确定其劳动报酬，并按月支付其正常出勤的劳动报酬，双方约定病假无工资。2010年3月8日，王某某因冠心病、三支病变住院治疗至同年4月6日。农工商超市支付过王某某2010年3月的病假工资800元。2010年9月2日，王某某就本案诉请事项向上海市闵行区劳动争议仲裁委员会申请仲裁，该仲裁机构于2010年10月13日作出闵劳仲（2010）办字第4870号仲裁裁决书，裁决汇通公司支付王某某2010年4月1日至同年9月28日期间的病假工资5303.91元。汇通公司不服裁决，向法院申请撤销仲裁裁决，法院于2011年2月16日作出（2010）沪一中民三（民）撤字第363号民事裁定书，裁定撤销上述仲裁裁决。王某某遂以农工商为被告提起诉讼。

裁判要旨： 本院认为：本案被上诉人王某某至上诉人农工商超市处提供劳务，系履行汇通公司与上诉人农工商超市之间《集体劳务借用协议》的具体行为，双方之间并不构成上诉人农工商超市主张的特殊劳动关系，但双方的权利义务应当参考上述协议的约定。上诉人农工商超市提出，在《集体劳务借用协议》及汇通公司与被上诉人王某某签订的《劳务输出协议》中，均明确属于福利待遇性质的病假工资应由汇通公司承担。对此，经本院审查，上述协议中并无关于病假工资应由汇通公司承担的明确约定，该书面协议明确了上诉人农工商超市应承担被上诉人王某某的工资、奖金、工伤费用等，汇通公司则承担被上诉人的社会保险。因此，在上诉人农工商超市未举证证明该部分费用应由汇通公司承担的情况下，上诉人农工商超市要求由汇通公司承担责任的主张，本院不予采纳。本院认为，不管是国家还是上海市地方关于工资支付的相关法律规定中，病假工资均被列入工资支付范畴。因此，即便根据上诉人农工商超市与汇通公司的约定，上诉人农工商超市亦应当承担支付被上诉人王某某病假工资的义务。

3. 除工伤保险机构应承担的工伤保险费用外，用人单位应承担法定的工伤赔偿责任。（2016赣10民特4号）

案情简介：金安公司与科元公司签订《借用员工协议书》《借用员工三方协议书》后将员工胡某某借用给科元公司。后胡某某在科元公司借用期间发生工伤，遂向劳动仲裁委员会提起劳动仲裁，要求金安公司与科元公司共同向其支付工伤赔偿。劳动仲裁最终仅裁决金安公司承担工伤赔偿。金安公司不服，主张应依据员工借用协议由科元公司承担用人单位应承担的工伤保险赔偿责任，向人民法院提起诉讼。

裁判要旨：《社会保险法》第39条规定："因工伤发生的下列费用，按照国家规定由用人单位支付：（一）治疗工伤期间的工资福利；（二）五级、六级伤残职工按月领取的伤残津贴；（三）终止或者解除劳动合同时，应当享受的一次性伤残就业补助金。"《江西省实施〈工伤保险条例〉办法》第20条规定，生活不能自理的工伤职工在停工留薪期内需要护理的，经收治的医疗机构出具证明，由所在单位负责派人护理。所在单位未派人护理的，由所在单位按照统筹地区上年度职工月平均工资的70%的标准向工伤职工支付护理费。因此，除工伤保险机构应承担的工伤保险费用外，用人单位应承担《社会保险法》第39条所列上述三项费用及生活护理费。本案胡某某与金安公司之间属劳动关系，金安公司作为胡某某的用人单位应承担上述费用。

4. 用人单位与实际借工单位签订的协议并未约定借用员工转入实际借工单位后即与用人单位解除劳动合同，因此员工虽已被借用，且即便实际借工单位同意支付员工经济补偿金、安全风险金，但在未经员工同意的情况下，不能就此免除用人单位的法定责任。（2015通中民终字第00199号）

案情简介：蔡某于2004年9月进入三九设备公司工作，入职即被三九设备公司借用到三九机器公司。2013年5月11日，三九机器公司与蔡某签订协议一份，载明"乙方（蔡某）系甲方（三九机器公司）借用南通三九焊接设备有限公司人员。现甲方经营期限到期，无法继续经营，自即日起双方的借用关系自动终止。经甲乙双方友好协商，乙方离职后仍享有与其他集体借用员工的同等工龄计算待遇。等甲方清算结束后按照所有借用三九设备公司结算方法支付。"2013年5月21日，三九设备公司办理蔡某的退工登记、停缴社保费用手续。后蔡某向南通市劳动人事争议仲裁委员会申请仲裁，要求三九设备公司支付经济赔偿金、安全风险金、一次性工伤医疗补助金、一次性伤残就业补助金。该仲裁机构于2013年12月20日裁决，认定三九设备公司违法解除劳动合同，向蔡某支付赔偿金57 913.56元、安全风险金300元、一次性伤残就业补助金29 720元。三九设备公司不服裁决，于2014年8月18日诉至法院，请求判令其公司与蔡某解除劳动合同的行为合法有效，待三九机器公司清算后由三九机器公司支付蔡某经济补偿金、安全风险金。

裁判要旨： 三九设备公司虽上诉称根据其公司于2007年12月10日与三九机器公司签订的《关于妥善解决"三九焊接"员工问题的协议》，已将员工整建制转入三九机器公司，但该协议系复印件，三九机器公司对真实性不予认可，且该协议并未约定借用员工全部转入三九机器公司并与三九设备公司解除劳动合同。蔡某虽入职即被借用到三九机器公司，但三九设备公司之后并未与蔡某解除劳动合同，且一直为蔡某缴纳社会保险，在三九机器公司经营期限届满后，亦是由三九设备公司与蔡某签订退工通知单。综上，三九设备公司关于其公司并非蔡某用人单位、不应承担用工责任的上诉理由不能成立。虽然三九机器公司同意支付蔡某经济补偿金、安全风险金，但在未经蔡某同意的情况下，不能就此免除三九设备公司作为用人单位的法定责任，故对三九设备公司关于经济赔偿金、安全风险金应当由三九机器公司承担、其公司不予承担的上诉理由，本院不予支持。

三、风险点防范措施

鉴于供电企业在实际运营中，存在将员工派到集体企业进行借用的情形，为降低供电企业作为用人单位在借用员工法律关系中的法律风险，建议供电企业在借用员工过程中，应注意采取以下防范对策。

1. 完善供电企业与借工单位及被借用员工三方签订的《借用协议书》。《借用协议书》在涉及解除劳动合同补偿及员工最终赔偿责任等时，应进一步明确约定因借用员工期间劳动争议发生的赔偿及相关费用。建议明确约定员工同意相关费用均由借工单位支付，但若最终经司法裁判仍应由供电企业承担的，则供电企业有权向借工单位追偿。

2. 从保护被借用员工个人权益和规避风险角度考虑，供电企业作为用人单位可以要求借工单位为借用员工购买意外伤害保险，以应对超出法定保险赔偿情况的发生。

3. 加强用工监督及管理。如上文所述，用人单位是劳动者法律责任的最终承担者。要将三方协议中约定的各方权利义务落到实处，规避用人单位风险，保障劳动者合法权益，必须采取超前的防范措施。要及时了解借工单位履行劳动法律法规的情况，对于借工单位出现的违规情况和可能引发劳动争议的苗头，应及时予以纠正或制止，做到预先介入和控制。应建立用人单位与借工单位、被借用员工之间的信息沟通渠道，及时沟通借用员工中出现的各种问题。

【相关法律法规】

《关于贯彻执行〈中华人民共和国劳动法〉若干问题的意见》（劳部发〔1995〕309号）

7. 用人单位应与其长期被外单位借用的人员、带薪上学人员、以及其他非在岗但仍保持劳动关系的人员签订劳动合同，但在外借和上学期间，劳动合同中的某些相关条款经双方协商可以变更。

14. 派出到合资、参股单位的职工如果与原单位仍保持着劳动关系，应当与原单位签订劳动合同，原单位可就劳动合同的有关内容在与合资、参股单位订立的劳务合同时，明确职工的工资、保险、福利、休假等有关待遇。

74. 企业富余职工、请长假人员、请长病假人员、外借人员和带薪上学人员，其社会保险费仍按规定由原单位和个人继续缴纳，缴纳保险费期间计算为缴费年限。

《工伤保险条例》

第四十三条　用人单位分立、合并、转让的，承继单位应当承担原用人单位的工伤保险责任；原用人单位已经参加工伤保险的，承继单位应当到当地经办机构办理工伤保险变更登记。用人单位实行承包经营的，工伤保险责任由职工劳动关系所在单位承担。职工被借调期间受到工伤事故伤害的，由原用人单位承担工伤保险责任，但原用人单位与借调单位可以约定补偿办法。企业破产的，在破产清算时依法拨付应当由单位支付的工伤保险待遇费用。

第五节　未足额缴纳社会保险的法律风险及防范

根据《劳动法》第70条的规定，国家发展社会保险事业，建立社会保险制度，设立社会保险基金，使劳动者在年老、患病、工伤、失业、生育等情况下获得帮助和补偿。即《劳动法》施行以来，国家就有关于用人单位建立社会保险制度的原则性要求。但根据《劳动法》第19条"劳动合同应当以书面形式订立，并具备以下条款：（一）劳动合同期限；（二）工作内容；（三）劳动保护和劳动条件；（四）劳动报酬；（五）劳动纪律；（六）劳动合同终止的条件；（七）违反劳动合同的责任。劳动合同除前款规定的必备条款外，当事人可以协商约定其他内容"的规定可以看出，社会保险并不属于《劳动法》规定的劳动合同的必要条款。同时根据《劳动法》第71条"社会保险水平应当与社会经济发展水平和社会承受能力相适应"和第72条"社会保险基金按照保险类型确定资金来源，逐步实行社会统筹。用人单位和劳动者必须依法参加社会保险，缴纳社会保险费"的规定，社会保险费用由用人单位和劳动者依照法律规定的比例承担。在此情况下，大部分用人单位都未能依法为员工缴纳社会保险。

2008年1月1日起《劳动合同法》施行后，将公司为员工缴纳社会保险纳入劳动合同的必要条款，并作为强制性要求，且在工商行政主管部门、社会保险行政主管部门等多部门的联合管理和监督之下,公司为员工缴纳社会保险已为大部分公司的用工常态。此项举措虽加大了保障员工合法权益的力度,但也不可避免地增加了公司的用工成本。在实际运营中,无论是供电企业还是其他企业,都存在用人单位虽为员工办理了社会保险,但缴纳社会保险所依据的工资基数并非按照员工的实际月工资,而是按照不低于公司所在地最低工资标准且经社会保险机构审批同意的工资标准,以便于在保障员工合法权益同时,也有效控制用人单位的用工成本。

用人单位未足额缴纳社会保险主要引发的劳动争议在于员工退休后享受的养老金过低或员工发生工伤后认为工伤赔偿待遇过低,导致通过仲裁或起诉要求用人单位承担赔偿责任。工伤保险基金由用人单位缴纳的工伤保险费、工伤保险基金的利息和依法纳入工伤保险基金的其他资金构成,"工伤保险费"是构成工伤保险基金的最主要构成部分,瞒报缴费工资数额直接导致了工伤保险基金资金的减少。一旦发生工伤,员工享受的一次性伤残补助金、伤残津贴、供养亲属抚恤金等由工伤保险基金承担,而工伤保险基金会严格依据《工伤保险条例》第64条的规定,即工伤员工因工作遭受事故伤害或者患职业病前12个月平均月缴费工资,核定工伤保险待遇。根据《工伤保险条例》的规定,缴费工资本应等于职工实际工资总额,但由于用人单位瞒报工资数额,导致工伤员工享受不到法律规定的待遇标准,进而使得工伤保险待遇标准缩水。[1] 因此司法实践中,发生工伤后或员工离职后,员工通过仲裁、起诉等途径追究用人单位未足额缴纳社会保险的责任的案件并不鲜见。

一、风险点法律分析

(一)员工以公司未足额缴纳社会保险为由要求解除劳动合同并要求公司支付经济补偿金的法律风险

我国现行劳动法律法规关于因用人单位缴纳社会保险问题致使员工解

---

[1] 周樂:"工伤规定:未足额缴纳工伤保险费应当补足职工的工伤待遇",载http://blog.sina.com.cn/s/blog_5f17b9680102dvi9.html,访问时间:2017年5月10日。

除合同后,用人单位还需支付员工经济补偿金的规定主要在于《劳动合同法》第38条第1款"用人单位有下列情形之一的,劳动者可以解除劳动合同:……(三)未依法为劳动者缴纳社会保险费的……",以及《劳动合同法实施条例》第18条的规定,"有下列情形之一的,依照劳动合同法规定的条件、程序,劳动者可以与用人单位解除固定期限劳动合同、无固定期限劳动合同或者以完成一定工作任务为期限的劳动合同:……(六)用人单位未依法为劳动者缴纳社会保险费的……"因上述规定中,采用的表述为"未依法为劳动者缴纳社会保险费",而非"未依法缴纳或未足额缴纳",因此员工以公司未足额缴纳社会保险为由要求解除劳动合同并要求公司支付经济补偿金是否可以获得劳动仲裁部门或者法院的支持,是具有争议的。结合司法实践而言,一般仅在用人单位完全没有为员工缴纳社会保险致使员工单方解除劳动合同的,才适用经济补偿金的规定。

(二)员工以公司未足额缴纳社会保险致使其工伤保险待遇降低,要求公司补足社会保险或者工伤保险待遇的风险

对于该项法律风险,司法实践中也存在两种不同意见。

第一种意见认为,员工的实际工资高于社会保险缴纳的工资基数,公司没有按照员工实际工资为员工缴纳工伤保险费,不能由于公司的过错而降低员工的工伤待遇,故应由公司补足员工工伤保险待遇差额。

第二种意见认为,公司缴纳社会保险属于公司与社会保险机构间的行政法律关系管理范畴,故而员工直接提起劳动仲裁或者诉讼要求公司承担不足工伤保险待遇差额部分的请求不属于劳动仲裁或者民事诉讼受理范围。

(三)员工以未足额缴纳社会保险为由,要求社会保险机构对用人单位作出补缴的行政处罚的法律风险

在前述两种劳动争议发生后,员工通过仲裁或者诉讼的途径无法获得相应的支持后,则可能通过向社会保险机构提出申请,要求社会保险机构责令用人单位为其足额补交社会保险,并作出相关的行政处罚。

二、风险点案例分析

根据某供电企业所在的福建省内的实际社会保险缴纳情况，结合泉州市中级人民法院（2015）泉民终字第2145号《民事裁定书》、厦门市中级人民法院（2015）厦民终字第3239号《民事判决书》以及龙岩市中级人民法院（2014）岩民终字第137号《民事判决书》的裁判原则来看，均认为根据《社会保险法》第35条即"用人单位应当按照本单位职工工资总额，根据社会保险经办机构确定的费率缴纳工伤保险费"、第63条即"用人单位未按时足额缴纳社会保险费的，由社会保险费征收机构责令其限期缴纳或者补足"的规定，社会保险费率的确定及未足额缴纳社会保险费的处理，均属于社会保险费征缴部门的法定职责，不属于人民法院司法审查范畴。

三、风险点防范措施

1. 供电企业应及时与所在地的社会保险机构进行核实，明确经批准可行的社会保险缴纳的工资基数，减少因未足额缴纳社会保险导致被社会保险机构强制补缴并处以行政处罚的风险。

2. 供电企业在用工过程中，结合员工岗位需求情况，与相关保险公司沟通，为员工购买社会保险以外的其他商业保险，以便在发生工伤时，减少工伤保险待遇过低引发劳动争议的风险，且可以将足额支付工伤保险待遇的风险转移给保险公司，由保险公司进行赔付。

【相关法律法规】

《中华人民共和国社会保险法》

第十二条 用人单位应当按照国家规定的本单位职工工资总额的比例缴纳基本养老保险费，记入基本养老保险统筹基金。职工应当按照国家规定的本人工资的比例缴纳基本养老保险费，记入个人账户。

第三十五条　用人单位应当按照本单位职工工资总额，根据社会保险经办机构确定的费率缴纳工伤保险费。

第六十二条　用人单位未按规定申报应当缴纳的社会保险费数额的，按照该单位上月缴费额的百分之一百一十确定应当缴纳数额；缴费单位补办申报手续后，由社会保险费征收机构按照规定结算。

第八十六条　用人单位未按时足额缴纳社会保险费的，由社会保险费征收机构责令限期缴纳或者补足，并自欠缴之日起，按日加收万分之五的滞纳金；逾期仍不缴纳的，由有关行政部门处欠缴数额一倍以上三倍以下的罚款。

《实施〈中华人民共和国社会保险法〉若干规定》

第二十四条　用人单位未按月将缴纳社会保险费的明细情况告知职工本人的，由社会保险行政部门责令改正；逾期不改的，按照《劳动保障监察条例》第三十条的规定处理。

第二十七条第二款　职工认为用人单位有未按时足额为其缴纳社会保险费等侵害其社会保险权益行为的，也可以要求社会保险行政部门或者社会保险费征收机构依法处理。社会保险行政部门或者社会保险费征收机构应当按照社会保险法和《劳动保障监察条例》等相关规定处理。在处理过程中，用人单位对双方的劳动关系提出异议的，社会保险行政部门应当依法查明相关事实后继续处理。

《工伤保险条例》

第十条　用人单位应当按时缴纳工伤保险费。职工个人不缴纳工伤保险费。用人单位缴纳工伤保险费的数额为本单位职工工资总额乘以单位缴费费率之积。

第六十二条　用人单位依照本条例规定应当参加工伤保险而未参加的，由社会保险行政部门责令限期参加，补缴应当缴纳的工伤保险费，并自欠缴之日起，按日加收万分之五的滞纳金；逾期仍不缴纳的，处欠缴数额1倍以上3倍以下的罚款。依照本条例规定应当参加工伤保险而未参加工伤保险的用人单位职工发生工伤的，由该用人单位按照本条例规定的工伤保险待遇项目和标准支付费用。用人单位参加工伤保险并补缴应当缴纳的工伤保险费、滞纳金后，由工伤保险基金和用人单位依照本条例的规定支付新发生的费用。

第六十四条　本条例所称工资总额，是指用人单位直接支付给本单位全部职工的劳动报酬总额。本条例所称本人工资，是指工伤职工因工作遭受事故伤害或者患职业病前12个月平均月缴费工资。本人工资高于统筹地区职工平均工资300%的，按照统筹地区职工平均工资的300%计算；本人工资低于统筹地区职工平均工资60%的，按照统筹地区职工平均工资的60%计算。

国务院《社会保险费征缴暂行条例》（国务院令第259号）

第四条　缴费单位、缴费个人应当按时足额缴纳社会保险费。

第二十三条　缴费单位未按照规定办理社会保险登记、变更登记或者注销登记，或者未按照规定申报应缴纳的社会保险费数额的，由劳动保障行政部门责令限期改正；情节严重的，对直接负责的主管人员和其他直接责任人员可以处1000元以上5000元以下的罚款；情节特别严重的，对直接负责的主管人员和其他直接责任人员可以处5000元以上10000元以下的罚款。

《国家统计局关于工资总额组成的规定》

第三条　工资总额是指各单位在一定时期内直接支付给本单位全部职工的劳动报酬总额。工资总额的计算应以直接支付给职工的全部劳动报酬为根据。

《劳动保障监察条例》

第二十七条　用人单位向社会保险经办机构申报应缴纳的社会保险费数额时，瞒报工资总额或者职工人数的，由劳动保障行政部门责令改正，并处瞒报工资数额1倍以上3倍以下的罚款。

第六节　后勤服务用工的法律风险防范

一、风险点法律分析

为集中生产、提高经济效益，企业在生产经营过程中，通常会将保洁、绿化、搬运、炊事、水电维修等主营业务以外的后勤工杂事务外包给家政公司/个人，由家政公司/个人提供后勤服务。在此过程中，企业通常与家政服务公司/个人签订不同类型的服务合同，如《承包合同》《劳务协议》等，企业将后勤服务外包给家政服务公司的，实践中一般很少发生用工纠纷，而企业将后勤服务外包给个人的实践中发生用工纠纷的案例很多，此方面的纠纷主要有两大类，第一类是未订立合同，企业与劳动者之间的用工性质产生争议，第二类是企业与个人签订《劳务协议》《承揽协议》《承包协议》，而在协议履行过程中未注意区分与《劳动合同》的区别，以至于发生劳动争议。

对于第一类，企业与劳动者之间未订立合同，但是在实际用工过程中，如果用工方式与《劳动合同》中的用工方式相类似，或具备劳动关系的基本特征，则可能被认定为存在劳动关系。实践中关于劳动关系的认定，存在两种基本依据：一是形式依据，即劳动者与用人单位签订书面的劳动合同；二是实质依据，即虽然劳动者与用人单位之间未签订书面的劳动合同，但是用人单位长期用工，用人单位参与管理并支付劳动报酬，二者之间形成事实的劳动关系。对于第一种劳动者与用人单位签订书面的劳动合同的情形，二者是否存在劳动关系实践中鲜有异议。但是对于第二种情形，即形式上未订立书面的劳动合同，用人单位与劳动者之间是否存在着事实劳动关系，不仅用人单位与劳动者之间存在很大的争议，同时也是司法审判实践中的一个难题。[①] 从我国的立法层面来看，并未将事实劳动

[①] 邹碧华：" 事实劳动关系的司法认定"，载最高人民法院民事审判第一庭编：《中国民事审判前沿》（2005 年第 2 集），法律出版社 2005 年版，第 279~291 页。

关系排除在劳动法相关法律的调整范围之外,《最高人民法院关于审理劳动争议案件适用法律若干问题的解释（一）》第 1 条第 2 项明确规定"劳动者与用人单位之间没有订立书面劳动合同,但已形成劳动关系后发生的纠纷",属于《劳动法》第 2 条规定的劳动争议,该项规定实际上就是关于事实劳动关系的规定。关于事实劳动关系的认定,司法实践中除了依据《劳动法》和《劳动合同法》等基本的法律制度外,最主要的就是劳动和社会保障部于 2005 年 5 月 25 日颁布的《关于确立劳动关系有关事项的通知》,该文件第 1 条明确规定:"用人单位招用劳动者未订立书面劳动合同,但同时具备下列情形的,劳动关系成立。（一）用人单位和劳动者符合法律、法规规定的主体资格;（二）用人单位依法制定的各项劳动规章制度适用于劳动者,劳动者受用人单位的劳动管理,从事用人单位安排的有报酬的劳动;（三）劳动者提供的劳动是用人单位业务的组成部分。"第 2 条又进一步规定:"用人单位未与劳动者签订劳动合同,认定双方存在劳动关系时可参照下列凭证:（一）工资支付凭证或记录（职工工资发放花名册）、缴纳各项社会保险费的记录;（二）用人单位向劳动者发放的'工作证'、'服务证'等能够证明身份的证件;（三）劳动者填写的用人单位招工招聘'登记表'、'报名表'等招用记录;（四）考勤记录;（五）其他劳动者的证言等。其中,（一）、（三）、（四）项的有关凭证由用人单位负举证责任。"由此可见,企业未与劳动者签订合同,如果用工方式与《劳动合同》的用工方式相同或者具备劳动关系成立的特征,那么企业与劳动者之间被认定为存在事实劳动关系的风险是极大的。

对于第二类,企业与个人签订名为《承包协议》《承揽协议》或《劳务协议》等各类协议,但在实际履行过程中,如存在劳动关系成立的基本要件,则企业与劳动者之间很可能被认定为存在劳动关系。早在 1993 年劳动和社会保障部（原劳动部）就曾发布对此的复函,即《关于履行企业内部承包责任合同的争议是否受理的复函》（劳办发〔1993〕224 号）,"企业实行内部责任制后与职工签订的承包合同与劳动合同有很大差别,一般不属于劳动合同,因此在工作中应防止用承包合同代替劳动合同的倾向。但是如果承包合同中包含有工资福利等应在劳动合同中规定的劳动权利义务方面的内容，则该合同带有劳动合同的某些属性。职工与企业因执行承包合同中有关劳动权利义务方面的规定发生的争议，属于劳动争议。当地仲裁委员会可根据《中华人民共和国企业劳动争议处理条例》规定的受案范围予以受理。"复函很明确地指出，企业内部承包合同中如果含有《劳动合同》的某些属性或者包含《劳动合同》应有的基本条款，就可按照劳动争议处理，这就意味着企业在与个人在签订承包合同时一定要特别注意，严格按照承包合同的属性和特征进行订立，一旦出现与《劳动合同》中如工资福利待遇、劳动条件保护等基本条款相类似的条款，则很可能会被认定为企业与劳动者之间存在劳动关系。

二、风险点案例分析

1. 未签订合同，木工维修及加工工作的法律性质最终被认定为劳务关系。（河南省高级人民法院2015豫法民提字第00299号民事判决书）

案情简介：某甲和某乙等人于1972年1月到某医院从事木工维修及加工工作，工作期间，某甲等人按照医院指定，独立完成木工维修及加工任务。此外，医院平时办公设施搬运等劳务活动也交由某甲等人完成。2010年10月，医院要求终止与某甲之间的加工维修关系，双方为此产生争议。某甲向劳动仲裁委提出仲裁申请，要求签订无固定期限劳动合同，补缴养老、医疗、失业、工伤保险费，并支付从2008年1月1日起至签订固定期限劳动合同期间的双培工资等仲裁请求。某劳动仲裁委认为双方之间存在事实劳动关系，因而支持了某甲的仲裁请求。医院不服仲裁裁决，提起诉讼。一审法院审理查明：某甲、某乙等人完成工作量后，医院根据维修记录单核算某甲等人提供的工时和工作量，后由某乙统一领取劳务费，再由某乙根据某甲等人具体完成的工作量情况进行发放。后一审法院作出判决，确认医院与某甲之间不存在劳动关系。某甲提出上诉，二审法院审理后认为医院与某甲之间存在加工承揽合同关系，从而驳回上诉，维持原判。某甲不服二审判决，申请再审，再审法院仍然维持原判，后某省检察院抗诉称，原判忽略用人单位应就劳动关系是否成立承担举证责任的规定，认定某甲与医院之间不存在劳动关系显属错误。原判认定某甲与医院之间为加工承揽关系属于认定法律关系性质错误。某甲等人接受医院管理、考核和纪律约束，工作地点在医院，工作时间固定、工作纪律明确，人身关系受到医院的管理和约束。医院为其提供工作场地、劳动用具及劳保用品，单方确定工资报酬，且按月支付，明显不符合加工承揽关系的法律特征。河南省高级人民法院审理后作出最终判决，仍然维持原判，但认为医院与某甲之间存在劳务关系。

裁判要旨：一审法院认为医院与某甲之间不存在劳动关系，理由主要是，用人单位和劳动者之间劳动关系成立要同时具备三种情形：（1）用人单位和劳动者符合法律、法规规定的主体资格；（2）用人单位依法制定的各项劳动规章制度适用于劳动者，劳动者受用人单位的劳动管理，从事用人单位安排的有报酬的劳动；（3）劳动者提供的劳动是用人单位业务的组成部分。本案中虽然双方具备劳动关系成立的主体资格，但是根据医院提供的考勤记录和工资表，医院不存在按月向某甲、某乙等人发放工资的情况，更不存在对某甲、某乙等人工作量的日常考核，医院未对某甲、某乙等人进行组织管理，双方之间系平等民事主体关系，不存在管理与被管理的关系，不具备劳动关系成立的实质要件，因而判决双方之间不存在劳动关系。

二审法院审理认为，医院按其提供的物品、设备维修记录单，折合某甲等人提供的工时和完成的工作量，核算劳务费后支付报酬，该维修及加工工作说明双方之间存在加工承揽合同关系，而非劳动合同关系，从而驳回上诉，维持原判。

再审法院与二审法院持基本相同的观点，即某甲等人按照医院的要求完成工作并交付工作成果，医院给付相应报酬的行为系加工承揽合同关系，而非劳动合同关系。

河南省高级人民法院再审认为，由于双方未提供明确双方权利义务的书面合同，综合证据材料来看，某甲等人的工作流程系由医院各部门提出需求后，由总务科通知其班长，统一分派具体人员及工作。医院未对由谁提供劳务作出要求，亦未提出违反规定如何处理，也即是说医院仅享有某甲等人提供的劳动成果，不对其进行管理和控制。从医院提供的2007年12月及2008年1月的考勤表及工资表看，该院对医生、管理人员以外的其他人员按月进行考核、发放工资，这与某甲等人折算工作量领取劳动报酬的情况明显不同；且某甲等人的工资由班长统一领取后按工作量进行发放，不符合工资"支付给劳动者本人"的基本特征，因而医院与某甲之间存在劳务关系，而非劳动关系。

本案中医院与木工维修、加工工人之间系何种法律关系，各办案部门存在一些分歧，这一方面是由于证据因素起关键作用，另一方面是承揽关系、劳务关系与劳动关系之间极易产生混淆，有时案情纷繁复杂，很难对其进行法律关系定位，为方便企业在用工时选择适当的合同类型和用工方式，笔者在此对承揽关系、劳务关系与劳动关系的区别加以概括、总结。

（1）承揽关系与劳动关系的区分。

所谓承揽关系是承揽人按照定做人的要求完成一定的工作，交付工作成果，定做人接受工作成果并给付报酬而在双方当事人之间形成的法律关系。承揽关系是一种典型的完成工作的法律关系，而劳动关系是指用人单位雇用劳动者为其成员，劳动者在用人单位的管理下，提供由用人单位支付报酬的劳动而产生的权利义务关系。[①] 二者之间存在很大的不同，其中不同之处和区分点如下：

第一，目的不同，承揽合同是以完成某种工作成果为目的，提供劳务只是完成工作成果的手段，承揽人向定做人交付的是工作成果，并非单纯的劳务。而劳动关系中，用人单位需要劳动者提供劳动的过程，并对劳动过程进行指导、监督和管理，虽然工作过程中需要结果（成果），但是用人单位本身参与工作过程，用工指向并非是以"完成某种工作成果为目的"。

---

① 奚晓明主编、最高人民法院民事审判第一庭编著：《最高人民法院劳动争议司法解释（三）的理解与适用》，人民法院出版社2010年版，第95页。

第二，人身依附关系不同。承揽人在完成工作中具有独立性，与定做人一般不存在管理关系，而劳动关系中，单位与员工之间存在管理与被管理的关系，员工听从单位的指挥并接受单位的管理和监督。

第三，风险不同。承揽合同履行中的风险由完成工作成果的承揽人承担，承揽人在完成工作过程中造成自身损害的，定做人不承担赔偿责任，定做人只对定做、指示或者选任有过失的，承担相应的赔偿责任；而劳动关系中，劳动风险由单位承担，单位对员工管理不当或者疏于管理要承担责任，员工在工作过程中受到人身损害，单位要承担赔偿责任。

（2）劳务关系与劳动关系的区分。

劳务法律关系（以下简称劳务关系），是指劳务关系的当事人依据民事法律规范而形成的关于一方向另一方提供劳务的权利义务关系。劳动关系的概念已在前文述及，在此不再赘述，正确区分劳动关系和劳务关系，对于认识案件性质和适用法律，保护合同双方的合法权益具有重要意义。

第一，在主体上，劳动关系和劳务关系不同。劳动关系主体一方为劳动者，另一方为用人单位，其主体具有特定性。劳动者是指在法定的劳动年龄限度内，具有劳动权利和劳动行为能力的自然人；用人单位是指与劳动者建立起劳动关系的国家机关、事业单位、社会团体、企业或个体经济组织。而在劳务关系中，其主体不具有特定性，劳务的提供方既可以是自然人，也可以是法人或者其他组织，劳务提供者的资格不受劳动法律法规的限制，而劳动关系中，劳动者的主体资格受劳动法律法规的限制，如年龄方面的限制等。

第二，在主体之间地位上，劳动关系与劳务关系不同。劳动关系双方具有平等性和隶属性，在建立劳动关系之前，即在劳动力市场中，劳动者与用人单位是平等的主体，双方是否建立劳动关系，以及建立劳动关系的条件，由其按照平等、自愿、协商一致的原则依法确定，劳动关系建立后，劳动者是用人单位的职工，处于提供劳动力的被领导地位，双方形成领导与被领导的隶属关系。劳动者应当遵守用人单位的规章制度，接受用人单位的管理。而劳务关系的主体双方无论在合同签订前或者合同签订后,地位都是平等的,彼此之间不存在行政隶属关系,劳动者提供劳务服务,用人单位支付劳务报酬,各自独立、地位平等。

第三,在劳动内容上,劳动关系和劳务关系有一定的区别。著名法学家史尚宽先生在《劳动法原论》中指出,劳动关系要求劳动者提供的是劳动过程,劳务关系中,要求提供的一般具体是劳动成果,但这一区别不是绝对的。因此,有学者指出,在劳务关系中,劳务提供方提供的是物化或者非物化的劳动成果,而按照劳动合同的要求,劳动者只需为用人单位实施一定劳动行为即可。

第四,在生产资料的使用上,劳动关系与劳务关系存在着差别。在劳动关系中,劳动者是在与用人单位的生产资料相结合的前提下进行社会劳动,劳动者所使用的工具或者其他生产资料由用人单位提供,而在劳务关系中,劳务提供方须使用自己的生产资料或者工具为他人提供劳务。

第五,在费用计算上,劳动关系与劳务关系存在着差别。在劳动关系中双方的权利义务是受民事法律规范的约束,其数额确定需遵循商品定价规则,即成本(费用)加合法利润,其支付方式是一次或分次支付,而劳动者的工资分配原则适用的是按劳分配的原则,此外,为保障劳动者的合法权益,国家在最低工资制度、工资支付制度方面有一定的规范,即国家通过立法直接干预工资分配。但对于劳务费用,国家则不采取直接干预的办法,这也体现出劳动法是法律直接干预经济生活的产物的本质特征。

第六,在适用法律上的区别。劳动关系是依据劳动法律规范产生的法律关系,受劳动法律法规调整,而劳务关系是依据民事法律法规而产生的关系,受民法调整。在劳动关系中,劳动者与用人单位之间存在附随义务,如用人单位应当为劳动者办理社会保险,劳动者应当遵守用人单位的内部规章制度等,劳务关系中却不存在这些附随义务。在劳务关系中,劳动风险由用人单位承担,如果劳动者在劳动过程中受到了意外伤害或者患职业病,劳动者属于工伤事故,劳动风险完全由用人单位承担。而在劳务关系中，如果劳动者受到意外伤害，则不能属于工伤，不能依照劳动法律法规来解决，只能依照民事法律法规来解决。[①]

2. 保险公司与食堂操作工签订《劳务协议》，被认定为存在劳动关系。（吉林市中级人民法院 2013 吉中民一终字第 959 号民事判决书）

案情简介：某保险公司与吕某签订《非全日制用工岗位协议书》及《劳务协议书》一份，明确双方存在劳务关系，在《非全日制用工岗位协议书》中约定吕某承担某保险公司的食堂操作工工作，平均每日工作时间不超过 4 小时，每周工作时间累计不超过 24 小时；《劳务协议书》中约定了乙方在甲方受聘期间，严重违反甲方规章制度的，甲方可以解除劳务协议，甲方未按时支付报酬、提供劳动调解或以不正当手段强迫劳动的，乙方可以解除劳务协议等内容。后双方引发劳动争议，某劳动仲裁委认为双方存在事实劳动关系，保险公司不服仲裁裁决，提起诉讼。保险公司在原审时诉称，吕某每天工作不超过 4 小时，双方签订非全日制岗位及劳务协议书，系双方的真实意思表示，双方之间存在的是劳务关系，不存在事实劳动关系。而吕某在原审时辩称：其每个天工作超过四五个小时，按月支付工资，工资明细中也有节假日福利，其与保险公司之间存在劳动关系而非劳务关系。原审法院在审理过程中查明吕某每月工资为 800 元，综合案情，判决确认保险公司与吕某之间存在非全日制用工劳动合同关系，保险公司不服一审判决，提起上诉，二审法院审理后，驳回上诉，维持原判。

裁判要旨：虽然保险公司与吕某签订的合同名称为劳务协议，但从吕某所从事的工作性质看为食堂操作工，每天为保险公司员工准备午餐，必须遵守单位的规章制度，每月领取固定工资 800 元且享受单位节假日发放的福利待遇，双方均符合建立劳动关系的主体资格，且根据《劳动合同法》第 68 条和第 69 条的规定，双方之间符合非全日制用工的劳动关系特征，以上特征均符合成立事实劳动关系的构成要件，双方之间存在事实劳动关系。

---

① 吴庆宝主编：《民事裁判标准规范》，人民法院出版社 2006 年版，第 251~252 页。

3. 公司与个人签订《承包合同》，但被认定为二者之间存在劳动关系。（黄山市中级人民法院 2014 黄中法民一终字第 00232 号民事判决书）

案情简介：2012 年 8 月 1 日，某甲公司与某乙签订《钻机施工承包合同》，约定由某乙负责某甲公司下达的岩土工程勘察施工工作，某甲公司按照某乙实际完成的钻孔个数支付劳动报酬，并对劳动费用、开支及合同解除条件、违约责任进行了约定，合同有效期为 1 年，从签订合同当日即 2012 年 8 月 1 日开始。2013 年 7 月 23 日，某乙在工地受伤，双方发生争议，某甲公司诉至法院，要求法院确认某甲公司与某乙之间不存在任何劳动关系。一审法院查明，某乙自 2012 年 2 月至 2013 年 7 月 31 日在某甲公司领取工资。一审法院判决确认某甲公司与某乙之间存在事实劳动关系，某甲公司不服一审判决，提起上诉，二审法院驳回上诉，维持原判。

裁判要旨：一审法院认为，根据《劳动合同法》第 7 条和第 15 条第 2 款的规定以及《劳动和社会保障部关于确立劳动关系有关事项的通知》第 1 条"用人单位招用劳动者未订立书面劳动合同，但同时具备下列情形的，劳动关系成立。（一）用人单位和劳动者符合法律、法规规定的主体资格；（二）用人单位依法制定的各项劳动规章制度适用于劳动者，劳动者受用人单位的劳动管理，从事用人单位安排的有报酬的劳动；（三）劳动者提供的劳动是用人单位业务的组成部分"的规定，某甲公司具有法律、法规规定的劳动用工主体资格，某乙到甲公司从事的岩土工程勘察外业施工工作，系甲公司承建工程业务的组成部分，其也为此支付某乙劳动报酬，《钻机施工承包合同》是以其他合同形式代替劳动合同，因在该份合同中规定了劳动者的权利、义务条款。双方当事人之间是何种关系是基于法律的规定，而非当事人之间的约定或单方的规定。故某乙与某甲公司形成事实劳动关系，某甲公司主张双方系承揽关系依据不充分，对其主张不予采纳，应予驳回。

二审法院认为，本案符合以完成一定工作任务为期限的劳动关系形式，故应当认定某乙与某甲司存在劳动关系，驳回某甲公司上诉，维持原判。

以上的案例主要是用人单位与个人签订《劳务协议》《承包合同》或者未订立合同而产生劳动争议，归根结底争议的本质是用人单位与劳动者之间是否存在事实劳动关系。现实生活中，事实劳动关系主要存在以下几种情形：（1）用人单位违反法律规定，应当签订书面的劳动合同而未签订劳动合同或者以口头协议代替书面的劳动合同，而形成事实上的劳动关系。（2）劳动合同到期后，用人单位与劳动者未及时续签劳动合同而形成的事实上劳动关系的延续。（3）以其他合同形式如承包协议、承揽合同、租赁合同等代替劳动合同，即在其他合同中规定了员工福利待遇、使用、安置解决方案等关于劳动者的权利、义务条款，这就成为认定存在事实劳动关系的依据。（4）书面的劳动合同构成要件或者相关条款缺乏或者违反法律规定而被认定为无效合同，但是用人单位和劳动者已经依照双方订立的书面劳动合同建立劳动关系。而关于事实劳动关系的认定标准，最常用的法律依据则是《劳动和社会保障部关于确立劳动关系有关事项的通知》，对此最高人民法院民一庭也持基本相同的意见，即事实劳动关系应该根据劳动者是否实际接受用人单位的管理、指挥或者监督，劳动者提供的劳动是否是用人单位业务的组成部分，用人单位是否向劳动者提供基本劳动条件，以及向劳动者支付报酬等因素综合认定。[①] 因此，企业在用工过程中，无论使用什么样的形式签订合同，只要具备劳动关系构成的基本要素如工作内容、工作期限、劳动报酬等，就可能被认定为存在事实劳动关系。

三、风险点防范措施

为降低企业在后勤服务用工过程中引发劳动争议的风险，保障企业在后勤服务外包过程中签订合同、履行合同更加规范，应着重从以下几个方面入手。

企业将后勤服务外包给个人，与个人签订《承包合同》的，首先在合同条款的设计上要注意，合同条款中坚决不能出现类似劳动合同中常用

[①] 王松主编：《最高人民法院司法观点集成》（民事卷①），人民法院出版社2014年版，第234页。

的条款,如员工福利待遇、公司规章制度、违反公司管理规定的处分/处罚措施、按月向劳动者本人支付报酬等。其次,在签订合同时应注意,同一类型的后勤事务承包人应尽量为一人,而非数人,如因工作需要,承包人需另行雇用其他劳动者参与劳动的,由该承包人自行安排人员,企业尽量避免与承包人的雇员发生管理与被管理的关系,承包费统一支付给承包人即可,至于承包人如何具体如何发放至其雇员,发包企业应不参与、不管理。再次,在合同履行中,应注意发包企业与承包人之间地位平等,不存在管理与被管理的关系,尤其是对承包人自行雇用的人员,发包企业无权对承包人的雇员进行管理、考核等,也不应参与雇员的管理、考核、奖惩,更不应将本公司内部员工所应遵循的规章制度令承包人的雇员遵守(这当然不是说,承包人的雇员在工作中无组织、无纪律,只是管理人员应当是承包人本人而不应当是发包企业)。对此,发包企业可以将工作制度、要求作为承包合同附件,如果服务过程中,承包人的雇员存在违反工作制度等情形的,可以建议承包人作出处分,但是发包企业不宜直接处罚。最后,建议企业不要向承包人的雇员发放本单位职工工作服、工作牌、工作所需劳动设备和劳动工具(如确须使用,可以自备)等。另外,如果非本单位职工进入办公区域确实需要办理临时出入证的,出入证上写本人名字一项即可,合同解除时要及时收回。

如果要从根本上解决问题,建议企业将这些后勤服务工作外包给专门的家政服务公司,与家政公司签订常年服务合同,企业向家政公司支付服务费,至于用工人员的安排由家政公司统一委派、统一管理,这样企业既可享受优质专业的服务,又可集中精力进行生产。对于某些专业性东西需要发包企业给予指导和培训的,发包企业可给予一定的指导和培训,但是对于后勤服务人员的管理权、处分权归家政公司。

【相关法律法规】

《中华人民共和国劳动合同法》

第七条 用人单位自用工之日起即与劳动者建立劳动关系。用人单位应当建立职工名册备查。

第十条第一款　建立劳动关系，应当订立书面劳动合同。

第十五条第二款　用人单位与劳动者协商一致，可以订立以完成一定工作任务为期限的劳动合同

第六十八条　非全日制用工，是指以小时计酬为主，劳动者在同一用人单位一般平均每日工作时间不超过四小时，每周工作时间累计不超过二十四小时的用工形式。

第六十九条　非全日制用工双方当事人可以订立口头协议。从事非全日制用工的劳动者可以与一个或一个以上用人单位订立劳动合同；但是，后订立的劳动合同不得影响先订立的劳动合同的履行。

《最高人民法院关于审理劳动争议案件适用法律若干问题的解释（一）》

第一条　劳动者与用人单位之间发生的下列纠纷，属于《劳动法》第二条规定的劳动争议，当事人不服劳动争议仲裁委员会作出的裁决，依法向人民法院起诉的，人民法院应当受理：……（二）劳动者与用人单位之间没有订立书面劳动合同，但已形成劳动关系后发生的纠纷；……

第十二条　劳动者在用人单位与其他平等主体之间的承包经营期间，与发包方和承包方双方或者一方发生劳动争议，依法向人民法院起诉的，应当将承包方和发包方作为当事人。

《最高人民法院关于审理劳动争议案件适用法律若干问题的解释（二）》

第九条　劳动者与起有字号的个体工商户产生的劳动争议诉讼，人民法院应当以营业执照上登记的字号为当事人，但应同时注明该字号业主的自然情况。

《中华人民共和国劳动法》

第十六条第一款　劳动合同是劳动者与用人单位确立劳动关系、明确双方权利和义务的协议。

劳动和社会保障部《关于确立劳动关系有关事项的通知》

第一条　用人单位招用劳动者未订立书面劳动合同，但同时具备下列

情形的，劳动关系成立。（一）用人单位和劳动者符合法律、法规规定的主体资格；（二）用人单位依法制定的各项劳动规章制度适用于劳动者，劳动者受用人单位的劳动管理，从事用人单位安排的有报酬的劳动；（三）劳动者提供的劳动是用人单位业务的组成部分。

第二条　用人单位未与劳动者签订劳动合同，认定双方存在劳动关系时可参照下列凭证：

（一）工资支付凭证或记录（职工工资发放花名册）、缴纳各项社会保险费的记录；

（二）用人单位向劳动者发放的"工作证"、"服务证"等能够证明身份的证件；

（三）劳动者填写的用人单位招工招聘"登记表"、"报名表"等招用记录；

（四）考勤记录；

（五）其他劳动者的证言等。

其中，（一）、（三）、（四）项的有关凭证由用人单位负举证责任。

第七节　供电企业单方解除劳动关系的法律风险

一、风险点法律分析

铁打的"营盘"流水的"兵"，供电企业自成立第一天起就必须面对员工不断更迭的现实。依据《劳动合同法》的规定，员工和供电企业可以协商解除劳动合同，在一些情形下供电企业与员工也可以单方解除劳动合同，但供电企业作为用人单位，单方解除劳动合同在法律上有严格的适用条件，本书将从供电企业单方解除劳动合同的法律风险进行分析。

法律规定在特殊情形下，用人单位可以单方解除劳动合同，笔者将从员工是否存在过失的角度，对用人单位单方解除劳动合同的适用情形归纳如下：

第一，过失性解除劳动合同，此时用人单位可以即时与员工解除劳动合同关系，无需提前通知员工，也无需支付经济补偿金。依据《劳动合同法》第39条，过失性解除劳动合同的情形有以下六种："（一）在试用期间被证明不符合录用条件的；（二）严重违反用人单位的规章制度的；（三）严重失职，营私舞弊，给用人单位造成重大损害的；（四）劳动者同时与其他用人单位建立劳动关系，对完成本单位的工作任务造成严重影响，或者经用人单位提出，拒不改正的；（五）因本法第二十六条第一款第一项规定的情形①致使劳动合同无效的；（六）被依法追究刑事责任的。"

第二，非过失性解除劳动合同，此时用人单位应按法律规定向员工支付经济补偿金。但非过失性解除劳动合同根据不同情形分为两种不同的解除程序，第一种情形用人单位需提前30日以书面形式通知员工本人或者额外支付员工一个月工资，根据《劳动合同法》第40条，包括"（一）劳动者患病或者非因工负伤，在规定的医疗期满后不能从事原工作，也不能从事由用人单位另行安排的工作的；（二）劳动者不能胜任工作，经过培训或者调整工作岗位，仍不能胜任工作的；（三）劳动合同订立时所依据的客观情况发生重大变化，致使劳动合同无法履行，经用人单位与劳动者协商，未能就变更劳动合同内容达成协议的"。

第二种情形用人单位需提前30日向工会或者全体职工说明情况，听取工会或者职工的意见后，裁减人员方案经向劳动行政部门报告，方可与员工解除劳动合同，根据《劳动合同法》第41条，包括"（一）依照企业破产法规定进行重整的；（二）生产经营发生严重困难的；（三）企业转产、重大技术革新或者经营方式调整，经变更劳动合同后，仍需裁减人员的；（四）其他因劳动合同订立时所依据的客观经济情况发生重大变化，致使劳动合同无法履行的"，且用人单位需要裁减人员20人以上或者裁减不足20人但占企业职工总数10%以上的。

---

① 以欺诈、胁迫的手段或者乘人之危，使对方在违背真实意思的情况下订立或者变更劳动合同的。

但是《劳动合同法》对非过失性解除劳动合同有消极条件，根据该法第42条规定，如劳动者有下列情形之一的，用人单位就不得解除劳动合同："（一）从事接触职业病危害作业的劳动者未进行离岗前职业健康检查，或者疑似职业病病人在诊断或者医学观察期间的；（二）在本单位患职业病或者因工负伤并被确认丧失或者部分丧失劳动能力的；（三）患病或者非因工负伤，在规定的医疗期内的；（四）女职工在孕期、产期、哺乳期的；（五）在本单位连续工作满十五年，且距法定退休年龄不足五年的；（六）法律、行政法规规定的其他情形。"

根据上述规定可见，《劳动合同法》对用人单位单方解除劳动合同有着严格的适用条件和程序，如果供电企业作为用人单位违反上述规定单方解除劳动合同，将演变为违法解除劳动合同，供电企业将面临被撤销解除劳动合同决定、恢复劳动关系的风险，如果员工不要求继续履行劳动合同或者劳动合同已经不能继续履行的，那么供电企业需支付违法解除劳动合同赔偿金（经济补偿金的2倍）。因此供电企业如何做好单方解除劳动合同的合规管理及风险防控，是其依法治企、防控法律风险的重要内容之一。

二、法律风险点案例分析

1. 某供电企业以"员工被依法追究刑事责任"为由解除劳动合同。

案情简介：被告某县供电公司经过相关程序聘任原告贺某为农电工，负责被告所属电管所的用电管理和电费收取工作。双方在劳动合同中约定，如贺某被依法追究刑事责任或劳动教养，供电公司可以随时通知解除劳动合同。后派出所查证贺某违规收取电费时间较长、数额较大，以原告贺某涉嫌诈骗罪立案侦查，并对原告采取取保候审强制措施。被告因此决定开除贺某，并就此开除决定在会议上进行了宣布。但作出开除决定后，原告并没有离开工作岗位，只是将收取的电费汇至被告指定账户，被告也继续为原告缴纳两个月的社会养老保险。后县检察院以认定事实不清、证据不足未予批准逮捕，某县公安局就此解除对原告取保候审。原告贺某认为其不构成犯罪，被告无理由将其开除，但被告认为已经作出开除决定，劳动合同已经解除，不同意继续履行劳动合同，原告因此诉至法院。

裁判要旨： 本案原告诉讼请求能否得到法律支持，关键要看被告的开除决定是否合法。依照最高人民法院的解释，因用人单位作出开除、除名、辞退、解除劳动合同、减少劳动报酬、计算劳动者工作年限等决定而发生的劳动争议，用人单位负举证责任，被告应举证证明其开除依据和程序的合法性。首先，在本案中，被告作出开除决定依据的是本单位文件，该文件规定一经查实乱收费行为，不论情节轻重，即刻解除劳动关系，但被告未就其将本文件作为单位规章制度提供相应证据，也未提供该制度经职工代表大会或全体职工讨论或经工会协商确定及公示、公告的证据。因此，被告不能证明其作出开除决定的依据的合法性。其次，本案中，某区供电公司作为国家电网的一级子公司，建立有工会组织，被告作出开除原告决定、单方解除劳动合同只是通过会议进行宣布，并未通知工会履行送达义务，也未向原告送达解除劳动合同的书面通知，违反程序性规定。再者，本案中被告不仅未在作出解除决定之日起15日内为原告办理档案和社会保险关系转移手续，而且还继续为原告缴纳了2个月的社会保险，在其决定开除原告后仍接受原告继续工作。综上所述，被告违反劳动合同法的规定，解除与原告贺某的劳动合同依据不合法，与原告终止劳动合同程序违法，形式不合法、不完备。故判决撤销被告作出的开除原告贺某的决定，被告某供电公司于本判决生效后30日继续履行与原告贺某的劳动合同，驳回原告贺某其他诉讼请求。

需要注意的是，"被依法追究刑事责任"是指被人民法院判处刑罚的（包括缓刑）、被人民法院依据《中华人民共和国刑法》（以下简称《刑法》）第37条免予刑事处分的。如员工被改判无罪后，原解除劳动关系的理由就不存在了，用人单位应与员工恢复劳动关系[1]；对于一些员工违反《中华人民共和国治安管理处罚法》（以下简称《治安管理处罚法》）而

---

[1] （2016）冀04民终4270号中国银行股份有限公司邯郸分行与张泽林劳动争议一案。

第二章
劳动用工法律风险防范

被行政拘留的行为是无法认定为"被依法追究刑事责任"的，如果用人单位将一些具体的违反治安管理处罚法的行为视为严重违反用人单位规章制度（前提是规章制度是合法有效的）也是可以的，如卖淫嫖娼或者其他行为被行政拘留10日以上等。

2. 盗窃行为是否属于严重违纪，员工有盗窃行为能不能开除员工。

我国《劳动合同法》第39条第2款规定，劳动者严重违反用人单位规章制度的，用人单位可以行使单方解除权并且不向劳动者支付解除劳动合同的经济补偿金。实践中，盗窃行为是一种比较常见的违纪行为，一般情况下，用人单位对员工的盗窃行为采取零容忍的态度，只要员工出现盗窃行为，用人单位就会依据规章制度与员工解除劳动合同。但是，随着对员工劳动权益保护力度的加大，这种观点正在受到挑战，司法实践中在处理该类案件时，不仅要确定是否有证据证明盗窃行为，还要考察盗窃财物的数额、情节等因素，盗窃数额较小的不再视为严重违纪行为，用人单位据此解除劳动合同存在违法解除的法律风险。

下面通过几组案例，从两种不同的司法实践观点来讨论盗窃行为是否属于严重违纪，用人单位能否就此单方解除劳动合同。（注：下面案例所称的员工盗窃单位财物是指尚未构成盗窃罪的情形的，案例中用人单位的规章制度都是经过了民主、公示程序。）

第一种观点：代表了传统审判观点，只要用人单位将盗窃单位财物列为严重违纪行为，而用人单位又有证据能够证明员工存在盗窃行为，无论盗窃财物价值多少，用人单位均有权解除劳动合同。尽管员工的盗窃行为尚未构成刑事犯罪，但他人合法财物不可侵犯，属于社会基本道德范畴，不能因盗窃价值较小而改变其性质。实践中，何种情形属于严重违反用人单位的规章制度，法律并没有规定，当然也不可能规定。这需要用人单位根据企业自身的情况，规定哪些情形属于严重违纪，哪些情形属于一般违纪，哪些情形属于轻微违纪。一般情况下，用人单位对员工的盗窃行为采取的是零容忍的态度，都会将"盗窃行为"定性为严重违纪的情形。

下面援引人民大学版21世纪法学系列教材《劳动法和社会保障法（第三版）》第151页列举的两个案例。酒店两名员工因饥饿到厨房偷拿了两个苹果，单位发现后经工会同意，以严重违反规章制度为由解除了两人的无固定期限劳动合同。两员工不服，以处罚过重为由提请仲裁，最后分别诉诸法院，要求恢复劳动关系。上海市第二中级人民法院二审开庭合并审理了上述两案，并当庭作出判决：公司解聘有理，维持原判，驳回员工诉请。糖果公司员工入职时签收的《员工手册》里明确规定，对于员工偷窃公司财物的行为，属立即解除劳动合同情形，员工下班回家随身携带糖果出门被门卫发现，糖果公司以员工偷窃公司财物为由解除了劳动合同，员工不服，认为偷窃物品价值较小，不构成严重违纪为由提起诉讼，被驳回。

第二种观点：不仅考察员工是否存在盗窃行为，还要考察盗窃物品的价值、情节、过错程度等因素，以及用人单位规章制度中是否就盗窃物品价值进行界定，以及该价值界定是否符合当地经济状况及生活水平。

北京市长城饭店公司因员工偷拿两卷卫生纸和一包面巾纸开除员工，双方产生争议。法院审理后认为员工盗窃的两卷卫生纸和一包面巾纸价值较小，其行为虽违反了长城饭店的规章制度，但尚不及法律规定的"严重"程度，对员工李某盗窃的行为，长城饭店直接予以解除劳动合同的行为明显不当，判令双方继续履行劳动合同。其后用人单位不服提起上诉，二审法院与一审法院认定一致，判令驳回上诉，维持原判。

陈某在井下盗窃电缆时被抓获，后经淮南市公安局淮舜分局查明，陈某所盗电缆铜芯价值630元，并于当日作出行政拘留15日，并处罚金1000元的决定。用人单位规章制度规定盗窃单位财物达到500元以上的，可以解除劳动合同，据此解除与员工的劳动合同。法院审理认为用人单位解除劳动合同并不违反法律规定，一审法院驳回了员工的诉讼请求，员工提起上诉，二审维持原判。

从以上两种观点引用的案例可见，用人单位处分盗窃单位财物的员工时，应当具体案件具体分析，对于盗窃价值较小的员工，直接解除劳动合同可能存在法律风险。而对于盗窃价值较高的员工，可以解除劳动合同，但前提是用人单位的规章制度要明确将盗窃单位财物的行为列为严重违反规章制度的行为，并且对盗窃财物价值的标准进行界定，价值界定应符合当地经济状况及生活水平,既要进行定性分析,又要进行定量分析,以确保解除劳动合同的合法性及合理性。

三、风险点防范措施

法律规定用人单位应当建立和完善劳动规章制度,以保障劳动者享有劳动权利、履行劳动义务。我国《劳动合同法》规定:用人单位在制定、修改或者决定劳动报酬、工作时间、休息休假、劳动安全卫生、保险福利、职工培训、劳动纪律以及劳动定额管理等直接涉及劳动者切身利益的规章制度或者重大事项时,应当经职工代表大会或者全体职工讨论,提出方案和意见,与工会或者职工代表平等协商确定。在规章制度和重大事项决定实施过程中,工会或者职工认为不适当的,有权向用人单位提出,通过协商予以修改完善。用人单位应当将直接涉及劳动者切身利益的规章制度和重大事项决定公示,或者告知劳动者。对于严重违反用人单位规章制度的,用人单位可以解除劳动合同,但是应当事先将理由通知工会。工会认为不适当的,有权要求用人单位纠正,用人单位应当研究工会的意见,并将处理结果书面通知工会,而且应当向劳动者送达书面决定。用人单位在解除或者终止劳动合同时出具解除或者终止劳动合同的证明,并在15日内为劳动者办理档案和社会保险关系转移手续。

那么供电企业在单方解除劳动合同时应如何做好法律风险的防范呢?

1. 供电企业单方解除劳动合同应证明据以解除劳动合同的单位规章制度的合法性。对于2008年之后制定的规章制度,必须具备两个必要条件,供电企业必须举证证明引以解除劳动合同的规章制度是经过民主程序制定的,且已向员工公示。

2. 供电企业可将单位规章制度编入员工手册,在员工入职时由员工签收员工手册。对于没有签收又违纪的员工,首先发一个违纪通知,告知其行为已构成违纪,并限期改正,如不改正单位有权单方解除劳动合同。如果员工在限定期限内没有提出异议,也不加以改正,供电企业再解除与员工的劳动关系,以降低风险。

3. 供电企业在员工入职时应由员工书面确认送达地址。如有供电企业解除劳动合同的情形发生,应将解除事由告知员工,同时应将解除劳动合同通知采取有效的方式送达员工。如果解除通知送达的程序存在瑕疵,将致使解除不发生法律效力。供电企业应让员工在签订劳动合同时确认送达地址,将书面的解除决定书邮寄至该地址,并举证邮件的签收人,在穷尽所有送达方式之后,仍无法送达员工本人,才可以采用登报公告送达的方式,并需举证已穷尽送达方式。

4. 供电企业应有证据证明员工确实存在违纪事实。此时客观证据是最有力的,例如员工书写的检讨、员工确认的录音录像资料、第三方的证明、行政机关的介入等。但如果仅是企业单方制作的调查报告、同单位员工的证言等,因这些证据是单方制作或是证人与一方当事人有利害关系,在没有其他证据相佐证的情况下,将有一定的风险。

5. 供电企业据以单方面解除劳动合同的决定应该在合理的期限内。员工有违纪行为,供电企业最好及时处理;若先前没有及时处理,不建议马上与员工解除劳动合同,最好先与员工进行面谈,进行录音取证后再作出解除决定。

6. 供电企业作出单方面解除劳动合同应制作好解除通知书。解除通知书的标题和理由很重要,标题要明确为解除劳动合同通知书。解除理由的表述要与员工手册、规章制度一致,要引用员工本人签收的版本。解除理由应合法,且供电企业对解除理由承担举证责任,若无法提供证据证明该解除理由真实存在,将面临一定风险。

7. 供电企业作出单方面解除劳动合同决定后应通知工会,听取工会的意见,单位没有工会需要通知区工会、行业工会、街道工会,最大限度降低风险。工会认为不适当的,有权要求用人单位纠正,企业应当研究工会的意见,并将处理结果书面通知工会。即使供电企业解除劳动关系的制度依据再充分、事实证据再确凿,只要其未依法履行告知工会的义务,就必然导致其解除行为程序违法。

8. 供电企业作出单方面解除劳动合同后注意事项:供电企业应当在

解除或者终止劳动合同时出具解除或者终止劳动合同证明，将员工正常工作时间的劳动报酬支付给员工，并在 15 日内为员工办理档案和社会保险关系转移手续。员工应当按照双方约定，办理工作交接。在办结工作交接时应当向员工支付经济补偿的，在办结工作交接时支付。对已经解除或者终止的劳动合同的文本，至少保存二年备查，否则将受到劳动行政部门相应的处罚。

【相关法律法规】

《中华人民共和国劳动合同法》

第四条　用人单位应当依法建立和完善劳动规章制度，保障劳动者享有劳动权利、履行劳动义务。

用人单位在制定、修改或者决定有关劳动报酬、工作时间、休息休假、劳动安全卫生、保险福利、职工培训、劳动纪律以及劳动定额管理等直接涉及劳动者切身利益的规章制度或者重大事项时，应当经职工代表大会或者全体职工讨论，提出方案和意见，与工会或者职工代表平等协商确定。

在规章制度和重大事项决定实施过程中，工会或者职工认为不适当的，有权向用人单位提出，通过协商予以修改完善。

用人单位应当将直接涉及劳动者切身利益的规章制度和重大事项决定公示，或者告知劳动者。

第三十九条　劳动者有下列情形之一的，用人单位可以解除劳动合同：

（一）在试用期间被证明不符合录用条件的；

（二）严重违反用人单位的规章制度的；

（三）严重失职，营私舞弊，给用人单位造成重大损害的；

（四）劳动者同时与其他用人单位建立劳动关系，对完成本单位的工作任务造成严重影响，或者经用人单位提出，拒不改正的；

（五）因本法第二十六条第一款第一项规定的情形致使劳动合同无效的；

（六）被依法追究刑事责任的。

第四十条　有下列情形之一的，用人单位提前三十日以书面形式通知劳动者本人或者额外支付劳动者一个月工资后，可以解除劳动合同：

（一）劳动者患病或者非因工负伤，在规定的医疗期满后不能从事原工作，也不能从事由用人单位另行安排的工作的；

（二）劳动者不能胜任工作，经过培训或者调整工作岗位，仍不能胜任工作的；

（三）劳动合同订立时所依据的客观情况发生重大变化，致使劳动合同无法履行，经用人单位与劳动者协商，未能就变更劳动合同内容达成协议的。

第四十一条　有下列情形之一，需要裁减人员二十人以上或者裁减不足二十人但占企业职工总数百分之十以上的，用人单位提前三十日向工会或者全体职工说明情况，听取工会或者职工的意见后，裁减人员方案经向劳动行政部门报告，可以裁减人员：

（一）依照企业破产法规定进行重整的；

（二）生产经营发生严重困难的；

（三）企业转产、重大技术革新或者经营方式调整，经变更劳动合同后，仍需裁减人员的；

（四）其他因劳动合同订立时所依据的客观经济情况发生重大变化，致使劳动合同无法履行的。

裁减人员时，应当优先留用下列人员：

（一）与本单位订立较长期限的固定期限劳动合同的；

（二）与本单位订立无固定期限劳动合同的；

（三）家庭无其他就业人员，有需要扶养的老人或者未成年人的。

用人单位依照本条第一款规定裁减人员，在六个月内重新招用人员的，应当通知被裁减的人员，并在同等条件下优先招用被裁减的人员。

第四十二条　劳动者有下列情形之一的，用人单位不得依照本法第四十条、第四十一条的规定解除劳动合同：

（一）从事接触职业病危害作业的劳动者未进行离岗前职业健康检查，或者疑似职业病病人在诊断或者医学观察期间的；

（二）在本单位患职业病或者因工负伤并被确认丧失或者部分丧失劳动能力的；

（三）患病或者非因工负伤，在规定的医疗期内的；

（四）女职工在孕期、产期、哺乳期的；

（五）在本单位连续工作满十五年，且距法定退休年龄不足五年的；

（六）法律、行政法规规定的其他情形。

第四十三条　用人单位单方解除劳动合同，应当事先将理由通知工会。用人单位违反法律、行政法规规定或者劳动合同约定的，工会有权要求用人单位纠正。用人单位应当研究工会的意见，并将处理结果书面通知工会。

第四十七条　经济补偿按劳动者在本单位工作的年限，每满一年支付一个月工资的标准向劳动者支付。六个月以上不满一年的，按一年计算；不满六个月的，向劳动者支付半个月工资的经济补偿。

劳动者月工资高于用人单位所在直辖市、设区的市级人民政府公布的本地区上年度职工月平均工资三倍的，向其支付经济补偿的标准按职工月平均工资三倍的数额支付，向其支付经济补偿的年限最高不超过十二年。

本条所称月工资是指劳动者在劳动合同解除或者终止前十二个月的平均工资。

第四十八条　用人单位违反本法规定解除或者终止劳动合同，劳动者要求继续履行劳动合同的，用人单位应当继续履行；劳动者不要求继续履行劳动合同或者劳动合同已经不能继续履行的，用人单位应当依照本法第八十七条规定支付赔偿金。

第五十条　用人单位应当在解除或者终止劳动合同时出具解除或者终止劳动合同的证明，并在十五日内为劳动者办理档案和社会保险关系转移手续。

劳动者应当按照双方约定，办理工作交接。用人单位依照本法有关规定应当向劳动者支付经济补偿的，在办结工作交接时支付。

用人单位对已经解除或者终止的劳动合同的文本，至少保存二年备查。

第八十七条　用人单位违反本法规定解除或者终止劳动合同的，应当依照本法第四十七条规定的经济补偿标准的二倍向劳动者支付赔偿金。

《中华人民共和国劳动合同法实施条例》

第二十条　用人单位依照劳动合同法第四十条的规定，选择额外支付劳动者一个月工资解除劳动合同的，其额外支付的工资应当按照该劳动者上一个月的工资标准确定。

《最高人民法院关于审理劳动争议案件适用法律若干问题的解释（一）》

第十三条　因用人单位作出开除、除名、辞退、解除劳动合同、减少劳动报酬、计算劳动者工作年限等决定而发生的劳动争议，用人单位负举证责任。

《中华人民共和国工会法》

第二十一条　企业、事业单位处分职工，工会认为不适当的，有权提出意见。

企业单方面解除职工劳动合同时，应当事先将理由通知工会，工会认为企业违反法律、法规和有关合同，要求重新研究处理时，企业应当研究工会的意见，并将处理结果书面通知工会。

职工认为企业侵犯其劳动权益而申请劳动争议仲裁或者向人民法院提起诉讼的，工会应当给予支持和帮助。

第八节　供电企业工伤保险责任的法律风险防范

一、风险点法律分析

（一）关于工伤认定的范围

目前沿用的是《工伤保险条例》的"7+3+4"模式，即七种应当认定工伤，三种视同工伤，三种不得认定工伤。值得注意的是，《工伤保险条例》所称的工伤既包括因工受伤，也包括因工死亡。

根据《工伤保险条例》第 14 条的规定，应当认定为工伤的 7 种情形为：(1) 在工作时间和工作场所内，因工作原因受到事故伤害的；(2) 工作时间前后在工作场所内，从事与工作有关的预备性或者收尾性工作受到事故伤害的；(3) 在工作时间和工作场所内，因履行工作职责受到暴力等意外伤害的；(4) 患职业病的；(5) 因工外出期间，由于工作原因受到伤害或者发生事故下落不明的；(6) 在上下班途中，受到非本人主要责任的交通事故或者城市轨道交通、客运轮渡、火车事故伤害的；(7) 法律、行政法规规定应当认定为工伤的其他情形。(参见《工伤保险条例》第 15 条三种视同工伤的情形)

根据《工伤保险条例》第 15 条的规定，可以视同工伤的 3 种情形为：(1) 在工作时间和工作岗位，突发疾病死亡或者在 48 小时之内经抢救无效死亡的；(2) 在抢险救灾等维护国家利益、公共利益活动中受到伤害的；(3) 职工原在军队服役，因战、因公负伤致残，已取得革命伤残军人证，到用人单位后旧伤复发的。

根据《工伤保险条例》第 16 条规定，法定不得认定为工伤或者视同工伤的 3 种情形为：(1) 故意犯罪；(2) 醉酒或者吸毒；(3) 自残或者自杀。

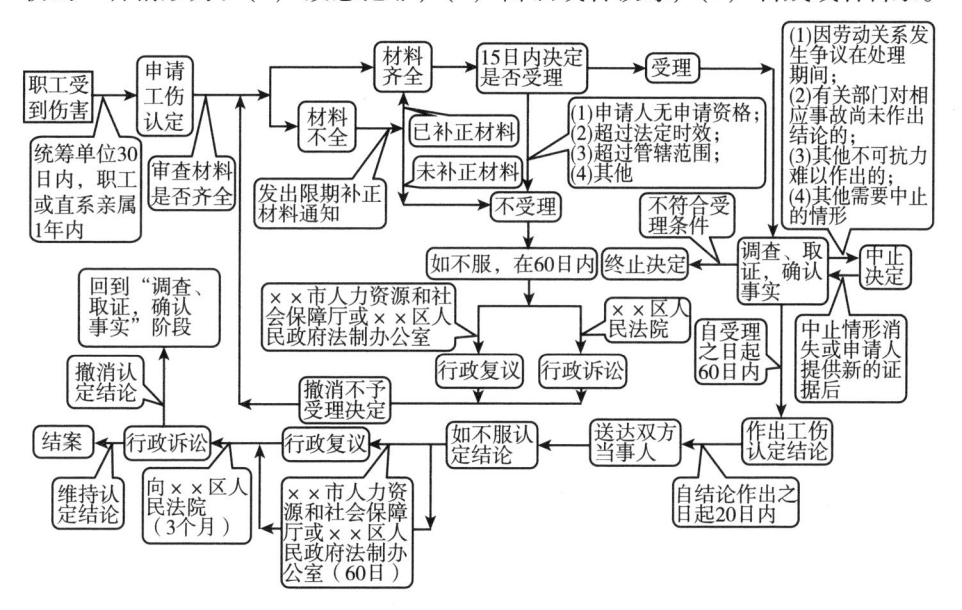

图 1　工伤认定程序流程图

(二) 工伤费用的支付

依据《社会保险法》以及《工伤保险条例》的规定，职工工伤发生的费用，一部分由工伤保险基金支付，一部分由用人单位支付。

1. 从工伤保险基金中支付的费用。

（1）治疗工伤的医疗费用和康复费用。

①医疗费：治疗工伤所需费用符合工伤保险诊疗项目目录、工伤保险药品目录、工伤保险住院服务标准的，从工伤保险基金中支付。

②康复费：工伤职工到签订服务协议的医疗机构进行工伤康复的费用，符合规定的，从工伤保险基金中支付。

（2）住院伙食补助费。

职工住院治疗工伤的伙食补助费，具体标准由统筹地区人民政府规定，工伤保险条例未做统一规定。

（3）到统筹地区以外就医的交通食宿费。

工伤职工到统筹地区以外就医所需的交通、食宿费用具体标准由统筹地区人民政府规定，工伤保险条例未做统一规定。

（4）安装配置伤残辅助器具所需费用。

工伤职工因日常生活或者就业需要，经劳动能力鉴定委员会确认，可以安装假肢、矫形器、假眼、假牙和配置轮椅等辅助器具，所需费用按照国家规定的标准从工伤保险基金中支付。需要注意的是，辅助器具一般应当限于辅助日常生活及生产劳动之必需，并采用国内市场的普及型产品。工伤职工选择其他型号产品，费用高出普及型部分，由个人自付。

（5）生活不能自理的，经劳动能力鉴定委员会确认的生活护理费。

工伤职工已经评定伤残等级并经劳动能力鉴定委员会确认需要生活护理的，从工伤保险基金按月支付生活护理费。

生活完全不能自理：统筹地区上年度职工月平均工资×50%；

生活大部分不能自理：统筹地区上年度职工月平均工资×40%；

生活部分不能自理：统筹地区上年度职工月平均工资×30%。

（6）保留劳动关系，退出工作岗位，一次性伤残补助金和一至四级伤残职工按月领取的伤残津贴。

①一次性伤残补助金：依据《工伤保险条例》第35条、第36条、第37条规定，职工因工致残被鉴定为一级至十级伤残的，由工伤保险基金支付一次性伤残补助金，标准如下：

一级伤残：本人工资①×27；

二级伤残：本人工资×25；

三级伤残：本人工资×23；

四级伤残：本人工资×21；

五级伤残：本人工资×18；

六级伤残：本人工资×16；

七级伤残：本人工资×13；

八级伤残：本人工资×11；

九级伤残：本人工资×9；

十级伤残：本人工资×7。

②一至四级伤残职工按月领取的伤残津贴：

依据《工伤保险条例》第35条、第36条规定，职工因工致残被鉴定为一级至四级伤残的，按月支付伤残津贴，标准如下：

一级伤残：本人工资×90%；

二级伤残：本人工资×85%；

三级伤残：本人工资×80%；

四级伤残：本人工资×75%。

伤残津贴实际金额低于当地最低工资标准的，由工伤保险基金补足差额。工伤职工达到退休年龄并办理退休手续后，停发伤残津贴，享受基本养老保险待遇。基本养老保险待遇低于伤残津贴的，由工伤保险基金补足差额。

劳动和社会保障部发布的《关于农民工参加工伤保险有关问题的通知》第4条规定：对跨省流动的农民工，即户籍不在参加工伤保险统筹地

---

① 本人工资是指工伤职工因工作遭受事故伤害或者患职业病前12个月平均月缴费工资。本人工资高于统筹地区职工平均工资300%的，按照统筹地区职工平均工资的300%计算；本人工资低于统筹地区职工平均工资60%的，按照统筹地区职工平均工资的60%计算。

区（生产经营地）所在省（自治区、直辖市）的农民工，一至四级伤残长期待遇的支付，可试行一次性支付和长期支付两种方式，供农民工选择。在农民工选择一次性或长期支付方式时，支付其工伤保险待遇的社会保险经办机构应向其说明情况。一次性享受工伤保险长期待遇的，需由农民工本人提出，与用人单位解除或者终止劳动关系，与统筹地区社会保险经办机构签订协议，终止工伤保险关系。一至四级伤残农民工一次性享受工伤保险长期待遇的具体办法和标准由省（自治区、直辖市）劳动保障行政部门制定，报省（自治区、直辖市）人民政府批准。

（7）终止或者解除劳动合同时，应当享受的一次性医疗补助金。

一次性工伤医疗补助金适用于五至十级伤残，根据伤残等级确定，工伤保险条例未规定统一标准，具体标准授权各省、自治区、直辖市人民政府规定。可以在各省的工伤保险条例或工伤保险办法中查阅。

以《福建省实施〈工伤保险条例〉办法》规定的福建省一次性工伤医疗补助金标准为例：福建省五级至十级工伤职工一次性工伤医疗补助金计算标准，按照所在统筹地区（如泉州）最后一次公布的人口平均预期寿命与解除或者终止劳动关系时年龄之差以及解除或者终止劳动关系时统筹地区（地级市）上年度职工月平均工资为基数计算（不满一年的按一年计算）。一次性工伤医疗补助金为：

五级：每满一年发给0.7个月；

六级：每满一年发给0.6个月；

七级：每满一年发给0.4个月；

八级：每满一年发给0.3个月；

九级：每满一年发给0.2个月；

十级：每满一年发给0.1个月。

五至六级工伤职工一次性工伤医疗补助金低于15个月的，按15个月支付；七至八级工伤职工一次性工伤医疗补助金低于10个月的，按10个月支付；九级工伤职工一次性工伤医疗补助金低于5个月的，按5个月支付；十级工伤职工一次性工伤医疗补助金低于3个月的，按3个月支付，患职业病的工伤职工，一次性工伤医疗补助金在上述标准的基础上增发30%。

（8）因工死亡的，其近亲属领取的丧葬补助金、供养亲属抚恤金和因工死亡补助金。

依据《工伤保险条例》第39条规定，职工因工死亡，其近亲属按照下列规定从工伤保险基金领取丧葬补助金、供养亲属抚恤金和一次性工亡补助金。

①丧葬补助金：统筹地区上年度职工月平均工资×6；

比如，福建省2015年度上年度职工月平均工资为58 719元/年÷12＝4893.25元，则丧葬补助金为4893.25元×6＝29 359.5元。

②供养亲属抚恤金：按照职工本人工资的一定比例发给由因工死亡职工生前提供主要生活来源、无劳动能力的亲属。标准为：配偶每月40%，其他亲属每人每月30%，孤寡老人或者孤儿每人每月在上述标准的基础上增加10%，核定的各供养亲属的抚恤金之和不应高于因工死亡职工生前的工资。具体计算公式如下：

配偶：死者本人工资×40%（按月支付）；

其他亲属：死者本人工资×30%（每人每月）；

孤寡老人或孤儿：上述标准的基础上增加10%；

核定时上述抚恤金之和≤职工月工资（按月计算）。

③一次性工亡补助金：标准为上一年度全国城镇居民人均可支配收入的20倍，全国统一标准。

依据国家统计局最新统计数据，2015年度全国城镇居民人均可支配收入31 195元。

故如2016年发生工亡的，那一次性工亡补助金标准为31 195元×20＝623 900元。

（9）劳动能力鉴定费。

职工发生工伤，经治疗伤情相对稳定后存在残疾、影响劳动能力的，应当进行劳动能力鉴定。劳动能力鉴定费由工伤保险基金支付。

2. 由用人单位支付的费用。

（1）治疗工伤期间的工资福利。

在停工留薪期内，原工资福利待遇不变，由所在单位按月支付。停工留薪期参照福建省人力资源和社会保障厅《福建省工伤职工停工留薪期管理暂行办法》（闽人社文〔2017〕47号）确定，一般不超过12个月。伤情严重或者情况特殊，经设区的市级劳动能力鉴定委员会确认，可以适当延长，但延长不得超过12个月。实践中主流做法是按照工伤前12个月平均工资确定。

（2）五级、六级伤残职工按月领取的伤残津贴。

职工因工致残被鉴定为五级、六级伤残的，保留与用人单位的劳动关系，由用人单位安排适当工作。难以安排工作的，由用人单位按月发给伤残津贴，伤残津贴实际金额低于当地最低工资标准的，由用人单位补足差额。

五级伤残：本人工资×70%；

六级伤残：本人工资×60%。

（3）终止或者解除劳动合同时，应当享受的一次性伤残就业补助金。

伤残就业补助金适用于5~10级伤残，根据伤残等级确定，工伤保险条例未规定统一标准，具体标准授权各省、自治区、直辖市人民政府规定。可以在各省的工伤保险条例或工伤保险办法中查阅。

以福建省一次性伤残就业补助金标准为例，福建省五级至十级工伤职工一次性伤残就业补助金，其标准按照所在统筹地区（如泉州）最后一次公布的人口平均预期寿命与解除或者终止劳动关系时年龄之差以及解除或者终止劳动关系时统筹地区（如泉州）上年度职工月平均工资为基数计算（不满一年的按一年计算）。

五级：每满一年发给0.7个月；

六级：每满一年发给0.6个月；

七级：每满一年发给0.4个月；

八级：每满一年发给0.3个月；

九级：每满一年发给 0.2 个月；

十级：每满一年发给 0.1 个月。

五至六级工伤职工一次性工伤医疗补助金低于 15 个月的，按 15 个月支付；七至八级工伤职工一次性工伤医疗补助金低于 10 个月的，按 10 个月支付；九级工伤职工一次性工伤医疗补助金低于 5 个月的，按 5 个月支付；十级工伤职工一次性工伤医疗补助金低于 3 个月的，按 3 个月支付，患职业病的工伤职工，一次性伤残就业补助金在上述标准的基础上增发 30%。

（4）停工留薪期护理费。

生活不能自理的工伤职工在停工留薪期需要护理的，由所在单位负责，如果单位未安排护理，则由单位支付护理费。一般可参照当地护工从事同等级别护理的劳务报酬标准支付。

（5）未参加工伤保险的费用承担。

用人单位未参加工伤保险期间职工发生工伤的，所有的工伤保险待遇项目费用均由用人单位自行承担。

（6）不及时申请工伤认定的费用承担。

用人单位未在事故伤害发生之日或者被诊断、鉴定为职业病之日起 30 日内提交工伤认定申请，在此期间发生的工伤待遇等有关费用由用人单位负担。

二、风险点案例分析

参加公司组织的出游活动中受伤，是否属于工伤？

案情简介：靳某系深圳海某王公司的员工。2014 年 4 月 26 日上午其参加公司组织的外出旅游集体活动，在景区骑自行车时不慎摔倒，造成肝脏破裂，后送入惠州市中山大学附属第一医院惠亚医院治疗。2014 年 9 月 28 日，靳某向深圳市人力资源和社会保障局提出工伤认定申请。公司认为靳某是在旅游过程中发生意外事故，因旅游活动与工作无关，且不符合《工伤保险条例》的相关规定，因此其意外伤害不属于或不视同工伤。

裁判要旨：深圳市人力资源和社会保障局认定靳某受伤属工伤。公司不服，提起行政诉讼，一审法院认为职工参加用人单位组织或者受用人单位指派参加其他单位组织的活动受到伤害的属于工伤，判决驳回公司的诉讼请求。公司不服提起上诉，二审法院判决驳回上诉，维持原判。

员工在参加公司组织的集体活动受到伤害是否认定工伤的问题，实务中一直争议较大。2005年，原国务院法制办在对《关于职工参加单位组织的体育活动受到伤害能否认定为工伤问题的请示》的复函（国法秘函〔2005〕311号）中认为，"作为单位的工作安排，职工参加体育训练活动而受到伤害的，应当依照《工伤保险条例》第十四条第（一）项中关于'因工作原因受到事故伤害的'的规定，认定为工伤"。该复函虽然仅明确了体育活动中的工伤认定问题，但单位组织的其他活动也可以参照该复函精神去理解。

2014年通过的《最高人民法院关于审理工伤保险行政案件若干问题的规定》第4条规定，"社会保险行政部门认定下列情形为工伤的，人民法院应予支持：……（二）职工参加用人单位组织或者受用人单位指派参加其他单位组织的活动受到伤害的……"司法解释明确了只要是参加单位组织的活动即可认定为工伤。

司法实践中对该条的理解一般认为，如果属于用人单位强制要求或者鼓励参加的集体活动，这些活动可以被认为是工作的一个组成部分，应该属于工作原因，由此受到的伤害应当认定为工伤。

下面举例常见工伤问题：

风险1：上班途中顺路送小孩，被车撞算工伤吗？

解答：如果是在合理时间和合理路线的上下班途中，从事日常生活所需要的活动，即顺道送孩子读书，发生非本人主要责任的交通事故，应属于工伤。

风险2：家住城北，下班探望家住城西的父母，出事故能否算工伤？

解答：在合理时间内往返于工作地与配偶、父母、子女居住地的合理路线的上下班途中，发生非本人主要责任的交通事故，应属于工伤。

风险3：受派出差被抢，为保护文件受伤，能否算工伤？

解答：《工伤保险条例》第14条第5款规定因工外出期间，由于工作原因受到伤害或者发生事故下落不明的可认定工伤，受公司指派出差，且为了保护公司的财产（重要文件）而受伤，属于上述情形，应认定为工伤。

风险4：下班途中，被狗咬伤算工伤吗？

解答：这是因为意外导致的伤害，不属于交通事故，当然也不能认定为工伤，但可以从侵权的角度去维权。

风险5：下班顺路修鞋被撞，能否算工伤？

解答：如果事故中非本人全部责任或主要责任的，属于工伤。

风险6：退休返聘员工，下班顺路买菜，发生交通事故，能否算工伤？

解答：退休返聘人员与公司建立的是劳务关系，而工伤的前提是职工与公司建立劳动关系，因此不能认定是工伤。

三、风险点防范措施

工伤与每一个公司都有着或多或少的密切联系，是每一个用人单位必须直面的话题。一个公司经营几年甚至几十年，工伤事故的发生几乎是在所难免的，如果不及早地采取必要风险防范措施，待工伤事故发生时往往束手无策、难以逆转。员工一旦发生工伤事故，公司的风险责任往往难以估量，根据不同的情形，须支付的赔偿从几万元直至几十万元皆有可能。在法律规范日渐明晰的今天，盲目地逃避责任可能给企业自身带来更大的风险，公司管理者需要在专业律师的帮助下了解劳动及工伤法规，及时分辨工伤及其例外情形，采取合法的风险防范对策。

以下重点介绍几种控制和防范用工风险的具体方法，供供电企业参考。

1. 选择合理的用工形式。

对临时性用工（如搬运工）、家政式劳务非全日制用工（如清洁工）、存在人身损害隐患的特殊岗位用工（如保安）可以首选与搬家公司、家政公司、保安公司等专业公司建立服务关系。公司办公装修及其他工程项目，建议依法发包给有相应资质的装修公司或者其他相应资质的工程公司，而非发包给个人。在这种由专业公司派遣其公司人员前来完成具体工作的模式下，具体服务人员与派遣公司形成劳动关系，公司在享受服务的同时不与服务人员形成劳动关系，减轻工伤责任风险。

2. 在高度危险区域安装监控设备。

对于发生在工作时间、工作地点，又无其他明显特征足以判断其非因工作原因受伤的事故中，若公司不积极收集相反的证据，员工基本无须提交证明就很可能被认定为工伤。若通过视频监控对事故过程予以拍摄，就为日后分清责任保留了重要的依据。鉴于供电企业工作内容的特殊性，建议在高度危险区域内设置监控录像设备，一方面有利公司管理层了解该区域内工作情况，另一方面有利于保存证明员工受伤形成原因的证据，为调查事故情况提供证据线索，从而防范恶意的"伪工伤"出现，为公司避免不必要的纠纷。

3. 根据需要适当购买商业保险。

一是除积极参加并为员工投保社会保险外，还可以针对之前介绍的员工享受的工伤待遇中保险基金未能涵盖的部分，购买相应的社会保险进行补充，进一步化解相应风险。二是对于特殊岗位、高危岗位试用期间正在培训考察、尚未确认是否留用的人员可以选择为其购买短期商业保险，并在合同中约定保险赔偿金优先用于冲抵工伤赔偿金。实践中，员工刚刚进入公司尚在试用考察就不幸发生工伤事故的情形并不罕见，更有在参加入职培训期间发生工伤事故的，因此，有条件的情况下可以通过购买商业保险来填补正式录用前（尚未为其办理社会保险期间）的用工风险。

4. 制定并实施严格的安全操作规程。

违规操作造成自己或同事受伤的工伤事故在实践中也屡见不鲜，那么建立完善的安全操作规程，将其纳入管理制度、劳动纪律的范畴，加强员工安全学习，对员工安全防护意识加以培养和监督，以及建立奖惩制度体系，有利于促进安全文明生产的实现。

【相关法律法规】

《工伤保险条例》

第十条 用人单位应当按时缴纳工伤保险费。职工个人不缴纳工伤保险费。

用人单位缴纳工伤保险费的数额为本单位职工工资总额乘以单位缴费费率之积。

对难以按照工资总额缴纳工伤保险费的行业，其缴纳工伤保险费的具体方式，由国务院社会保险行政部门规定。

第十八条 提出工伤认定申请应当提交下列材料：

（一）工伤认定申请表；

（二）与用人单位存在劳动关系（包括事实劳动关系）的证明材料；

（三）医疗诊断证明或者职业病诊断证明书（或者职业病诊断鉴定书）。

工伤认定申请表应当包括事故发生的时间、地点、原因以及职工伤害程度等基本情况。

工伤认定申请人提供材料不完整的，社会保险行政部门应当一次性书面告知工伤认定申请人需要补正的全部材料。申请人按照书面告知要求补正材料后，社会保险行政部门应当受理。

第三十四条 工伤职工已经评定伤残等级并经劳动能力鉴定委员会确认需要生活护理的，从工伤保险基金按月支付生活护理费。

生活护理费按照生活完全不能自理、生活大部分不能自理或者生活部分不能自理3个不同等级支付，其标准分别为统筹地区上年度职工月平均工资的50%、40%或者30%。

第六十四条 本条例所称工资总额，是指用人单位直接支付给本单位全部职工的劳动报酬总额。

本条例所称本人工资，是指工伤职工因工作遭受事故伤害或者患职业病前12个月平均月缴费工资。本人工资高于统筹地区职工平均工资300%

的，按照统筹地区职工平均工资的300%计算；本人工资低于统筹地区职工平均工资60%的，按照统筹地区职工平均工资的60%计算。

《最高人民法院关于审理工伤保险行政案件若干问题的规定》

第四条 社会保险行政部门认定下列情形为工伤的，人民法院应予支持：

（一）职工在工作时间和工作场所内受到伤害，用人单位或者社会保险行政部门没有证据证明是非工作原因导致的；

（二）职工参加用人单位组织或者受用人单位指派参加其他单位组织的活动受到伤害的；

（三）在工作时间内，职工来往于多个与其工作职责相关的工作场所之间的合理区域因工受到伤害的；

（四）其他与履行工作职责相关，在工作时间及合理区域内受到伤害的。

第五条 社会保险行政部门认定下列情形为"因工外出期间"的，人民法院应予支持：

（一）职工受用人单位指派或者因工作需要在工作场所以外从事与工作职责有关的活动期间；

（二）职工受用人单位指派外出学习或者开会期间；

（三）职工因工作需要的其他外出活动期间。

职工因工外出期间从事与工作或者受用人单位指派外出学习、开会无关的个人活动受到伤害，社会保险行政部门不认定为工伤的，人民法院应予支持。

第六条 对社会保险行政部门认定下列情形为"上下班途中"的，人民法院应予支持：

（一）在合理时间内往返于工作地与住所地、经常居住地、单位宿舍的合理路线的上下班途中；

（二）在合理时间内往返于工作地与配偶、父母、子女居住地的合理路线的上下班途中；

(三)从事属于日常工作生活所需要的活动,且在合理时间和合理路线的上下班途中;

(四)在合理时间内其他合理路线的上下班途中。

第九节　员工达到退休年龄时,养老保险个人累计缴费未满15年的法律风险

一、风险点法律分析

基本养老保险制度,是指缴费达到法定期限并且个人达到法定退休年龄后,国家和社会提供物质帮助以保证因年老而退出劳动领域者稳定、可靠的生活来源的社会保险制度。基本养老保险制度由三部分组成:职工基本养老保险制度、新型农村社会养老保险制度、城镇居民社会养老保险制度。本书所称"基本养老保险"是指《中华人民共和国社会保险法》(以下简称《社会保险法》)第10条规定的职工等群体参加的养老保险制度,目前实务中称作职工基本养老保险制度。

基本养老保险基金和待遇分为两部分,一部分是公司缴纳的基本养老保险费进入基本养老统筹基金,用于支付员工退休时社会统筹部分养老金(即基础养老金),基本养老统筹基金用于均衡公司的负担,体现社会互助共济;另一部分是员工个人缴纳的基本养老保险费进入个人账户,用于负担退休后个人账户养老金的支付,体现个人责任。目前社会保险法规定的缴费比例是,公司按工资总额的20%缴费,员工个人按本人工资的8%缴费。

公司缴纳基本养老保险费的缴费基数是本公司员工工资总额,工资总额是指公司在一定时期(一般以年计算)内,直接支付给本公司全部员工的劳动报酬的总额,包括计时工资、计件工资、奖金、津贴和补贴、加班、加点工资、特殊情况下支付的工资(如因病、婚、丧、产假、工伤及定期休假等原因支付的工资及附加工资、保留工资等)。员工缴纳基本养老保险费的缴费基数是本人工资,本人工资一般是指本人上年度按国家统

计局规定列入工资总额统计的项目计算总额，包括工资、奖金、津贴、补贴等收入的月平均工资。

基本养老金由统筹养老金和个人账户养老金组成。基本养老金根据个人累计缴费年限、缴费工资、当地职工平均工资、个人账户金额、城镇人口平均预期寿命等因素确定。个人累计缴费年限包括实际缴费年限和视同缴费年限，并不一定要求连续缴费，个人在中断缴费前后的缴费年限，和个人在不同统筹地区的缴费年限都能计算入个人累计缴费年限。根据《职工基本养老保险个人账户管理暂行办法》（劳办发〔1997〕116号）规定，实际缴费年限，是指职工参加基本养老保险后，按规定按时足额缴纳基本养老保险费的年限；视同缴费年限，是指参保职工实际缴费年限之前的按国家有关规定计算的连续工作年限。

根据《社会保险法》第16条的规定，员工享受基本养老保险待遇按月领取基本养老金必须符合两个条件：一是必须达到法定退休年龄；二是参加基本养老保险的个人累计缴费满15年。需要说明的是，规定最低缴费年限为15年，并不是说缴满15年就可以不缴费，对员工来说，缴费是法律规定的强制性义务，只要在公司就业，就应当按照国家规定缴费。同时，个人享受基本养老金与个人缴费年限直接相关，缴费年限越长、缴费基数越大，退休后领取的养老金就越多。

我国人口众多，人口结构日益老龄化，养老问题随之加重，"421"结构的家庭模式使年轻人难以承受家庭养老之重。社会养老保险制度无疑是解决该问题的一剂良药，然而领取基本养老金不仅要求达到法定退休年龄，还要求必须个人累计缴费满15年。由于前些年有些公司参保不规范，致使大量退休人员在退休时因个人累计缴费未满15年，无法享受养老保险待遇，成为公司经营过程中的一大法律风险。

二、风险点案例分析

退休职工因基本养老保险个人累计缴费未满15年，无法享受基本养老保险待遇，起诉公司被驳回。

案情简介：原告周某在被告处工作，退休后得知其基本养老保险个人累计缴费未满15年，无法享受基本养老保险待遇，社保告知须补缴社会保险，方可享受退休待遇。于是，原告和被告在协商不成的基础上，原告自己补缴了84 180.95元社会保险费，现诉至法院要求被告给付其垫付的社会保险费。人民法院经审理查明，被告公司设立于1998年4月27日，原告于1975年6月一直在该单位上班，2006年7月份起，被告为原告等职工办理了社会养老保险，于2014年6月原告办理退休手续。2006年7月19日，如皋市劳动和社会保障局养老保险科出具《社会养老保险费补缴通知单》，通知同意被告公司职工（包括原告）按月补缴养老保险费，补缴总额本息合计33 070.21元。被告向包括原告在内的22名职工送达了通知单，原告也在"养老保险补缴通知签收单"上签名，原告在收到该通知后，未补缴上述费用，按照江苏省省政府2013年关于社会保险补缴政策的规定，社会保险的补缴以本人自愿为原则，一次性补缴所需的费用原则上由个人负担，鼓励有条件的单位予以补助。

裁判要旨： 人民法院经审理认为原告诉称其向社保局了解后得知未缴纳社保，与事实不符。如皋市人民政府2005年第19号文件《市政府关于进一步做好城镇企业职工社会保险工作的意见》规定自2005年1月1日起，如皋地区开始执行社会保险统筹政策，将企业职工社会保险纳入强制保险范围，对此前的社会保险费缴纳并未纳入强制范围。本案中，被告于2006年7月起为原告等职工办理了社会养老保险，此前的社会保险费，按规定不属企业补缴范围，属于职工自愿缴纳。原告在到达退休年龄时因缴纳养老保险未满15年，未能办理退休手续，原告仍然在被告单位工作，由单位和个人按比例缴纳社会保险费，该做法与法律不相违背。至2014年6月，原告自行补缴了不足15年部分的社会保险费用，并办理了退休手续，对于退休时补缴的费用，大部分系如皋地区实行统筹前的费用，原告主张由单位承担没有法律依据。在原告退休时补缴的养老保险费，该费用应从2005年1月1日起统筹，单位是从2006年7月起办理的统筹，该期间应由单位负担的部分，应由单位返还给原告，计算方法为：45 600.8元÷84个月×18个月=9771.6元。判决被告返还原告周某补缴社会保费部分损失9771.6元。原告不服，上诉至南通市中级人民法院，判决驳回上诉，维持原判。

本案中，原告作为员工主张公司没有为其按期足额缴纳基本养老保险，导致其退休时无法享受基本养老保险待遇损失的赔偿纠纷，属于人民法院的受理范围。值得注意的是被告是乡镇企业改制成自然人控股的社会企业，根据当地相关文件的规定，2005年之前的社会保险费并不覆盖乡镇企业，属于职工自愿缴纳，被告并不属于基本养老保险和医疗保险覆盖范围，不属于应保未保的法定情形。被告作为用人单位，主动与社保机构联系，为部分职工争取到该权利，即补办至退休时不足15年部分的养老保险费用，体现被告对职工的关爱，并不是单位的法定义务。被告将《社会养老保险费补缴通知单》送达包括原告在内的22位符合补缴情况的员工，原告也在送达回执上签字确认，其他人员已按当时的政策自行补缴了费用，原告以家庭困难为由未缴，不应由被告承担责任，因此被告作为用人单位在诉讼中获得胜利。

三、风险点防范措施

按照《国务院关于完善企业职工基本养老保险制度的决定》（国发〔2005〕38号）规定，达到法定退休年龄但累计缴费不足15年的，不发给基础养老金，个人账户储存额一次性支付给本人，终止基本养老保险关系。在实践中，确实有员工马上就要退休了，可是他的基本养老保险没有缴满15年，离开工作岗位后无法按月领取养老金，其养老问题没得到有效保障。对于这种情况，根据现行有效的政策，员工达到法定退休年龄时，基本养老保险累计缴费不足15年的，有三种办法可以解决，员工可根据自己实际情况和意愿，任意选择其中一种。

（一）可以继续缴费至满15年，按月领取基本养老金

《社会保险法》第16条第2款规定，参加基本养老保险的个人，达到法定退休年龄时累计缴费不足15年的，可以缴费至满15年，按月领取基本养老金。人力资源和社会保障部2011年6月29日发布的《实施〈中华人民共和国社会保险法〉若干规定》第2条规定，参加职工基本养老保

险的个人达到法定退休年龄时，累计缴费不足 15 年的，可以延长缴费至满 15 年，社会保险法实施（2011 年 7 月 1 日施行）前参保、延长缴费 5 年后仍不足 15 年的，可以一次性缴费至满 15 年。

首先，上述两个法条都规定了职工达到法定退休年龄时累计缴费不足 15 年的，可以继续缴费至满 15 年，然后按月领取基本养老金。然而在《社会保险法》实施之前，职工达到法定退休年龄时累计缴费不足 15 年的，是不能继续缴费至 15 年并领取基本养老金的，职工本人只能一次性领取个人账户储存额，养老保险关系被强制终止。其次，关于继续缴费，一种办法是后延缴费，另一种办法是一次性缴纳，由于各地差别较大，《社会保险法》也没有规定继续缴费的具体方式，而把此项权力赋予了地方。

从福建省社会劳动保障局泉州市社会劳动保险管理中心官方网站了解到泉州市城镇企业职工基本养老保险费征缴核定（政策性补缴）办理规定：

1. 办理条件：符合国家、省规定的基本养老保险费政策性补缴条件的参保人员。

2. 办理流程：受理（0.5 个工作日）→审核（1 个工作日）→领导签批（1 个工作日）→办结（0.5 个工作日）。

3. 申报材料：

（1）其他首次参保符合政策性补缴人员或退休补足 15 年人员：

①《参保职工申请政策性补缴养老保险费审批表》（一式三份）；

②《招工（干）登记表》《军人入伍登记表》或《大中专生毕业分配表》等本人档案材料原件及复印件（一式一份）；

③户口本及身份证复印件（一式一份）。

（2）闽人社文〔2011〕211 号参保补缴人员：

①《参保职工申请政策性补缴养老保险费审批表》（一式三份）；

②《按闽人社〔2011〕211 号文参保人员基本情况表》或《养老保险一次性待遇退款核定表》（一式三份）；

③本人与用工单位签订的劳动关系或事实劳动关系或原参保或退保等材料原件及复印件如招工、招干登记表或工资审批表、工资花名册等（一式一份）；

④户口本及身份证复印件（一式一份）。

防患未然
——供电企业法律风险解析与防控

实施依据

a)《社会保险法》第2条、第8条、第63条、第72条；
b)《社会保险费征缴暂行条例》（国务院令第259号）第6条；
c)《实施〈中华人民共和国社会保险法〉若干规定》（2011年人力资源和社会保障部令第13号）第2条；
d)《人力资源社会保障部关于切实做好社会保险费申报缴纳管理规定贯彻实施工作的通知》（人社部发〔2013〕82号）第二点第（三）项；
e)《中共泉州市委机构编制委员会办公室关于泉州市人力资源和社会保障局所属事业单位清理规范方案的批复》（泉委编办〔2012〕83号）全文

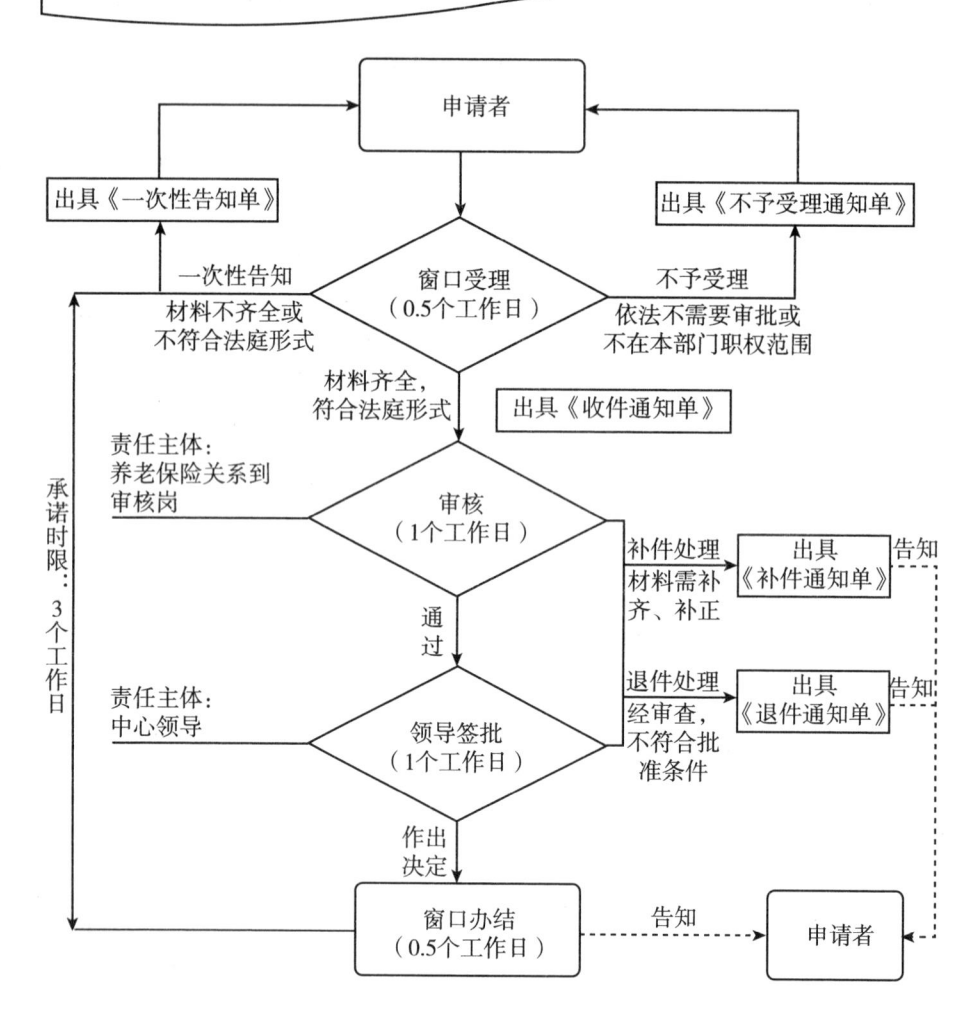

图2　市本级城镇企业职工基本养老保险费征缴核定（政策性补缴）运行流程图

108

（二）可以转入新型农村社会养老保险或者城镇居民社会养老保险，按照国务院规定享受相应的养老保险待遇

在立法过程中，有的意见认为，养老保险的目的是保障退休人员的基本生活，一次性领取养老保险待遇起不到养老保障的作用。而且，我国目前正在开展新型农村社会养老保险试点，城镇居民社会养老保险也在许多地方开始实施，对于缴费不足15年的，可以采取转入新型农村社会养老保险或者城镇居民社会养老保险的办法，解决其养老保障问题。所以，《社会保险法》第16条第2款规定，参加基本养老保险的个人，达到法定退休年龄时累计缴费不足15年的，也可以转入新型农村社会养老保险或者城镇居民社会养老保险，按照国务院规定享受相应的养老保险待遇。同样，《实施〈中华人民共和国社会保险法〉若干规定》第3条第1款规定，参加职工基本养老保险的个人达到法定退休年龄后，累计缴费不足15年（含依照第二条规定延长缴费）的，可以申请转入户籍所在地新型农村社会养老保险或者城镇居民社会养老保险，享受相应的养老保险待遇。

这里有两个问题需要说明：（1）国务院2014年2月21日发布的《国务院关于建立统一的城乡居民基本养老保险制度的意见》（国发〔2014〕8号），决定将新型农村社会养老保险和城镇居民社会养老保险合并实施，在全国范围内建立统一的城乡居民基本养老保险。（2）虽然《社会保险法》第16条第2款规定了"按照国务院规定享受相应的养老保险待遇"、《实施〈中华人民共和国社会保险法〉若干规定》第3条第1款规定了"享受相应的养老保险待遇"，以及《国务院关于建立统一的城乡居民基本养老保险制度的意见》第8条第2款提到"城乡居民养老保险制度与职工基本养老保险、优抚安置、城乡居民最低生活保障、农村五保供养等社会保障制度以及农村部分计划生育家庭奖励扶助制度的衔接，按有关规定执行"，但目前为止还没有看到有相关的实施细则出台。至于如何转入新型农村社会养老保险或城镇居民社会养老保险，如何享受养老保险待遇，涉及各项制度之间的统筹衔接，在缺乏充分的论证和取得足够的实践经验

之前，法律不宜马上就作出具体规定，所以《社会保险法》作了原则性规定。

（三）可以一次性取出个人账户储存额，终止职工基本养老保险关系

《实施〈中华人民共和国社会保险法〉若干规定》第3条第2款规定，参加职工基本养老保险的个人达到法定退休年龄后，累计缴费不足15年（含依照第二条规定延长缴费），且未转入新型农村社会养老保险或者城镇居民社会养老保险的，个人可以书面申请终止职工基本养老保险关系。社会保险经办机构收到申请后，应当书面告知其转入新型农村社会养老保险或者城镇居民社会养老保险的权利以及终止职工基本养老保险关系的后果，经本人书面确认后，终止其职工基本养老保险关系，并将个人账户储存额一次性支付给本人。

但这款规定有两个问题值得我们注意：（1）个人可以书面申请终止职工基本养老保险关系，社会保险经办机构必须书面告知相应后果。首先，职工"可以"申请，而不是应当申请，职工既可以申请终止，也可以不申请终止，即选择继续缴费或转入城乡居民基本养老保险。其次，申请终止的，必须提出书面申请。再次，社会保险经办机构收到职工书面申请后，必须书面告知相应后果，职工本人书面确认后，方可终止职工基本养老保险关系，并一次性支付个人账户储存额给职工本人。（2）只支付职工个人账户储存额给职工本人，不支付社会统筹账户储存额。

【相关法律法规】

《中华人民共和国社会保险法》

第二条 国家建立基本养老保险、基本医疗保险、工伤保险、失业保险、生育保险等社会保险制度，保障公民在年老、疾病、工伤、失业、生育等情况下依法从国家和社会获得物质帮助的权利。

第八条 社会保险经办机构提供社会保险服务，负责社会保险登记、个人权益记录、社会保险待遇支付等工作。

第十条 职工应当参加基本养老保险，由用人单位和职工共同缴纳基本养老保险费。

无雇工的个体工商户、未在用人单位参加基本养老保险的非全日制从业人员以及其他灵活就业人员可以参加基本养老保险，由个人缴纳基本养老保险费。

公务员和参照公务员法管理的工作人员养老保险的办法由国务院规定。

第十一条 基本养老保险实行社会统筹与个人账户相结合。

基本养老保险基金由用人单位和个人缴费以及政府补贴等组成。

第十二条 用人单位应当按照国家规定的本单位职工工资总额的比例缴纳基本养老保险费，记入基本养老保险统筹基金。

职工应当按照国家规定的本人工资的比例缴纳基本养老保险费，记入个人账户。

无雇工的个体工商户、未在用人单位参加基本养老保险的非全日制从业人员以及其他灵活就业人员参加基本养老保险的，应当按照国家规定缴纳基本养老保险费，分别记入基本养老保险统筹基金和个人账户。

第十三条 国有企业、事业单位职工参加基本养老保险前，视同缴费年限期间应当缴纳的基本养老保险费由政府承担。

基本养老保险基金出现支付不足时，政府给予补贴。

第十四条 个人账户不得提前支取，记账利率不得低于银行定期存款利率，免征利息税。个人死亡的，个人账户余额可以继承。

第十五条 基本养老金由统筹养老金和个人账户养老金组成。

基本养老金根据个人累计缴费年限、缴费工资、当地职工平均工资、个人账户金额、城镇人口平均预期寿命等因素确定。

第十六条 参加基本养老保险的个人，达到法定退休年龄时累计缴费满十五年的，按月领取基本养老金。

参加基本养老保险的个人，达到法定退休年龄时累计缴费不足十五年的，可以缴费至满十五年，按月领取基本养老金；也可以转入新型农村社会养老保险或者城镇居民社会养老保险，按照国务院规定享受相应的养老保险待遇。

第十七条 参加基本养老保险的个人，因病或者非因工死亡的，其遗属可以领取丧葬补助金和抚恤金；在未达到法定退休年龄时因病或者非因工致残完全丧失劳动能力的，可以领取病残津贴。所需资金从基本养老保险基金中支付。

第十八条 国家建立基本养老金正常调整机制。根据职工平均工资增长、物价上涨情况，适时提高基本养老保险待遇水平。

第十九条 个人跨统筹地区就业的。具体办法由国务院规定。

第二十条 国家建立和完善新型农村社会养老保险制度。

新型农村社会养老保险实行个人缴费、集体补助和政府补贴相结合。

第二十一条 新型农村社会养老保险待遇由基础养老金和个人账户养老金组成。

参加新型农村社会养老保险的农村居民，符合国家规定条件的，按月领取新型农村社会养老保险待遇。

第二十二条 国家建立和完善城镇居民社会养老保险制度。

省、自治区、直辖市人民政府根据实际情况，可以将城镇居民社会养老保险和新型农村社会养老保险合并实施。

第六十三条 用人单位未按时足额缴纳社会保险费的，由社会保险费征收机构责令其限期缴纳或者补足。

用人单位逾期仍未缴纳或者补足社会保险费的，社会保险费征收机构可以向银行和其他金融机构查询其存款账户；并可以申请县级以上有关行政部门作出划拨社会保险费的决定，书面通知其开户银行或者其他金融机构划拨社会保险费。用人单位账户余额少于应当缴纳的社会保险费的，社会保险费征收机构可以要求该用人单位提供担保，签订延期缴费协议。

用人单位未足额缴纳社会保险费且未提供担保的，社会保险费征收机构可以申请人民法院扣押、查封、拍卖其价值相当于应当缴纳社会保险费的财产,以拍卖所得抵缴社会保险费。

第七十二条 统筹地区设立社会保险经办机构。社会保险经办机构根据工作需要,经所在地的社会保险行政部门和机构编制管理机关批准,可以在本统筹地区设立分支机构和服务网点。

社会保险经办机构的人员经费和经办社会保险发生的基本运行费用、管理费用,由同级财政按照国家规定予以保障。

《实施〈中华人民共和国社会保险法〉若干规定》

第二条 参加职工基本养老保险的个人达到法定退休年龄时,累计缴费不足十五年的,可以延长缴费至满十五年。社会保险法实施前参保、延长缴费五年后仍不足十五年的,可以一次性缴费至满十五年。

第三条 参加职工基本养老保险的个人达到法定退休年龄后,累计缴费不足十五年(含依照第二条规定延长缴费)的,可以申请转入户籍所在地新型农村社会养老保险或者城镇居民社会养老保险,享受相应的养老保险待遇。

参加职工基本养老保险的个人达到法定退休年龄后,累计缴费不足十五年(含依照第二条规定延长缴费),且未转入新型农村社会养老保险或者城镇居民社会养老保险的,个人可以书面申请终止职工基本养老保险关系。社会保险经办机构收到申请后,应当书面告知其转入新型农村社会养老保险或者城镇居民社会养老保险的权利以及终止职工基本养老保险关系的后果,经本人书面确认后,终止其职工基本养老保险关系,并将个人账户储存额一次性支付给本人。

《社会保险费征缴暂行条例》(国务院令第259号)

第六条 社会保险费实行三项社会保险费集中、统一征收。社会保险费的征收机构由省、自治区、直辖市人民政府规定,可以由税务机关征收,也可以由劳动保障行政部门按照国务院规定设立的社会保险经办机构(以下简称社会保险经办机构)征收。

《关于切实做好社会保险费申报缴纳管理规定贯彻实施工作的通知》
(人社部发 201382 号)

二、认真履行职责,做好社会保险费核定工作(三)各地区要切实执行社会保险法第五十八条关于"由社会保险经办机构核定"用人单位应当缴纳的社会保险费的规定,落实社保经办机构核定社会保险费的职能;地方现行相关规定与社会保险法不符的,人力资源社会保障部门要积极协调修改;社保经办机构不得将社会保险费核定职能委托其他部门行使。

第三章

电力营销法律风险防范

第一节　供电企业配合停电的法律风险防范

一、风险点法律分析

1955年7月30日我国设立电力工业部，电力部门属于国务院下属的行政部门，电力系统属于行政机关。1997年1月16日，国家电力公司正式成立。根据《国务院关于组建国家电力公司的通知》确定的原则，按照政企分开的要求，将电力工业部所属的企事业单位划归国家电力公司管理。此时，电力部门的身份由行政机关转变为国有企业，在法律上成为普通民事主体，不再具有行政机关的地位，却依然具备公共事业属性的特点。公共事业是指以社会发展和进步为前提，以实现公众整体利益为目的，直接提供公共产品和公共服务或协调各个方面利益关系的组织、部门和公共企业，其具有整体性、非营利性、规模性、垄断性、公益性等特点。供电企业具备公共事业属性的特点，导致其在经营过程中既要服务于社会，又要考虑国家行政管理和社会发展的公益需求，即供电企业难免需承担一定的行政管理配合工作。

随着行政管理体制的发展与成熟，行政管理、行政处罚及行政执法的手段也呈现多样化、高效化等特点。而对违法行为人或者行政行为相对人采取停电等强制措施，已是屡见不鲜的一种行政手段。但根据《电力法》

等法律法规的规定，只有供电企业才能实施中断供电或者停止供电，因此行政机关在采取停电手段时，要有供电企业的配合。在供电企业配合停电行为中，存在如下多种法律关系。

1. 行政机关与供电企业之间的法律关系。

行政机关在对除供电企业以外的行政相对人或违法行为人作出行政管理、行政处罚时，供电企业与行政机关作出的行政管理、行政处罚之间一般不存在任何法律关系。但因供电企业具备公共事业属性的特点，即便供电企业现已不具备行政管理职能，在考虑国家行政管理和社会发展的公益需求的情形下，供电企业仍需配合停电。

2. 行政机关与用户之间的法律关系。

行政机关与用户之间可能基于各种行政管理事项，产生行政管理、行政处罚、行政强制或者其他行政执法等法律关系。

3. 供电企业与用户之间的法律关系。

根据《电力法》等相关法律法规的规定，供电企业与用户之间为平等民事主体，双方之间为合同关系，在此种情况下，供电企业要按照法律法规的规定及《供用电合同》的约定，向用户提供用电服务。

由于以上三种法律关系之间是相互独立的，并不存在任何联系，因此供电企业在配合行政机关对用户进行停电的过程中，容易造成用户与供电企业之间的法律纠纷，极易引发供电企业配合行政机关停电后，用电人起诉供电企业，要求供电企业赔偿其损失的案件。此外，供电企业配合停电的法律风险还来源于行政机关要求其配合停电的行为是否合法。

二、风险点案例分析

笔者通过搜集司法判例，就供电企业配合行政机关停电后用户起诉供电企业的案例进行梳理、分析，归纳出以下几种司法实践中对于供电企业配合停电的行为的认定。

1. 以供电设备拆除、供电合同无法实际履行为由，判决驳回用户的诉讼请求。（2011 临潼民初字第 00825 号）

案情简介：2008 年 5 月 26 日临潼区供电局斜口供电所为原告陈某某

供应居民照明用电，每度0.4983元，原告依约交纳电费。2010年10月12日西安市临潼区斜口街道办事处给临潼供电分局斜口供电所下发通知：曲江临潼国家旅游度假区建设已征用临潼区斜口街道办事处芷阳村西组、蔺堡组土地，拆迁工作已基本完成，群众已搬离原住地，为保证拆迁工作顺利进行，请对以上两组变压器及电路予以拆除。据此临潼区供电局拆除了供电设备。原告起诉称被告临潼区供电局在未通知原告，未解除供电协议的情况下，单方停止向原告供电。原告是养殖专业户，由于停电给原告带来巨大的损失及生活不便，要求被告临潼区供电局为原告恢复供电。

裁判要旨：供电公司与用户之间的供电合同合法有效。因用户住地涉及拆迁，西安市临潼区斜口街道办事处依据行政法规要求供电公司拆除相关的供电设施，致使供电公司与用户之间的合同已无法实际履行，用户要求供电公司供电的诉讼请求不予支持。最终判决驳回用户的诉讼请求。

2. 以供电企业停电行为是行政行为的部分工作、停电损失系由行政行为引发为由，认定停电损失不属于民事赔偿范畴，驳回用户的起诉。（2016浙0683民初3118号）

案情简介：原告夫妻在嵊州经济开发区××村××国道出口处东面建造了一幢钢棚厂房，并在该厂房内以原告名义开办了"嵊州市三江街道剡东金属切削加工场"。自"嵊州市三江街道剡东金属切削加工场"设立起，被告国网浙江嵊州市供电公司一直为该加工场供电。2016年4月22日，嵊州市城市管理行政执法局向"嵊州市三江街道剡东金属切削加工场"送达了"责令限期拆除（改正）决定书"，认为该钢棚厂房未经合法审批，责令其于2016年4月27日前自行改正。2016年4月28日，嵊州市经济开发区（浦口街道）管理委员会组织大量人员携带工具、机械准备拆除该钢棚厂房。此前，嵊州市经济开发区（浦口街道）管理委员会函告嵊州供电公司对该厂房实施断电措施，嵊州供电公司遂派技术人员切断了该厂房的电源。原告起诉被告嵊州供电公司突然断电，至今未给原告恢复供电，要求被告嵊州供电公司承担违约及相应的赔偿责任。

裁判要旨：用户建造的厂房是因为涉嫌违章建筑才被强制拆除，执法主体通知供电公司等有关部门断电、断水等无非是拆除违章建筑前的准备工作。因此供电公司对用户厂房实施断电措施属于拆除违章建筑的其中一部分工作，供电公司仅仅是具体的操作员。即使用户厂房被停电后存在经济损失，该损失也是因为拆除违章建筑行为所产生，不应当由具体的操作员承担。拆除违章建筑是由行政机关实施的具体行政行为，因为具体行政行为所产生的损失应当在行政诉讼中解决，用户提出的赔偿请求不属于民事赔偿的范畴。

3. 以用户履行供电合同中存在违法事由，不符合合同法基本原则为由，驳回用户的诉讼请求。（2016 皖 1323 民初 3079 号）

案情简介：原告在灵璧县杨疃镇朱岗村从事个体经营，经营范围为水泥制品加工销售、石料加工销售、建材销售等，与灵璧县供电公司存在供用电合同关系。2016 年 6 月份，灵璧县环境保护委员会对全县存在污染、未落实环境保护相关规定的企业进行排查，灵璧县经信委根据排查情况通知灵璧县供电公司对相关加工企业进行停电。2016 年 7 月 8 日，灵璧县供电公司对原告经营场所实施停电。原告起诉称被告灵璧县供电公司在未给原告任何书面通知的情况下，违反约定将原告场地内经营用电和生活用电全部中断，导致原告无法经营及正常生活，给原告造成巨大损失，要求被告灵璧县供电公司赔偿其损失。

裁判要旨：用户与供电公司之间存在供用电合同关系，合同履行应当符合《合同法》第 7 条"当事人订立、履行合同，应当遵守法律、行政法规，尊重社会公德，不得扰乱社会经济秩序，损害社会公共利益"的规定。用户经营的石料厂因在环保部门排查行为中存在"污染严重、没有落实环境保护相关规定"现象被中断供电，是因为用户的经营行为存在违法行为。环境保护事关国家发展大计，也与每一个社会主体的利息休戚相关，用户被中断供电并非是供电公司无故擅自停电，且停电造成的后果致使生产暂时陷入停顿，生产原料并未遭受损失，用户要求计算经营损失缺乏事实与法律依据，诉请不能成立。

4. 以行政机关对用户作出行政处罚并要求供电公司停止向用户供电，

供电企业据此停电的行为属于配合政府作出的行政行为，并非违约行为，在行政机关发出的要求停电的函未被确认为违法前，不能认定供电企业配合停电的行为存在过错为由，驳回用户的诉讼请求。（2015 汤民三初字第348 号）

案情简介：2006 年 7 月 13 日，原告宋某某、王某某成立方瑞化工公司，经营地址位于汤阴县××岗乡。2006 年 11 月 30 日，汤阴县国土资源局以王某某于 2003 年 2 月未经依法批准，即占用本村村西汤屯公路北侧基本农田建厂，后又于 2005 年 10 月在原厂基础上进行扩建，违反《土地管理法》为由，作出汤国土罚（2006）81 号处罚决定书，限王某某自接到该处罚决定之日起十五日内，拆除在非法占用的土地上新建的建筑物和其他设施，恢复土地原状，并处以王某某非法占用土地 3694.75 平方米、每平方米 29 元的罚款，共计 107 147.75 元。2011 年 7 月 14 日，方瑞化工公司与被告供电公司签订高压供用电合同。2012 年 9 月 4 日，汤阴县土地和城乡规划建设监管工作领导小组办公室向汤阴县电业局发出汤土建监（2012）第 4 号（函），以方瑞化工公司未取得合法用地手续的情况下，非法建厂和生产经营为由，限汤阴县电业局接到通知函后，立即采取措施，予以断电，待该公司相关手续合法后，再给予供电。汤阴县电业局接到该函当日予以断电。原告起诉称被告供电公司在未告知原告的情况下，便强行停止向方瑞化工公司供电，使企业生产经营被迫终止，价值数百万元的生产设备锈蚀，原材料、半成品等废弃。同时因无法生产经营，导致原告经过严格审批的方瑞化工公司于 2014 年 7 月被注销，要求被告供电公司赔偿其损失。

裁判要旨：民事判决书认为，行政机关确认用户违法占地后作出《行政处罚决定书》，相关工作领导小组办公室以用户未取得合法用地手续非法建厂和生产经营为由向供电公司发函，要求其立即停止向用户供电。供电公司据此停电，系为配合政府作出的行政行为，并非违反合同约定的违约行为，而政府该行政行为的恰当与否非民事案件审查范围，在该领导小组办公室所发函未被确认为违法前，不能认定供电公司配合停电的行为存在过错。用户不服一审判决，提起上诉。河南省安阳市中级人民法院（2016）豫05民终4100号民事判决书认为，行政机关确认用户违法占地并作出《行政处罚决定书》，之后用户并未完善相关手续，用户违法行为在持续中，因此用户要求赔偿停电损失缺乏合法性。

5. 行政机关向用户出具的函件被认定为违法后，用户主张供电企业依据违法的函件停电导致用户损失，供电企业应承担赔偿责任。法院最终认定供电企业停电行为是协助行为，属于行政行为的组成部分，供电企业作为协助单位对行政行为是否违法并无审查义务，行政行为是否导致用户的损失也与具体协助单位无关联，用户只能向作出行政行为的行政机关主张损失赔偿。（2014珠香法民二初字第994号）

案情简介：2014年1月初，珠海市城市管理行政执法局香洲分局认为原告高某某在自家房屋楼顶上建设铁架玻璃顶房屋的行为违法，向原告高某某发出了停工通知。但原告高某某认为在自己专有露台上搭建阳光屋顶的装修行为合法，故仍然继续施工。2014年1月8日，珠海市城市管理行政执法局香洲分局向被告广东电网公司珠海供电局发出一份《关于协同实施停供香洲情侣路××栋×××房违法建筑施工用电的函》。被告广东电网公司珠海供电局收到该函件后，于2014年1月15日派出工作人员与珠海市城市管理行政执法局香洲分局的执法人员一起前往现场，对原告高某某的上述住址作出了停电措施。原告起诉被告供电公司，要求供电公司恢复供电并赔偿其被停电期间经济损失。

裁判要旨：首先，根据《珠海经济特区城乡规划条例》这一地方性法规的规定，供电企业负有配合行政执法部门实施的具体行政行为、在自己的业务范围内协同实施停供用电的义务，但该法规并未同时赋予其审查所配合的具体行政行为合法性以及拒绝协助的权利，因此，被告根据行政执法的需要而配合协助实施停电措施是依法履行义务的行为。其次，供电公司是根据行政机关发出的关于协同实施停供用户违法建筑施工用电的函件对用户实施的停电措施，该措施只是行政行为的辅助实施行为，其性质仍属于行政行为的一部分，并不属于平等民事主体之间的民事行为，不存在违约之说。再次，如果行政行为以及辅助的停电措施终被认定存在瑕疵或违法并因此导致用户产生损失，用户寻求法律救济的对象也应是作出该决定或提出辅助措施要求的行政机关，而并非提供辅助义务的供电公司。综上，不能认定供电公司为配合行政执法部门的具体行政行为而实施的停电措施是违约行为。

用户不服一审判决，提起上诉，并在二审中提交了一份终审行政判决书，以证明行政机关向用户出具的函件是违法的，所以供电公司依据违法的函停电导致用户损失应当予以赔偿。广东省珠海市中级人民法院（2014）珠中法民二终字第436号二审民事判决书认为，从行政机关所发的函件来看，拟对用户房屋实施停供施工用电的主体系行政机关，而非供电公司。供电公司协助行政机关实施具体行政行为，属于依法履行义务的行为。该协助行为并非独立自主行为而属于具体行政行为的组成部分，故此处供电公司身份系协助执行人，而非民事合同的供电方，该停电行为也不因供电合同的存在而转化为普通的民事法律关系。供电公司作为协助单位对具体行政行为是否违法并无审查义务，该具体行政行为是否导致用户的损失也与作为协助单位的供电公司无关联，用户只能向作出该决定或提出协助要求的行政机关主张。

6. 以用户房屋尚未拆除，用户与供电企业之间的供电合同尚未终止、供电企业有义务继续向用户供电为由，认定供电企业单方停止向用户供电行为违法，判决供电企业恢复供电。（2014徒商初字第0397号）

案情简介：行政机关向供电公司发函，认为经过中院行政判决书确认用户的房屋系违法建筑，要求供电公司对该用户的违法建筑实施断电措施。用户就行政机关对其所建房屋作出的责令限期改正通知书向法院起诉后被判决驳回用户的诉讼请求。用户在起诉供电公司的诉讼期间，用户的房屋尚在原处，违法建筑也尚未拆除。

裁判要旨：用户与供电公司之间存在着事实上的供用电合同关系，合法有效。用户与供电公司未约定合同终止的条件，目前用户的房屋尚未拆除，在供用电合同未终止之前，供电公司有义务继续向用户进行供电。

三、风险防范对策

结合前述各地司法判例的情况来看，在司法实践中，对于供电企业配合行政机关进行停电行为的性质及所属诉讼管辖范畴的认定均有不同，存在一定的差异。在行政机关越来越多采用停电手段对行政相对人或违法行为人进行行政管理、行政强制的同时，部分法院也发函要求供电企业对被执行人采取停止供电措施督促被执行人履行判决义务的情形下，供电企业配合停电的需求日益凸显。为有效控制供电企业配合停电行为可能产生的不利法律后果，建议供电企业在配合停电的过程中，尽可能采取以下对策进行应对：

1. 向行政机关或司法机关索要相关法律文书，包括但不限于行政机关对用户作出的行政管理、行政处罚及行政强制执行等相关文书，行政机关要求供电企业停电的书面文件及相关法律依据，以及司法机关要求供电企业协助执行的法律文书。相关法律文书均应予以妥善保管。

2. 供电企业应对行政机关或司法机关发来的相关法律文书予以审查，仅在行政机关或司法机关明确要求供电企业对具体用户采取配合停电措施的情形下，方可予以停电。若相关文书表述为"请按规定停电"或"依法停电"等内容的，以免文字歧义产生误解，建议供电企业应书面回复相关单位，向相关单位明确具体的被停电对象、停电地址、停电原因等内容。

3. 供电企业应严格根据《供电营业规则》规定的程序予以实施停电行为，且供电企业应当严格按照通知的时间予以停电。若供电企业未能按照通知的时间予以停电的，应当重新作出通知后再按新的时间实施停电行为，并建议供电企业对特殊用户或经营企业采取停电措施前，除书面告知用户拟停电的时间，必要时，给予用户合理时间采取措施应对停电，尽可能避免或者减少用户因停电而产生的生产生活、经营损失。

4. 供电企业在配合停电前，建议要求行政机关或司法机关应及时告知供电企业关于用户违法行为的情况，以便确保在用户违法行为消失后，能够及时为用户恢复供电。

第三章 电力营销法律风险防范

【相关法律法规】

《中华人民共和国电力法》

第二十九条第一款　供电企业在发电、供电系统正常的情况下，应当连续向用户供电，不得中断。因供电设施检修、依法限电或者用户违法用电等原因，需要中断供电时，供电企业应当按照国家有关规定事先通知用户。

第五十九条　电力企业或者用户违反供用电合同，给对方造成损失的，应当依法承担赔偿责任。

电力企业违反本法第二十八条、第二十九条一款的规定，未保证供电质量或者未事先通知用户中断供电，给用户造成损失的，应当依法承担赔偿责任。

《中华人民共和国合同法》

第一百八十条　供电人因供电设施计划检修、临时检修、依法限电或者用电人违法用电等原因，需要中断供电时，应当按照国家有关规定事先通知用电人。未事先通知用电人中断供电，造成用电人损失的，应当承担损害赔偿责任。

第一百八十二条　用电人应当按照国家有关规定和当事人的约定及时交付电费。用电人逾期不交付电费的，应当按照约定支付违约金。经催告用电人在合理期限内仍不交付电费和违约金的，供电人可以按照国家规定的程序中止供电。

《电力供应与使用条例》

第二十七条　供电企业应当按照国家核准的电价和用电计量装置的记录，向用户计收电费。

用户应当按照国家批准的电价，并按照规定的期限、方式或者合同约定的办法，交付电费。

第二十八条　除本条例另有规定外，在发电、供电系统正常运行的情况下，供电企业应当连续向用户供电；因故需要停止供电时，应当按照下列要求事先通知用户或者进行公告：

（一）因供电设施计划检修需要停电时，供电企业应当提前7天通知用户或者进行公告；

（二）因供电设施临时检修需要停止供电时，供电企业应当提前24小时通知重要用户；

（三）因发电、供电系统发生故障需要停电、限电时，供电企业应当按照事先确定的限电序位进行停电或者限电。引起停电或者限电的原因消除后，供电企业应当尽快恢复供电。

第三十条　用户不得有下列危害供电、用电安全，扰乱正常供电、用电秩序的行为：

（一）擅自改变用电类别；

（二）擅自超过合同约定的容量用电；

（三）擅自超过计划分配的用电指标的；

（四）擅自使用已经在供电企业办理暂停使用手续的电力设备，或者擅自启用已经被供电企业查封的电力设备；

（五）擅自迁移、更动或者擅自操作供电企业的用电计量装置、电力负荷控制装置、供电设施以及约定由供电企业调度的用户受电设备；

（六）未经供电企业许可，擅自引入、供出电源或者将自备电源擅自并网。

第三十九条　违反本条例第二十七条规定，逾期未交付电费的，供电企业可以从逾期之日起，每日按照电费总额的1‰至3‰加收违约金，具体比例由供用电双方在供用电合同中约定；自逾期之日起计算超过30日，经催交仍未交付电费的，供电企业可以按照国家规定的程序停止供电。

第四十条　违反本条例第三十条规定，违章用电的，供电企业可以根据违章事实和造成的后果追缴电费，并按照国务院电力管理部门的规定加收电费和国家规定的其他费用；情节严重的，可以按照国家规定的程序停止供电。

《供电营业规则》

第五十九条　供电企业和用户的供用电设备计划检修应相互配合，尽量做到统一检修。用电负荷较大，开停对电网有影响的设备，其停开时间，用户应提前与供电企业联系。

遇有紧急检修需停电时，供电企业应按规定提前通知重要用户，用户应予以配合；事故断电，应尽速修复。

第六十七条 除因故中止供电外，供电企业需对用户停止供电时，应按下列程序办理停电手续：

1. 应将停电的用户、原因、时间报本单位负责人批准。批准权限和程序由省电网经营企业制定；

2. 在停电前三至七天内，将停电通知书送达用户，对重要用户的停电，应将停电通知书报送同级电力管理部门；

3. 在停电前30分钟，将停电时间再通知用户一次，方可在通知规定时间实施停电。

第六十八条 因故需要中止供电时，供电企业应按下列要求事先通知用户或进行公告：

1. 因供电设施计划检修需要停电时，应提前七天通知用户或进行公告；

2. 因供电设施临时检修需要停止供电时，应当提前24小时通知重要用户或进行公告；

3. 发供电系统发生故障需要停电、限电或者计划限、停电时，供电企业应按确定的限电序位进行停电或限电。但限电序位应事前公告用户。

《全国供用电规则》

80. 下述各款均属窃电。窃电系盗窃国家财产的行为，应严肃处理：

（1）在供电局线路上私自接线用电或绕越电度表用电；

（2）改变供电局计量装置的接线，伪造或启动表计封印以及采用其他方法致使电度表计量不准；

（3）现有包灯用户，私自增加用电容量。

对上述窃电行为，供电局除当场予以停电外，应按私接容量及实际使用时间追补电费，并按追补电费的三至六倍处以罚金；情节严重的，应依法起诉。如窃电起迄日期无法查明时,至少以六个月(电力用户每日按十二小时,照明用户每日按六小时)计算。

《关于严禁窃电的通告》

三、供电部门对窃电行为,可视情况当即采取限制用电或停电措施,并按《全国供用电规则》第十章第80条第2款规定处理。造成供电部门设备损坏的,窃电责任者还要照价赔偿或支付修复费用。

《中华人民共和国安全生产法》

第六十七条 负有安全生产监督管理职责的部门依法对存在重大事故隐患的生产经营单位作出停产停业、停止施工、停止使用相关设施或者设备的决定,生产经营单位应当依法执行,及时消除事故隐患。生产经营单位拒不执行,有发生生产安全事故的现实危险的,在保证安全的前提下,经本部门主要负责人批准,负有安全生产监督管理职责的部门可以采取通知有关单位停止供电、停止供应民用爆炸物品等措施,强制生产经营单位履行决定。通知应当采用书面形式,有关单位应当予以配合。

负有安全生产监督管理职责的部门依照前款规定采取停止供电措施,除有危及生产安全的紧急情形外,应当提前二十四小时通知生产经营单位。生产经营单位依法履行行政决定、采取相应措施消除事故隐患的,负有安全生产监督管理职责的部门应当及时解除前款规定的措施。

《中华人民共和国行政强制法》

第四十三条 行政机关不得在夜间或者法定节假日实施行政强制执行。但是,情况紧急的除外。

行政机关不得对居民生活采取停止供水、供电、供热、供燃气等方式迫使当事人履行相关行政决定。

《国有土地上房屋征收与补偿条例》

第二十七条 实施房屋征收应当先补偿、后搬迁。

作出房屋征收决定的市、县级人民政府对被征收人给予补偿后,被征收人应当在补偿协议约定或者补偿决定确定的搬迁期限内完成搬迁。

任何单位和个人不得采取暴力、威胁或者违反规定中断供水、供热、供气、供电和道路通行等非法方式迫使被征收人搬迁。禁止建设单位参与搬迁活动。

第二节　供用电合同中免责条款效力问题的法律风险防范

合同是维护我们日常生活、经营交易的纽带，也是我们维护民事权利的基本依据，无论是公民、法人还是其他组织，只要以平等主体身份进行民商事活动，就应当以合同的方式进行。随着我国经济的飞速发展，居民生活水平的提高，我国的电力供应基本深入每家每户，供电企业向用户供电，用户向供电企业支付电费，双方之间所产生的关系也是一种合同关系，即供用电合同关系。该供用电合同是明确双方权利义务，保护双方合法权益的基本法律文书，因此，订立供用电合同对于供电人和用电人有着颇为重要的意义。而供电企业作为供用电合同的制定者、提供者，可以说是供用电合同中强势一方，对于合同中的免责条款，司法机关往往会作出对其不利的解释，这就给供电企业带来很大的负担。为减少供电企业提供的合同中免责条款被认定为无效的风险，本节着重对此风险点进行探讨。

一、风险点法律分析

所谓免责条款是指当事人以协议排除或者限制其未来责任的合同条款。根据合同自由原则，当事人一方自愿承担不利后果或者抛弃利益，是其行使权利的自由，法律原则上不予干预。免责条款是双方约定的，这与法律规定的因不可抗力致使合同不能履行而不负违约责任不同。另外，当事人免除责任有预先免除和事后免除两种，对于当事人在损害发生后免除责任的表示，因是其自愿处分权利的表现，所以法律不加干涉，但是对于当事人在损害发生之前的责任免除，往往有一定的限制或禁止。这主要是为了保护弱者的地位以及维护诚实信用原则，其客观的结果则是避免或者减少损失的发生。① 供用电合同里关于责任的免除是属于预先免除，法律往往对此有一定的限制。

由于供电企业面对的客户群体非常庞大，在制定合同时，往往是预先拟定，统一印制，针对同一类别用电的供用电合同及其附件在形式、结构、体例、内容上大致相同，而差别之处主要在于用户名、用电地址、联系方式、产权分界点等客户基本信息，这样一来供电企业所提供的供用电合同及其附件很可能被司法机关认定为格式合同（所谓格式条款是当事人为了重复使用而预先拟定，并在订立合同时未与对方协商的条款），而对于格式合同中的免责条款，法律势必会有比较严格的条件和限制。我国《合同法》第 39 条规定，采用格式条款订立合同的，提供格式条款的一方应遵循公平原则确定当事人之间的权利和义务，并采取合理的方式提请对方注意免除或者限制其责任的条款，按照对方的要求，对该条款予以说明。该法第 40 条又进一步规定，提供格式条款一方免除其责任、加重对方责任，排除对方主要权利的，该条款无效。根据上述规定，一旦出现纠纷如触电事故、停电造成用户经济损失时，用户往往以供电企业与其签订的是格式合同，免责条款不当限制了其权利、排除了供电企业的责任以及未尽到详尽的提示说明义务为由，而主张免责条款无效。在实践中，也存在着免责条款因为不当限制了用户的权利、排除了供电企业的责任或供电企业未尽到详尽的提示说明义务而被司法机关认定为无效，这样供电企业设定的免责条款也很难到达合法免责的目的，从而也增加了其自身的经济负担。

二、风险点案例分析

1. 供用电合同虽为格式合同，但免责条款并非免除自身责任、加重对方责任的情形，该条款合法有效。[许昌市中级人民法院（2010）许民一终字第 101 号民事判决书]

---

① 刘振亚主编：《电力营销法律风险防范》，中国电力出版社 2009 年版，第 27 页。

案情简介：某市私立一中与某市电力公司签订高压供用电合同，该合同第 8 条第 1 项的内容为："经供电、用电方双方协商确认，供电设施运行维护管理责任分界点设在城北线周玉香支线#7 杆 T 接下线 1 米处。城北线周玉香支线#7 杆 T 接下线 1 米以内属于供电方。分界点电源侧供电设施属供电方，由供电方负责运行维护管理。分界点负荷侧供电设施属用电方，由用电方负责运行维护管理。"该合同第 8 条第 5 项的内容为："在供电设施上发生的法律责任以供电设施运行维护管理责任分界点为基准划分。供电方、用电方应做好各自分管的供电设施的运行维护管理工作，并依法承担相应的责任。"该合同后所附供电接线及产权分界示意图显示，城北线周玉香支线#7 杆系双方的产权和责任分界点。后双方发生争议，私立一中起诉至法院请求法院确认合同第 8 条第 1 项和第 5 项无效。一审法院审理后判决，驳回私立一中的诉讼请求，私立一中不服一审判决，上诉至某市中院，二审法院审理后判决驳回上诉，维持原判。

裁判要旨：上诉人私立一中与被上诉人电力公司所签订的 01-299 号高压供用电合同系被上诉人电力公司所提供的格式合同，该合同第 8 条第 1 项关于供电设施运行维护管理责任分界点的约定系双方的特别约定，并非电力公司为重复使用而预先拟定的，且该条款内容下方用黑线着重划出，因此，该条款不属于格式条款，在上诉人私立一中未提供证据证明该条款存在《合同法》第 52 条、53 条所规定的合同无效的情形的情况下，对上诉人私立一中要求确认该条款为无效条款的上诉理由，本院不予支持。关于该合同第 8 条第 5 项的约定，系被上诉人电力公司为重复使用而预先拟定的，应属格式条款。该条款约定供电方、用电方以产权和责任分界点为基准，对各自分管的供电设施应做好维护管理工作，并依法承担相应责任。上诉人私立一中对自己享有产权的供电设施依法承担相应责任，符合权利义务相一致原则，同时也符合《供电营业规则》第 51 条的规定，该约定并不存在免除电力公司责任，加重私立一中的责任，排除私立一中主要权利的情形，因此，该条款也不属于无效条款。

2. 免责条款未尽详尽提示说明义务，而被认定为无效。[盐城市中级人民法院（2014）盐民终字第2045号民事判决书]

案情简介：王某是一个水产品个体养殖户，2011年9月12日某供电公司与王某签订了一份《低压供用电合同》，并向王某发放《告水产养殖用户用电客户书》《供电安全协议书》。2013年8月9日，因供电公司所在辖区1号台区C相令克烧坏，发生断电，使王某使用的鱼塘增氧机停止工作，无法增氧。后王某鱼塘的鱼发生大量死亡，造成巨大的经济损失，王某诉至法院，要求供电公司赔偿死鱼的经济损失。一审法院审理后，判决供电公司承担70%的赔偿责任。供电公司不服一审判决，提出上诉，二审法院审理后判决驳回上诉，维持原判。

裁判要旨：一审法院认为，供电公司作为供电人，及时、安全、合格供电是其所负担的合同义务，增氧机的用电是供电公司提供，由于突然断电，供电公司未对其辖区内的供电设备进行定期安全检查，使线路中的令克烧坏，导致电路中断是导致涉案鱼塘的鱼死亡的主要原因，应承担主要责任；而王某未配备应急电源，发生断电时无应急电源投入运行，王某自身亦有过错，应承担次要责任。而供电公司向王某发放的《告水产养殖用户用电客户书》《供电安全协议书》是格式约定条款，该条款没有醒目提示，又没有证据证明条款内容已向王某作了说明，因此不能以此约定来免除其应承担的合同义务。因此，对于王某的损失供电公司应承担70%的责任。

二审法院认为，《告水产养殖用户用电客户书》是作为《低压供用电合同》附件之一，与同一区域内所有养殖户按照同一格式签订的，如养殖户不认可《低压供用电合同》及其附件的内容，上诉人将不予之签订合同，因此《告水产养殖用户用电客户书》是格式合同，供电公司不应免责。

三、风险点防范措施

从以上的案例可以看出，作为供用电合同的提供者，供电公司所面临的供用电合同被认定为格式合同、免责条款无效的风险是极大的。但是面对庞大的客户群体以及纷繁复杂的工作，要求供电企业与每个客户一一签订不同形式的合同也不太现实，本来法律也是允许格式合同存在的，目的也是为了减轻像供电企业这种公共服务单位的工作负担，但对于免除自身责任的条款，供电企业在进行合同设计时一定要特别注意，笔者建议应着重从以下四个方面进行改进和调整：

首先，在内容上，合同条款尤其是关于免责条款的设计要体现出实质公平、符合权利义务相一致的原则，如案例1中，供用电合同虽为格式合同，关于产权分界点的约定属于格式条款，而以产权分界点为界限的责任承担条款属于免责条款，但是该免责条款体现了实质公平、权利义务对等原则，司法机关会确认其效力。

其次，对于限制用户权利或者免除供电企业责任的条款，应采用足以引人注目的方式如加粗、放大字号、加下划线、标注不同颜色等形式进行印刷，在签订供用电合同时要特别告知用电人，并要求用电申请人对于免责条款书写"供电企业已尽了详尽的告知义务，本人已充分了解并理解该条款的意思"并签字确认，这样才能最大限度地防范风险。

再次，对于供用电合同及其附件，供电企业应尽可能设计更多的条款让用电申请人自己填写，且根据实际情况，稍作修改和调整，这样也不会增加太多的工作量，也能减少被认定为格式合同的风险。

最后，对于供用电合同本身，如县级供电企业无法进行修改，可以与用户另行签订补充协议。

【相关法律法规】

《中华人民共和国合同法》

第三十九条　采用格式条款订立合同的，提供格式条款的一方应当遵循公平原则确定当事人之间的权利和义务，并采取合理的方式提请对方注意免除或者限制其责任的条款，按照对方的要求，对该条款予以说明。

格式条款是当事人为了重复使用而预先拟定，并在订立合同时未与对方协商的条款。

第四十条　格式条款具有本法第五十二条和第五十三条规定情形的，或者提供格式条款一方免除其责任、加重对方责任、排除对方主要权利的，该条款无效。

第四十一条　对格式条款的理解发生争议的，应当按照通常理解予以解释。对格式条款有两种以上解释的，应当作出不利于提供格式条款一方的解释。格式条款和非格式条款不一致的，应当采用非格式条款。

第五十二条　有下列情形之一的，合同无效：

（一）一方以欺诈、胁迫的手段订立合同，损害国家利益；

（二）恶意串通，损害国家、集体或者第三人利益；

（三）以合法形式掩盖非法目的；

（四）损害社会公共利益；

（五）违反法律、行政法规的强制性规定。

第五十三条　合同中的下列免责条款无效：

（一）造成对方人身伤害的；

（二）因故意或者重大过失造成对方财产损失的。

第三节　变更合同时未提供合适业务类型的法律风险防范

供电企业是电力商品的生产者、电力相关设备的安装者，更是公共服务的提供者，在特定区域的客户群体只能选择特定的供电企业，可以说在一定程度上存在着垄断。因此在提供服务的过程中，相对供用电合同的另一方用电人，法律往往赋予其更多的注意义务，但是如若供电企业未做到位，同样会面临败诉的风险。

一、风险点法律分析

供用电合同履行过程中，所发生的诸如用电主体变更、缴费主体变更、销户等操作手续和操作流程由其制定，用户前往营业厅办理业务时，应当选择办理何种业务类型、填写何种业务受理单、提供何种材料，作为申请人（用电人）一般不会知道那么详细，更不知道相关规定和操作流程，一般是按照供电企业的要求去做。而伴随着电子化办公设备的应用及普及，供电企业的员工对外办理业务一般都是根据事先制定好的标准化流程进行操作，这样的流程化操作往往存在着机械性，同时由于某些员工的责任心不强，很难对前来办理业务的客户进行详细耐心询问，并了解到客户的真实需求，从而提供适合的业务类型。也即是说供电企业所办结的业务是否真正符合客户的真实需求，是一个很大的问号。一旦用户在使用过程中发现此项业务并非自己的真实需求，便会以各种理由为难供电企业。供电企业作为供用电合同强势一方，法律往往赋予供电企业更多的义务和责任，而有些责任和义务法律并未进行强制规定，一旦出现纠纷，司法机关往往从保护合同相对弱势一方的角度出发，从而判令供电企业承担更多的责任和义务，司法实践中存在着赋予供电企业更多的义务如详细询问义务、主动介绍不同业务类型差别义务等方面的判例，如供电企业未尽到这些义务便面临承担不利责任的风险，因此本节着重对此问题进行探讨，以期降低供电企业进行业务办理方面的法律风险。

二、风险点案例分析

未尽到详细询问义务，提供的业务类型不符合用户的真实需求。[东莞市中级人民法院（2015）东中法民二终字第1674号民事判决书]

案情简介：2011年4月18日，某制鞋公司与某供电公司签订供用电合同，用电地址为东莞市塘厦镇宏业工业区，用户编号为9900545003，并约定，"用电方因买卖、出租、分立、合并、承包经营、租赁经营等而在同一用电地址变更用电人的，应当向供电方办理变更用电手续、清偿拖欠的电费或落实经供电方认可同意的债务承担者"。2011年6月1日制鞋公司将厂房出租给通信公司，2011年6月23日，制鞋公司与通信公司共同向供电公司提出一项业务申请，并填写客户用电业务受理单，业务受理单载明的客户名称为制鞋公司,客户身份为户主,结算户名为通信公司,受理业务的类别为客户缴费信息更改。业务受理单的下部加盖制鞋公司的印章,在客户签章处加盖通信公司的印章。该业务办结后,供电公司一直依约供电,用电人却拖欠电费,供电公司诉至法院,供电公司认为通信公司申请由其负责缴纳电费系债务加入的行为,且其为实际用电人,制鞋公司、通信公司应当对编号为9900545003项下的电费承担连带责任,因而请求法院判令制鞋公司和通信公司清偿电费本金和违约金。

制鞋公司向原审法院辩称供用电合同的主体已变更为通信公司,通信公司用电所发生的电费与制鞋公司无关,2011年6月1日制鞋公司将厂房出租给通信公司,并于2011年6月23日办理用电方变更手续,此后供电公司一直依约通知通信公司缴纳电费,并出具增值税专用发票给通信公司,说明用电主体为通信公司,制鞋公司不是用电主体、合同相对方,因此无须承担责任。经过审理,一审法院判决制鞋公司对通信公司对所欠电费及违约金承担共同清偿责任,而二审法院则撤销了该项判决。

裁判要旨: 原审法院认为,用电业务受理单载明的受理业务类别为客户缴费信息更改,虽然在客户签章处加盖的是通信公司的印章,并不能当然视为变更用电主体。制鞋公司辩称变更客户缴费信息只要原合同的双方同意,只有变更用电主体才需要三方盖章同意,这一主张无事实及法律依据。变更缴费信息,由另一主体缴纳电费也涉及对其权利的影响,也须经过其同意,并非变更用电主体才需要向三方同意,故2011年6月23日制鞋公司、通信公司在供电公司办理的业务并非是用电主体的变更,制鞋公司仍是供用电合同的相对人。综合本案的证据,实际用电人为通信公司,其理应对所欠电费承担支付义务,而制鞋公司作为供用电合同的相对人也应承担电费的支付义务。因此,支持供电公司要求制鞋公司、通信公司共同清偿所欠电费本金、违约金的诉讼请求。

二审法院审理后认为,制鞋公司与通信公司共同前往供电公司办理手续,目的是告知供电公司涉案厂房出租的事实并变更用电人,从而免除制鞋公司的合同义务。供电公司作为提供公用服务及格式合同的强势一方,理应充分了解申请人要求办理的业务内容,详细询问并了解申请人的真实意图,并将变更用电主体与变更缴费客户信息的手续差异明确告知申请人,从而提供适当的业务受理单,即使开始时供电公司将申请人的要求理解为变更缴费信息,也应当询问理由及评估风险,而非贸然同意变更,而在询问过程中,供电公司理应能够了解到申请人的真实意图。但是供电公司并未尽到上述义务,且供电公司从通信公司划扣电费并将增值税发票上的"购货单位"从制鞋公司变更为通信公司,申请人当然有理由相信变更用电人的手续已办妥。依照民事诉讼证据的高度盖然性原则,本院认定制鞋公司当时要求办理的业务为变更用电人,而供电公司已同意该申请,因而制鞋公司无须承担涉案电费的支付义务。

本案一审法院和二审法院持有不同的观点,争议的焦点就是申请人向供电公司申请办理的业务类型到底是缴费信息的变更还是供用电合同主体的变更。一审法院认为是缴费信息的变更主要依据是形式上的审查,即业务受理单载明的业务类型为"缴费信息的更改",而二审法院不仅仅对业务受理单进行形式审查,更注重实质审查,侧重探究申请人的真实意图。但对于"真实意图"这个主观的概念还是要从客观方面来反应,首先根据双方签订的供用电合同的内容,明确约定用电方因出租在同一用电地址变更用电人的,应当向供电方办理变更用电手续,而制鞋公司将涉案工厂出租给通信公司后,又一同前往供电公司办理用电变更手续,这一系列行为能从一定程度上说明制鞋公司要免除自身的电费缴纳义务,作为用电人办理业务时可能不知晓应该选择何种业务类型,词不达意的可能性是存在的,二审法院从保护合同相对弱势的一方角度,认为供电公司作为合同强势一方在业务受理的过程中应当履行更为严格的注意义务,即详细询问、探寻申请人真实意图、主动介绍相近业务类型差别的义务。

本案中,供电公司自身也存在着前后矛盾、不规范的做法。首先如果供用电合同的主体未曾发生变更,办理的是缴费主体变更手续,通信公司的行为仅仅是债务的加入行为,那么合同的相对方未曾发生实质性变更,根据合同相对性原则，此后发生欠费时，供电公司发送的催缴电费通知单的相对人应当为制鞋公司，增值税专用发票也应开具给制鞋公司，而供电公司的做法恰恰相反，其在催缴电费的通知单中通知的相对方为通信公司，增值税发票开具给通信公司，供电公司这样的行为无疑是表明其认为供用电合同的相对方实际上为通信公司。其次，在办理业务的过程中，供电公司的做法也非常不规范，如果制鞋公司、通信公司的真实意图是办理缴费主体变更手续，合同主体未发生变更，业务受理单载明的客户名称为制鞋公司，在业务受理单下方客户签章处应当是制鞋公司签章而非通信公司，且通信公司的行为系债务加入，对自己权利的处分，供电公司员工在受理此业务时应当要求通信公司在业务受理单上注明"同意变更为电费缴纳主体"字样并加盖公司印章。如果有这样规范的业务受理单，就能很清楚表明制鞋公司、通信公司的真实意图，从而提供合适的业务类型，提升客户满意度。

三、风险点防范措施

供电企业作为公共服务的提供者，供用电合同和业务操作流程由其制作和提供，这种情况下，法律往往赋予供电企业更多的义务，这就需要供电企业在提供服务的过程中一定要注意细节，提供精准、优质的服务，否则一旦出现纠纷，一方面会造成不良的影响，另一方面在争议解决时可能面临败诉的风险。为降低上述风险，供电企业要从以下三个方面着手：

一是加强员工的职业道德和职业纪律的宣传和培训，提高员工的责任心。对于每一个前来办理业务的客户，工作人员均应跟客户进行详细交谈，了解客户的真实需求，并根据客户提供的材料作出初步判断应提供何种业务类型，对于可选择办理多种业务时，注意向客户详尽介绍相近业务不同类型之间的差别，应全面考虑客户的利益，从而提供最适合客户的业务类型。

二是加强员工业务培训和法律风险培训。有些员工在办理业务时只知道操作流程，却不知为何需要这些材料和流程、这些烦琐的程序和材料背后的用途是什么、能防范什么风险等这些深层的原因，这也是营业厅员工不能提供精准、优质服务的原因之一，因此供电企业一定要加强员工的业务培训和法律知识培训，这样才能双管齐下，真正做到防患未然。

三是办理业务时，形式上一定要规范，如对于业务受理单问题，设计的主旨要突出，对于内容应尽量由申请人进行填写，落款处的盖章要规范，避免张冠李戴。

【相关法律规定】

《中华人民共和国合同法》

第六十四条　当事人约定由债务人向第三人履行债务的，债务人未向第三人履行债务或者履行债务不符合约定，应当向债权人承担违约责任。

第六十五条　当事人约定由第三人向债权人履行债务的，第三人不履行债务或者履行债务不符合约定，债务人应当债权人承担违约责任。

第一百七十六条　供用电合同是供电人向用电人供电，用电人支付电费的合同。

第一百八十二条　用电人应当按照国家有关规定和当事人的约定及时交付电费。用电人逾期不交付电费的，应当按照约定支付违约金。

原电力工业部《供电营业规则》

第二十二条　有下列情况之一者，为变更用电。用户需变更用电时，应事先提出申请，并携带有关证明文件，到供电企业用电营业场所办理手续，变更供用电合同：

1. 减少合同约定的用电容量（简称减容）；

2. 暂时停止全部或部分受电设备的用电（简称暂停）；

3. 临时更换大容量变压器（简称暂换）；

4. 迁移受电装置用电地址（简称迁址）；

5. 移动用电计量装置安装位置（简称移表）；

6. 暂时停止用电并拆表（简称暂拆）；

7. 改变用户的名称（简称更名或过户）；

8. 一户分列为两户及以上的用户（简称分户）；

9. 两户及以上用户合并为一户（简称并户）；

10. 合同到期终止用电（简称销户）；

11. 改变供电电压等级（简称改压）；

12. 改变用电类别（简称改类）。

第二十九条　用户更名或过户（依法变更用户名称或居民用户房屋变更户主），应持有关证明向供电企业提出申请。供电企业应按下列规定办理：

1. 在用电地址、用电容量、用电类别不变条件下，允许办理更名或过户；

2. 原用户应与供电企业结清债务，才能解除原供用电关系；

3. 不申请办理过户手续而私自过户者，新用户应承担原用户所负债务。经供电企业检查发现用户私自过户时，供电企业应通知该户补办手续，必要时可中止供电。

第三十条　用户分户，应持有关证明向供电企业提出申请。供电企业应按下列规定办理：

1. 在用电地址、供电点、用电容量不变，且其受电装置具备分装的条件时，允许办理分户；

2. 在原用户与供电企业结清债务的情况下，再办理分户手续；

3. 分立后的新用户应与供电企业重新建立供用电关系；

4. 原用户的用电容量由分户者自行协商分割，需要增容者，分户后另行向供电企业办理增容手续；

5. 分户引起的工程费用由分户者负担；

6. 分户后受电装置应经供电企业检验合格，由供电企业分别装表计费。

第三十一条　用户并户，应持有关证明向供电企业提出申请，供电企业应按下列规定办理：

1. 在同一供电点，同一用电地址的相邻两个及以上用户允许办理并户；

2. 原用户应在并户前向供电企业结清债务；

3. 新用户用电容量不得超过并户前各户容量之总和；

4. 并户引起的工程费用由并户者负担；

5. 并户的受电装置应经检验合格，由供电企业重新装表计费。

第三十二条　用户销户，须向供电企业提出申请。供电企业应按下列规定办理：

1. 销户必须停止全部用电容量的使用；

2. 用户已向供电企业结清电费；

3. 查验用电计量装置完好性后，拆除接户线和用电计量装置；

4. 用户持供电企业出具的凭证，领还电能表保证金与电费保证金；

办完上述事宜，即解除供用电关系。

第四节　用电计量、计费错误的法律风险防范

近年来，随着新型电能计量装置的更换，为用电人与供电企业电能电费的计量和缴纳提供了更为方便快捷的方式。但是由于电能计量装置在更换、设置、维护过程中存在着设备故障、操作错误等问题，造成计量装置、用户用电信息采集系统、营销系统（SG186）数据采集错误，最终导致收费错误的情况。

笔者在此仅对非用电人过错造成计量错误而导致的少收、未收电费的情形进行法律风险分析。对各类因用电人、第三人窃电或其他过错造成的计量错误，暂不在本部分予以详述。

一、风险点防范措施

（一）供电企业追补误差电费的法律依据

1. 电能计量错误诉请补交电费的请求权类型。

计量错误退补电费的债权请求权类型的主要争议在供用电合同之债与

不当得利之债之间。主张认为计量错误退补电费属于不当得利之债的认为，用电人实际使用了供电企业供用的电力却没有支付电费，也不存在故意或过失，显然不构成违约行为或侵权行为，因此供电企业多供部分电力，属于用电人之不当得利，因此属于不当得利之债。笔者不同意这种观点，因为计量错误追补电费的请求权，不符合不当得利的构成要件。学说上，不当得利的构成要件有四点：一方受益；他方受损；一方受益和他方受损之间存在因果关系；没有合法根据。供电企业供电，用电人用电，用电人显然获得了利益，而供电企业付出了运营成本却未收取电费，存在损失，二者具备直接的因果关系。但是，不论是供电企业的供电行为，还是用电人的用电行为，都是基于履行双方所签订的或事实成立的供用电合同关系的行为，双方存在法律上的依据，只是因为供电企业未能准确告知电能、电费的数额，才导致用电人未能足额交纳电费。因此，依法应当认定为供用电合同之债，而非不当得利之债。

另外存在一种情况，供电企业与用电人之间没有签订书面的供用电合同，供电企业向用电人供电，但非因用电人过错，计量错误少收或未收电费的情况。笔者认为，供电企业与用电人之间存在事实的供用电合同关系，理由是：根据《电力法》第26条的规定，供电营业区内的供电营业机构，对本营业区内的用户有按照国家规定供电的义务；不得违反国家规定对其营业区内申请用电的单位和个人拒绝供电。因此，《电力法》规定了供电企业具有强制缔约义务，没有法定事由，不能拒绝用电人缔结供用电合同关系的邀约。现实生活中，电能为无形物质，以用电人使用耗电设施的行为，作为供电企业交付电能、履行供电义务的形式，而根据《合同法》第36条的规定，当事人未采用书面形式但一方已经履行主要义务，对方接受的，该合同成立。因此用电人使用耗电设施行为的本身，就包含着向供电企业发出缔约邀约、供电企业履行主要义务、用电人接受电力供应三个行为，故笔者认为，这种情况下双方存在事实供用电合同关系，属于供用电合同之债。

2. 非用电人过错，计量错误导致少收、未收电费，供电企业是否有权予以追补。

《合同法》第 107 条规定，当事人一方不履行合同义务或者履行合同义务不符合约定的，应当承担继续履行、采取补救措施或者赔偿损失等违约责任。第 109 条规定，当事人一方未支付价款或者报酬的，对方可以要求其支付价款或者报酬。第 182 条规定，用电人应当按照国家有关规定和当事人的约定及时交付电费。同时，根据《供电营业规则》第 79 条、第 80 条、第 81 条的规定，计量错误的，供电企业和用电人应当按规定测算误差后，退补电费。因此，虽然用电人对计量错误而导致的应交电费少交或未交不存在过错，但是已实际获益，没有改变供电企业已履行供电义务、用电人实际使用电量且未交电费的事实。用电人抗辩称计量错误的过错在于供电企业，损失是由供电企业自己造成的，用电人不应承担补缴电费的义务，该抗辩理由没有事实依据和法律依据。

3. 计量错误，应由谁承担补交责任。

（1）用电人自行使用的，应由用电人按照《供用电合同》所形成的供用电法律关系，承担补交责任。

（2）用电人主张，实际用电人另有第三方，但无法提供证据推翻供电企业已证其与供电企业之间的供用电合同关系的，则供电企业仍应以用电人为被告，向其追补电费，基于合同的相对性原则，用电人与实际用电人之间系其内部关系，不能对抗供电企业。若用电人能证明实际用电人的，在用电人按照规定办理过户手续的情况下，应当根据用电人各自误差期间，分别向各用电人主张电费；未办理过户手续的，则根据《供电营业规则》第 29 条第 3 项的规定，不申请办理过户手续而私自过户者，新用户应承担原用户所负债务。同时，根据合同的相对性原则，仍可起诉原用户，要求其共同承担补交电费的责任。

（3）用电人为个人，且已死亡的，可以根据《中华人民共和国继承法》第 33 条和《最高人民法院关于贯彻执行中华人民共和国继承法若干问题的意见》第 62 条的规定，在其遗产实际价值内，向其继承人主张所欠电费。

（4）用电人为企业法人，且已注销的，如依法组织清算或已经破产程序进行破产清算并由人民法院裁定终结破产程序的，则权利消灭。根据《关于适用中华人民共和国公司法若干问题解释（二）》第18条的规定，有限责任公司的股东、股份有限公司的董事和控股股东未在法定期限内成立清算组开始清算，导致公司财产贬值、流失、毁损或者灭失，债权人主张其在造成损失范围内对公司债务承担赔偿责任的，人民法院应依法予以支持。因此，如企业法人未依法清算，则可以起诉公司股东、董事、控股股东未在法定期限内成立清算组，造成公司财产灭失，要求对公司债务承担赔偿责任。

（5）用电人为企业法人，且经工商登记合并、分立的，根据《民法通则》第44条第2款、《合同法》第90条、《公司法》第174条、第176条等法律法规的规定，用电人合并的，由合并后的法人或者其他组织行使合同权利，履行合同义务；用电人分立的，由分立的法人或者其他组织对合同的权利和义务享有连带债权，承担连带债务。

（二）计量错误导致少收、未收电费，供电企业请求违约金的法律依据

根据《合同法》第182条的规定，用电人逾期不交付电费的，应当按照约定支付违约金。根据《电力供应与使用条例》第39条的规定，违反本条例第27条规定，逾期未交付电费的，供电企业可以从逾期之日起，每日按照电费总额的1‰至3‰加收违约金。同时，根据《供电营业规则》第98条的规定，用户在供电企业规定的期限内未交清电费时，应承担电费滞纳的违约责任。因此，对于计量错误追补电费的情况下，依照上述法律法规、部门规章的规定，向用电人主张违约金。

1. 违约金的起算点。根据《供电营业规则》第98条的规定，电费违约金从逾期之日起计算至交纳日止，因此，一般情况下违约金的起算点为"逾期之日起"。但是，现实生活中，具体的用电信息、电能、电费计量均由供电企业掌握，普通人并不具备电能计量和电费计算的技能，依照交易习惯，是由供电企业确定应交电费数额后，告知用电人当期用电量与应

交电费，由用电人支付电费，或通过银行甚至网络等快捷渠道直接支付。所以供电企业负有准确告知用电人用电量和应交电费的义务。在供电企业未能履行准确告知用电人用电量和应交电费的情况下，用电人对于其未能足额支付电费的行为不应承担违约责任。综上所述，承担违约金的起算点在法理上和实践中，应当以用电人知道或应当知道自己应交电费之日起计算为宜。

2. 违约金的数额的确定。根据《电力供应与使用条例》第39条的规定，违反本条例第27条规定，逾期未交付电费的，供电企业可以从逾期之日起，每日按照电费总额的1‰至3‰加收违约金。同时，《供电营业规则》第98条将之细化，违约者为居民用户的，每日按欠费总额的1‰计算；其他用户当年欠费部分，每日按欠费总额的2‰计算；跨年度欠费部分，每日按欠费总额的3‰计算。且电费违约金收取总额按日累加计收，总额不足1元者按1元收取。

（三）关于电能计量错误追补电费的诉讼时效

根据《民法通则》第135条、第137条的规定，除法律另有规定的，向人民法院请求保护民事权利的诉讼时效期间为2年，诉讼时效期间从知道或者应当知道权利被侵害时起计算。同时，根据《民法通则》第140条和《最高人民法院关于审理民事案件适用诉讼时效制度若干问题的规定》第10条至第19条的相关规定，诉讼时效因提起诉讼、当事人一方提出要求或者同意履行义务而中断。但根据2017年10月1日起施行的《民法总则》规定，诉讼时效为3年，目前《民法总则》与《民法通则》衔接期所发生争议的诉讼时效，仍有待司法解释进一步明确。

因技术问题，供电企业多是在计量错误的情况持续较长一段时间之后才通过电能计量装置定期检测、轮换，或电力稽查等各种原因发现计量存在误差，而离计量误差的起算点多已超过两年。因此在司法实践中，用电人常常抗辩供电企业的诉讼请求超过诉讼时效。供电企业主张以发现计量误差之日作为诉讼时效起算点的，如果没有经用电人签字确认的现场工作记录之类的凭证，难以主张发现之日为诉讼时效的起算点。所以，笔者建议供电企业一旦发现计量存在误差，应当注意保存手机通话录音、EMS邮政快递、现场录音录像、经用电人或用电人授权人签字的现场工作记录凭证等能够体现发现计量错误的时间或主张权利时间的证据，用以证明诉讼时效起算点或诉讼时效中断。

（四）关于各类电能计量错误的类型和各类型的追补期间

1. 根据《供电营业规则》的分类，电能计量错误主要包括以下几种类型：（1）互感器或电能表误差，且超出允许范围；（2）连接线的电压超出允许范围时；（3）计费计量装置接线错误；（4）电压互感器保险熔断；（5）计算电量的倍率或铭牌倍率与实际不符；（6）其他非人为原因。除此之外，笔者在司法实践过程中，也存在相线断流、反接和营销系统示数设置错误，录入系统的示数类型与智能电能表的实际示数不一致导致电费计算错误等情况。

实践操作过程中，导致计量错误少的原因多种多样，综合其故障特点，主要存在以下两类：第一类是用户电能计量装置损坏或故障，不论是否因相线安装错误、断流或设备自身原因造成，需要通过维修用户计量装置才可以排除故障的；第二类是倍率不符、示数设置错误等原因导致电能计算错误，用户电能表不存在故障，无须拆封检修。第二类故障，可以通过调取用户用电信息采集系统，对比用户电能表主、副表，直接获取其实际用电量，如果是第一类故障，则需要通过对用户电能计量装置进行维修，并按技术标准测算电能计量误差，才能够计算出应退补电费。

2. 退补期间应根据《供电营业规则》第 80 条、第 81 条的规定，具体如下：（1）互感器或电能表误差超出允许范围时，以"0"误差为基准，按验证后的误差值退补电量。退补时间从上次校验或换装后投入之日起至误差更正之日止的二分之一时间计算；（2）连接线的电压降超出允许范围时，以允许电压降为基准，按验证后实际值与允许值之差补收电量，补收时间从连接线投入或负荷增加之日起至电压降更正之日止；（3）其他非人为原因致使计量记录不准时，以用户正常月份的用电量为基准，退补电量，退补时间按抄表记录确定；（4）计费计量装置接线错误的，以其实际记录的电量为基数,按正确与错误接线的差额率退补电量,退补时间从上次校验或换装投入之日起至接线错误更正之日止;(5)电压互感器保险熔断的,按规定计算方法计算值补收相应电量的电费,无法计算的,以用户正常月份用电量为基准,按正常月与故障月的差额补收相应电量的电费,补收时间按抄表记录或按失压自动记录仪记录确定;(6)计算电量的倍率或铭牌倍率与实际不符的,以实际倍率为基准,按正确与错误倍率的差值退补电量,退补时间以抄表记录为准确定。退补电量未正式确定前,用户应先按正常月用电量交付电费。

综上所述,《供电营业规则》已对各种类型的计量错误规定退补期间进行规定,如对方有充足的事实和理由,认为退补期间与《供电营业规则》不一致的,法院仍可以按照实际情况判断退补期间。司法实践中,也存在着供电企业未依照《电能计量装置技术管理规程》(DL/T448—2000)的规定,对计量装置进行定期轮换的,推定供电企业认可被告的电能表在最长轮换周期内计量正常的情况,该案例后文予以详述。

(五)关于计量错误追补电费的举证责任

根据《中华人民共和国民事诉讼法》(以下简称《民事诉讼法》)第64条和《最高人民法院关于民事诉讼证据的若干规定》第2条的规定,当事人对自己提出的诉讼请求所依据的事实或者反驳对方诉讼请求所依据的事实有责任提供证据加以证明。因此,供电企业应当证明以下事实:(1)双方的诉讼主体资格;(2)双方的供用电合同关系;(3)证明用电人用电计量存在误差的事实;(4)证明用电人应退补电费的期间;(5)证明计量误差数值,及误差期间所应补交的电费数额。电力电费计量错误通过诉讼程序追补电费的一大难点在于取证,由于在实践过程中,供电企业所取得的往往多为单方证据——从发现计量错误,到计量装置检查、维修,再到重新核定用电量,计算实际应付电费,整个过程几乎是供电企业独立完成。因此,建议在有条件的情况下,取证过程应当由公证机关、鉴定机构等第三方机构的参与和确认。

(六)能否依法对拒绝支付电费的用电人停止供电

根据《合同法》第182条的规定,经催告用电人在合理期限内仍不交付电费和违约金的,供电人可以按照国家规定的程序中止供电。根据《电力供应与使用条例》第39条的规定,自逾期之日起计算超过30日,经催交仍未交付电费的,供电企业可以按照国家规定的程序停止供电。所以,对于未依法支付电费的用电人,供电企业可以对其中止供电。

二、风险点案例分析

1. 法院根据鉴定机构出具的鉴定书,确认误差电费的数额,并以此认定案件事实,作出判决。(2015深中法商终字第3106号)

案情简介:2013年10月8日,深圳供电局日常用电检查发现上述用户号为10017116的电表电压二次线A、B相接反,导致漏计电量,遂出具了《深圳供电局有限公司用电检查问题通知书》,要求用户追补电费。据上述通知记载,检查前,封印完好,接线盒封印为左BB00125601、右BB00125602。对该次检修,有用电地址居民现场见证,但拒绝签名。

向法院起诉后,供电局申请对误差期间应补缴电费进行鉴定,但一审胜诉后,南油公司上诉认为:(1)鉴定机构没有鉴定资质。本案原审争议的焦点是电表计量是否准确。深圳供电局申请鉴定,原审法院委托深圳市华南价格鉴证财产评估有限公司作出《价格鉴证报告》。鉴定机构的工作人员全部为价格鉴证师,鉴定机构、鉴定人均没有电力计量装置检验能力和知识。本案不是价格之争,双方对电价没有争议,价格鉴证师没有能力鉴定争议的电表计量是否准确。(2)鉴定方法错误。由于价格鉴证师没有电表计量检验知识,《价格鉴证报告》采用两块电表比对的方法,当然认为深圳供电局新安装的电表计量准确,确定涉案电表计量不准和漏记电量。深圳供电局单方安装的新电表,计量是否准确未经检验,也未得到相对方的确认。《价格鉴证报告》以新装电表作为参数,此种方法虽然简单,但存在逻辑错误。

判决要旨:本案争议的焦点问题是:鉴定程序与鉴定方法是否存在不当之处。涉案鉴定报告所附《价格品格机构资质证书》载明职业范围为价格评估及当事人委托的涉诉讼财物价格评估,参与鉴定人员均有国家注册价格鉴证师资格，鉴定机构营业执照载明经营范围包括电力设备、电量损失，因此南油公司对鉴定人资格提出异议的上诉理由不能成立。关于电表迁移时间，鉴定机构在双方均不能提供准确时间证据材料情况下，根据相关地铁开工情况与涉案"配变信息采集表"内容，认定电表迁移时间与安装变压器同一时间为2008年11月。南油公司对此有异议，其提供的物业管理公司及住户的证人未出庭做证，未能提供充分证据推翻该鉴定结论，故原审法院采信该鉴定结论，并无不当。鉴定机构采用新旧电能电表电量比较法进行鉴定，南油公司对此鉴定方法不予认可，但未能证明此方法存在不当之处，故原审法院采信该鉴定结论，本院予以维持。南油公司主张鉴定人未出庭做证故鉴定意见不能采用，但是原审法院依照鉴定机构的要求通知南油公司缴纳鉴定人的出庭费用，但南油公司认为出庭费用应当由深圳供电局一并缴纳而未缴纳出庭费用，鉴定机构也书面答复了南油公司的异议，因此原审法院采纳鉴定结论，不违反法律规定，本院予以维持。

2. 关于诉讼时效的认定。（2013东中法民二终字第1202号）

案情简介：2011年6月1日，樟木头供电公司用电检查人员于检查中发现，浩良公司的电能计量装置中，电流互感器的实际变比为400/5，而在营销档案中，计算电量的变比为300/5。由于计量电量时用的营销档案记载的电流互感器变比和实际的电流互感器变比不同，因而产生电量的计算误差。经计算，浩良公司在2005年2月25日至2012年8月31日期间，少缴的电费共1 011 923.39元。被告答辩称，供电公司自2013年5月才起诉，但根据2年诉讼时效限制，则按照樟木头供电公司起诉时间作为其权利主张时间即2013年5月起倒计2年，对于2011年4月31日前少缴的电费显然已过诉讼时效，应不再受法律的强制保护。

裁判要旨：首先，从供用电合同交易模式来看，供电人自行计量用电量后通知用电人缴费。这种合同区别于普通的交易，后者通常因为需要合同双方共同确认交易数量而易于发现问题；而前者除非用电人主动提出异议及依据，否则确实存在因供电人过失而没有发现计量错误的可能。其次，从收费的程序来看，供电人发现计量错误后，只要更正其缴费通知即可避免损失，不存在额外的成本和障碍。而如果供电人明知其错误而仍按照少计的电量收取电费，在没有证据证明其故意怠于行使权利或具有相应动机的情况下，这种行为显然有违常人理性而可能性极低。因此，本院认定樟木头供电公司确因过失而未及时更正营销档案资料导致计量错误。又由于没有证据证明该司早于其主张的2011年6月1日前已发现该问题，本院认定其主张的时间属实。根据《民法通则》规定，向人民法院请求保护民事权利的诉讼时效期间为2年，而诉讼时效期间从知道或者应当知道权利被侵害时起计算。因此，从樟木头供电公司发现少计电费之日起至本案起诉之日，并未超出2年的诉讼时效。

3. 未按规范对电能表进行轮换，且没有其他证据印证计量错误的起始时间，驳回供电公司部分诉讼请求。（2015泸民终字第989号）

案情简介：2003年年底，原告向被告提供、安装了旧电能表，倍率为50倍。原、被告双方在供电合同履行期间，被告一直按旧电能表的计量向原告（预）交纳电费。在2011年9月8日，原、被告的工作人员以及经商局工作人员共同在场对被告的用电计量装置进行检查，经检查发现被告的旧电能表火盖口未铅封，电能表B、C两相电流进出线接反，在A相无电流输出时，旧电能表程反转状态。2011年9月20日，经双方同意更换了新电能表。原告供电公司于2013年3月4日向法院起诉，要求追补自2003年至2011年9月期间的误差电费。

裁判要旨：原、被告对旧电能表计量存在问题的事实均予以认可，原审法院依法予以确认。但对旧电能表的计量什么时候出现的问题，原、被告双方均未向法庭提供证据予以证明。原审法院认为，根据《供电营业规则》第79条规定："供电企业必须按规定的周期校验、轮换计费电能表，并对计费电能表进行不定期检查……"按行业的规定对被告的电能表进行周期校验、轮换计费电能表并对其不定期检查，既是原告的权利也是原告的义务。《电能计量装置技术管理规程》（DL/T448—2000）规定，电能计量装置分为五类进行管理，负荷容量为315kVA的计费电能计量装置为Ⅳ类，运行中的Ⅳ类电能表的轮换周期为4~6年。被告使用的电能表系原告提供和安装，将安装校验合格的电能表交给被告使用是原告的义务。另，按月记录被告用电量并要求其交纳电费是原告的权利，也是原告的义务。原告自2003年年底将电能表安装交给被告使用后直到2011年9月8日前，未对该电能表进行周期校验、轮换和不定期的检查，在长达数年的时间里原告不履行自己的权利和义务。因此，应视为原告认可被告的电能表在最长轮换周期内计量正常。2011年9月8日，被告的电能表经检查存在接线错误，依据《供电营业规则》第81条规定：用电计量装置接线错误，以其实际记录的电量为基数，按正确与错误接线的差额率退补电量，退补时间从上次校验或投入之日起至接线更正之日止。结合被告向原告交纳的电费统计，2010年3月份前，被告每月的用电量未出现较大的波动，且其电能表在行业规定的最长轮换周期内，由于原告未按行业规定履行自己的监管职责，在行业规定的监管职责周期内应视为被监管的对象计量正常。故对原告要求被告自电能表安装投入运营时起补交电费的主张原审法院不予支持。2010年4月份至2011年9月20日前，被告的用电量较之前明显异常并出现用电量为负的情况，因此，酌定被告补交电费的期间为2010年4月至2011年9月20日止。

4. 未提供第三方证据证明相线反接，法院依法驳回供电公司的诉讼请求。（2015上民二初字第108号）

案情简介：2010年7月12日，被告向原告提交减容申请。2015年2月25日，原告对被告专变客户进行计量检查时，发现计量装置在2014年11月12日换表接线时存在误接情况，错接线的地方是b、c相电流线反接，电表c相电压回路电压线在变压器低压接线柱因为原告负荷过载熔断接头，造成了三相有功电能表、无功电能表少计电量。2015年2月28日，原告在被告变压器低压侧新装一套三相有功表作为计量参考（简称新表），2月28日之后按新表的电量计费。2015年3月31日，原告对新旧表抄表，计算出错误接线引起的电量误差，要求被告退补自上次校验或换装投入之日起至接线错误更正之日止的误差电费。

原告提供《工作单》《用电检查结果通知书》《装拆表工作单》《修正系数计算单》《电费退补计算单》《暂停申请书》《暂停申请表》《供电方案答复通知书》证明以上起诉事实。

裁判要旨：关于原告诉称的旧表是否接线错误的问题。我国对电力行业实施严格的管理，原告作为电力生产企业，尤其在高压变伏环境下，无论拆装用电装置均由其专业技术人员实施，用电装置安装错误与否，对于外行业的人员来说无法判断，因此，仅凭原告的单方之词就认定旧表接线错误，新表接线正确有悖公平。原告认为用电装置接线错误，应当与被告共同确认，或由第三方进行共同确认。但原告诉称发现旧表接线错误的时间是2015年2月25日，其当日却没有与被告韦某某确认接线情况，同时，原告于2015年2月28日安装新表时也未与被告韦某某共同确认接线情况。原告仅要求韦某某在《上林供电公司装拆表工作单》《电能计量装置故障确认单》等确认单上签字确认，但韦某某不是被告三里第二砖厂的管理人员，其没有得到被告的授权，事后被告也没有追认其签字行为，故韦某某在全部确认单的签字均不能视为被告的真实意思表示。而且韦某某也不是专业技术人员，其签字并不能说明其理解并认可《上林供电公司装拆表工作单》《电能计量装置故障确认单》的内容。原告没有相关证据证实自2014年11月12日起旧表的接线是错误的，也没有相关证据证实2015年2月28日其安装的新表接线就是正确的。虽然2015年2月28日以后原告依照新表的计量收取电费，即使新表的读数与旧表差异较大，被告也未对新表电量电费提出异议，但在供用电合同中，供电企业当然处于强势地位，用电户处于弱势地位，被告的按时交纳电费行为并不能依此认定原告安装的旧表接线即为错误，新表接线即为正确。综上，原告诉称旧表接线错误证据不够充分。

三、风险点防范措施

（一）证据和证明责任的风险应对

前文所述，计量误差电费退补的主要风险在于取证环节，由于电能计量差错的专业性和供用电合同的特殊性，笔者认为，在对案涉纠纷进行证据链的设计时，应当充分引入公证机关、鉴定机构等第三方中立机构，以免因单方证据、单方陈述而难以得到支持。笔者对取证环节有如下几点建议。

1. 与用电人存在供用电合同关系的证据。

按前文所述，计量错误电费追补多属于合同纠纷，因此，与用电人之间的供用电合同关系是电费追补案件的基础法律关系，供电企业需证明双方的存在供用电合同关系。一般情况下，供电企业提供由供电企业和用电人签订的供用电合同即可，但是存在以下几种情况：

（1）用电人未向供电企业申请，私自过户，原用电人用电期间计量错误应予追补的。这种情况下，提供双方签订的供用电合同即可，且根据《供电营业规则》第29条的规定，用户更名或过户（依法变更用户名称或居民用户房屋变更户主），应持有关证明向供电企业提出申请。不申请办理过户手续而私自过户者，新用户应承担原用户所负债务，可以将新用户一并起诉。

（2）用电人未向供电企业申请，私自过户，难以确定计量错误期间的实际用电人。在这种情况下，应当准确认定实际用电人的变更时间点，如果实际用电人拒绝配合，供电企业可以先起诉原用电人，其作出抗辩并提供实际用电人转移的情况下，再根据诉讼过程中的实际情况另案起诉或追加实际用电人。笔者在此更倾向于另案起诉，因供电企业与实际用电人所成立的是新的供用电合同关系，与原案没有牵连，不适宜以追加的形式继续原案诉讼。

（3）没有供用电合同的，应当以计量误差期间，电费缴纳人、电费发票购买方为被告，主张双方存在事实合同关系。

（4）如没有发票、电费缴纳人的证据，应当提供证据证明用电人的主体信息和其他能够证明用电人用电事实的证据。

2. 计量误差的事实、退补期间、误差值和电费数额的证据。

（1）计量误差的事实。实践中，计量装置的检测、维修多由供电企业独立完成，虽然在程序上有要求用电人签字确认，但用电人往往会抗辩认为，用电人不了解电力，对于检修过程也不清楚，签字仅仅是应供电企业的要求签署，事实上，由于电力设施的检修具有高度的专业性，因此当用电人提出诸如此类的抗辩，极易对法官的自由心证产生影响。同时，也存在着少部分检修人员在对法人的计量装置进行检修时，未要求法人的法定代表人或由法人依法书面授权他人在现场工作记录凭证上签字，仅仅是由其法定代表人或公司内部人员自行指派一人到现场配合工作。这导致进入诉讼程序后，用电人否认签字人员的身份，而供电企业又无法提供授权文书或其他证据证明签字人员与用电人之间的关系。最终导致现场工作记录凭证未能被法院采纳作为确定案件事实的证据。因此，笔者建议，在对法人计量装置进行检修时，如果其法定代表人无法亲自到场又无法提供授权委托书的，应暂停检修，在委托公证机关到场后，再进行开箱检修，并对检修过程进行公证。

同时，如果用电人拒绝到场，根据《最高人民法院关于民事诉讼证据的若干规定》第9条的规定，已为有效公证文书所证明的事实，无须再举证证明。可以通过公证机关对现场情况、检修过程进行公证。笔者建议，对于计量误差准备提起诉讼的，尽量通过公证机关对检修过程进行公证，以防用电人以"不具备电力专业知识，仅是配合电力公司工作签字，不清楚检修情况"的抗辩理由。或者，以全程录音录像的方式对现场情况进行保全。

(2) 应退补电费的期间。由于《供电营业规则》已对退补期间进行明确的规定，因此，对于不同类型的计量误差，供电企业需要根据不同的误差类型，提供记录上次校验或换装时间、连接线投入日期，或负荷增加日期、误差期间相关抄表记录日期、失压自动记录仪的记录日期等能够证明相关事实的文件，此类文件应当经用电人签署确认，或有其他客观证据加以印证，用以证明退补期间的起始日期。

(3) 电能计量误差值。由于在司法实践中，误差值和应补电费均由供电企业根据误差类型和技术规范，计算电能计量的误差，而不论是用电人还是审理案件的法官,均难以判断供电企业所提供的计算规则是否具备真实性,一旦用电人予以否认,则该计算结果属于供电企业的单方陈述,对案件事实的证明力极低。但是,根据《民事诉讼法》第76条的规定,当事人可以就查明事实的专门性问题向人民法院申请鉴定。当事人申请鉴定的,由双方当事人协商确定具备资格的鉴定人;协商不成的,由人民法院指定。因此,在用电人拒绝认可供电企业电能计算的情况下,供电企业也有必要申请由第三方司法鉴定机构对误差电能、电费予以鉴定,来取得具有较强证明力的证据。

(4)应补电费。一般情况下,在对电能进行鉴定的同时,一般可以申请对应补电费进行鉴定。如果鉴定机构不具备价格鉴定资质的或者未对价格进行鉴定的,根据国家发改委《销售电价管理暂行办法》(发改价格〔2005〕514号)第3条的规定,销售电价实行政府定价,统一政策,分级管理。根据《中华人民共和国价格法》第3条的规定,政府定价是指依照本法规定,由政府价格主管部门或者其他有关部门,按照定价权限和范围制定的价格。因此,供电企业可以直接提供物价管理部门在计量误差期间内发布的所有电价调整文件给法院,并依此计算用电人误差期间应补电费,并将计算过程向法院说明。

3. 按照国家技术规范标准,对电能计量装置进行定期的维护和检修,在到达最大轮换周期时,应当及时对计量装置进行轮换,轮换过程同样应做好现场工作记录凭证的签字确认或进行公证。根据《供用电营业规则》第72条第3款的规定,供电企业在新装、换装及现场校验后应对用电计量装置加封,并请用户在工作凭证上签章。

(二)诉讼中的注意事项

1. 对于用电人可能对电能计量装置进行破坏、修改的,应当根据《民事诉讼法》第81条的规定,向受理案件的人民法院申请对计量装置进行证据保全。情况特别紧急的,可以在起诉前向有管辖权的人民法院申请证据保全。

2. 司法鉴定机构对电量、电费进行鉴定后，鉴定意见与供电企业起诉数额不一致的，应当根据《民事诉讼法》第 51 条、《最高人民法院关于民事诉讼证据的若干规定》第 34 条第 3 款的规定，根据鉴定意见，在举证期限届满前提出增加、变更诉讼请求的申请。

（三）供电企业决定对用户停止供电的，应当同时满足以下条件

停止供电的程序。根据《合同法》第 182 条和《电力供应与使用条例》第 39 条的规定，中止供电应当符合以下程序。

1. 逾期之日起满 30 日；该处所指"逾期"是指供电企业准确告知其应交电费后，并宽限期满 30 日。

2. 经催缴仍未支付，依照国家规定的停止供电的程序中止供电。同时，根据《供用电营业规则》第 66 条的规定，拖欠电费经通知催交仍不交者，经批准可以中止供电。依法进行催交，应保留催交证据，通过 EMS、或经公证机关公证的函件、或律师函、或通过可以体现催缴时间和催缴事实的相关录音、录像。同时，第 67 条规定，除因故中止供电外，供电企业需对用户停止供电时，应按下列程序办理停电手续：（1）应将停电的用户、原因、时间报本单位负责人批准。批准权限和程序由省电网经营企业制定；（2）在停电前三天至七天内，将停电通知书送达用户，对重要用户的停电，应将停电通知书报送同级电力管理部门；（3）在停电前 30 分钟，将停电时间再通知用户一次，方可在通知规定时间实施停电。同时，双方签订的《供用电合同》有其他约定的，应当遵守合同约定。同时，根据《供电营业规则》第 69 条的规定，引起停电或限电的原因消除后，供电企业应在三日内恢复供电。不能在三日内恢复供电的，供电企业应向用户说明原因。

【相关法律法规】

《中华人民共和国民法通则》

第九十二条 没有合法根据，取得不当利益，造成他人损失的，应当将取得的不当利益返还受损失的人。

第三章 电力营销法律风险防范

《中华人民共和国合同法》

第一百零九条 当事人一方未支付价款或者报酬的，对方可以要求其支付价款或者报酬。

第一百七十六条 供用电合同是供电人向用电人供电，用电人支付电费的合同。

第一百七十七条 供用电合同的内容包括供电的方式、质量、时间，用电容量、地址、性质，计量方式，电价、电费的结算方式，供用电设施的维护责任等条款。

第一百七十九条 供电人应当按照国家规定的供电质量标准和约定安全供电。供电人未按照国家规定的供电质量标准和约定安全供电，造成用电人损失的，应当承担损害赔偿责任。

第一百八十条 供电人因供电设施计划检修、临时检修、依法限电或者用电人违法用电等原因，需要中断供电时，应当按照国家有关规定事先通知用电人。未事先通知用电人中断供电，造成用电人损失的，应当承担损害赔偿责任。

第一百八十二条 用电人应当按照国家有关规定和当事人的约定及时交付电费。用电人逾期不交付电费的，应当按照约定支付违约金。经催告用电人在合理期限内仍不交付电费和违约金的，供电人可以按照国家规定的程序中止供电。

《中华人民共和国电力供应与使用条例》（中华人民共和国国务院令第 666 号）

第二十七条 供电企业应当按照国家核准的电价和用电计量装置的记录，向用户计收电费。用户应当按照国家批准的电价，并按照规定的期限、方式或者合同约定的办法，交付电费。

第三十四条 供电企业应当按照合同约定的数量、质量、时间、方式，合理调度和安全供电。用户应当按照合同约定的数量、条件用电，交付电费和国家规定的其他费用。

第三十九条 违反本条例第二十七条规定，逾期未交付电费的，供电企业可以从逾期之日起，每日按照电费总额的千分之一至千分之三加收违约金，具体比例由供用电双方在供用电合同中约定；自逾期之日起计算超过30日，经催交仍未交付电费的，供电企业可以按照国家规定的程序停止供电。

原电力工业部《供电营业规则》（电力工业部令第8号）

第二十九条 用户更名或过户（依法变更用户名称或居民用户变更房主），持有关证明向供电企业提出申请。供电企业应按照下列规定办理：

1. 在用电地址、用电容量、用电类别不变的情况下，允许办理更名或过户；

2. 原用户应于供电企业结清债务，才能解除原供用电关系；

3. 不申请办理过户手续而私自过户者，新用户应承担原用户所负债务。经供电企业检查发现用户私自过户时，供电企业应通知该户补办手续，必要时可终止供电。

第六十六条 在发供电系统正常情况下，供电企业应连续向用户供应电力。但是，有下列情形之一的，须经批准方可中止供电：

……

2. 拖欠电费经通知催交仍不交者；

……

第六十七条 除因故中止供电外，供电企业需对用户停止供电时，应按下列程序办理停电手续：

1. 应将停电的用户、原因、时间报本单位负责人批准。批准权限和程序由省电网经营企业制定；

2. 在停电前三至七天内，将停电通知书送达用户，对重要用户的停电，应将停电通知书报送同级电力管理部门；

3. 在停电前30分钟，将停电时间再通知用户一次，方可在通知规定时间实施停电。

第六十九条 引起停电或限电的原因消除后，供电企业应在三日内恢复供电。不能在三日内恢复供电的，供电企业应向用户说明原因。

第七十九条 供电企业必须按规定的周期校验、轮换计费电能表，并对计费电能表进行不定期检查。发现计量失常时，应查明原因。用户认为供电企业装设的计费电能表不准时，有权向供电企业提出校验申请，在用户交付验表费后，供电企业应在七天内检验，并将检验结果通知用户。如计费电能表的误差在允许范围内，验表费不退；如计费电能表的误差超出允许范围时，除退还验表费外，并应按本规则第八十条规定退补电费。用户对检验结果有异议时，可向供电企业上级计量检定机构申请检定。用户在申请验表期间，其电费仍应按期交纳，验表结果确认后，再行退补电费。

第八十条 由于计费计量的互感器、电能表的误差及其连接线电压降超出允许范围或其他非人为原因致使计量记录不准时，供电企业应按下列规定退补相应电量的电费：

1. 互感器或电能表误差超出允许范围时，以"0"误差为基准，按验证后的误差值退补电量。退补时间从上次校验或换装后投入之日起至误差更正之日止的二分之一时间计算。

2. 连接线的电压降超出允许范围时，以允许电压降为基准，按验证后实际值与允许值之差补收电量。补收时间从连接线投入或负荷增加之日起至电压降更正之日止。

3. 其他非人为原因致使计量记录不准时，以用户正常月份的用电量为基准，退补电量，退补时间按抄表记录确定。

退补期间，用户先按抄表电量如期交纳电费，误差确定后，再行退补。

第八十一条 用电计量装置接线错误、保险熔断、倍率不符等原因，使电能计量或计算出现差错时，供电企业应按下列规定退补相应电量的电费：

1. 计费计量装置接线错误的，以其实际记录的电量为基数，按正确与错误接线的差额率退补电量，退补时间从上次校验或换装投入之日起至接线错误更正之日止。

2. 电压互感器保险熔断的，按规定计算方法计算值补收相应电量的电费；无法计算的，以用户正常月份用电量为基准，按正常月与故障月的差额补收相应电量的电费，补收时间按抄表记录或按失压自动记录仪记录确定。

3. 计算电量的倍率或铭牌倍率与实际不符的，以实际倍率为基准，按正确与错误倍率的差值退补电量，退补时间以抄表记录为准确定。

第五节　向破产清算企业主张电费的法律风险防范

破产是市场经济制度中必然存在的商业风险，而破产法律制度则是规范这一商业风险、让整个破产程序规范化、债权分配合法化的必要制度。电力作为现代企业生产经营的必需品，同时，电力领域的强制缔约义务，决定了供电企业基本与所有市场主体建立供用电合同关系，因此供电企业必然面临客户企业破产、债权可能无法实现的情况。在破产程序中，如何有效地对企业拖欠电费进行催讨，也成了一项必须解决的法律风险。

一、风险点法律分析

鉴于根据《中华人民共和国企业破产法》（以下简称《企业破产法》）第2条的规定，企业法人不能清偿到期债务，并且资产不足以清偿全部债务或者明显缺乏清偿能力的，依照本法规定清理债务。作为清偿次序最末位的普通债权，几无可能全部获得清偿，因此，正确处理破产清算程序中的债权，对于供电企业的法律风险防范，具有重要意义。

（一）电费的债权类型

1. 破产申请受理前所欠电费。根据《合同法》的规定，供电企业和用户之间成立供用电合同关系，因此，供电企业对用户的电费请求权属于合同之债，而破产申请受理前所欠的电费，在《企业破产法》中属于普通债权。若用户对所欠电费提供物权担保，则供电企业根据《中华人民共和国物权法》（以下简称《物权法》）的规定，享有担保物权。

2. 破产申请受理后所欠电费。根据《企业破产法》第 41 条的规定，破产案件的诉讼费用，管理、变价和分配债务人财产的费用，管理人执行职务的费用、报酬和聘用工作人员的费用均为破产费用。第 42 条规定，因管理人或者债务人请求对方当事人履行双方均未履行完毕的合同所产生的债务，债务人财产受无因管理所产生的债务，因债务人不当得利所产生的债务，为债务人继续营业而应支付的劳动报酬和社会保险费用以及由此产生的其他债务，管理人或者相关人员执行职务致人损害所产生的债务，债务人财产致人损害所产生的债务为共益债务。

因此，根据《企业破产法》的上述规定，破产申请受理后所欠电费，应当根据其用电性质区分债权类型：（1）如果用于管理债务人财产、管理人执行职务的，应当列为破产费用；（2）如果用于履行双方均未履行完毕的合同、为债务人继续营业而产生的其他债务，属于共益债务。

（二）各类型电费债权的清偿次序

1. 根据《企业破产法》第 43 条的规定，破产费用和共益债务由债务人财产随时清偿。债务人财产不足以清偿所有破产费用和共益债务的，先行清偿破产费用。债务人财产不足以清偿所有破产费用或者共益债务的，按照比例清偿。债务人财产不足以清偿破产费用的，管理人应当提请人民法院终结破产程序。

2. 根据《企业破产法》第 113 条的规定，破产财产在优先清偿破产费用和共益债务后，依照下列顺序清偿：（1）破产人所欠职工的工资和医疗、伤残补助、抚恤费用，所欠的应当划入职工个人账户的基本养老保险、基本医疗保险费用，以及法律、行政法规规定应当支付给职工的补偿金；（2）破产人欠缴的除前项规定以外的社会保险费用和破产人所欠税款；（3）普通破产债权。破产财产不足以清偿同一顺序的清偿要求的，按照比例分配。

3. 另外，根据《物权法》第 170 条的规定，担保物权人在债务人不履行到期债务或者发生当事人约定的实现担保物权的情形，依法享有就担保财产优先受偿的权利，但法律另有规定的除外。其中包含抵押权、质权、留置权等。《企业破产法》第109条规定，对破产人的特定财产享有担保权的权利人，对该特定财产享有优先受偿的权利。

4. 担保物权和破产费用、共益债务的清偿次序。从其本质，破产费用和共益债务本身也是一种债权请求权，而担保物权作为物权的一类，从法理上应当优先于债权。同时，根据《最高人民法院关于适用〈中华人民共和国企业破产法〉若干问题的规定（二）》第3条第2款的规定，对债务人的特定财产在担保物权消灭或者实现担保物权后的剩余部分，在破产程序中可用以清偿破产费用、共益债务和其他破产债权。故担保物权应优先于破产费用、共益债务清偿。

综上所述，破产费用的清偿次序为：首先，根据《物权法》第170条、《企业破产法》第109条的规定，特定财产担保权利人对该特定财产优先受偿；其次，根据《企业破产法》第43条的规定，清偿破产费用后，再清偿共益债务；最后，根据《企业破产法》第113条的规定，按次序清偿职工的工资和医疗、伤残补助、抚恤费用，所欠的应当划入职工个人账户的基本养老保险、基本医疗保险费用，以及法律、行政法规规定应当支付给职工的补偿金；破产人欠缴的除前项规定以外的社会保险费用和破产人所欠税款和普通破产债权。

（三）破产企业电费违约金的计算

1. 根据《合同法》第182条的规定，用电人逾期不交付电费的，应当按照约定支付违约金。根据原电力工业部《供电营业规则》第98条的规定，居民用户每日按欠费总额的1‰计算违约金；其他用户当年欠费部分，每日按欠费总额的2‰计算，跨年度欠费部分，每日按欠费总额的3‰计算。电费违约金收取总额按日累加计收，总额不足1元者按1元收取。

2. 违约金的计算期间。根据《企业破产法》第46条第2款的规定，附利息的债权自破产申请受理时起停止计息。因此，破产申请受理前所欠电费，不论是作为普通债权还是已设定担保的债权，均计算利息至破产申请受理前一日。而破产申请受理后所发生的破产费用和共益债务，根据《企业破产法》第43条的规定，破产费用和共益债务由债务人财产随时清偿。同时，根据该条第 4 款的规定，债务人财产不足以清偿破产费用的，管理人应当提请人民法院终结破产程序。故破产受理后所发生的破产费用和共益债务不存在利息。

二、风险点案例分析

1. 为电费设定担保物权，获得优先受偿权。（2014 洪商初字第 00663 号）

案情简介：2012 年 3 月 20 日、2012 年 8 月 8 日，原、被告双方分别签订《高压供用电合同》《负控预购电费结算协议》各一份，双方约定由原告向被告供电，供电人按照电价管理有权部门批准的电价和用电计量装置的记录，定期向用电人结算电费。其中 2012 年 3 月 20 日合同约定：聚德公司以其所有的两台容量为 630kVA 变压器、两台容量为 1250kVA 变压器、一台容量为 1000kVA 变压器及配套 20kV 开关柜、0.4kV 开关柜抵押给泗洪供电公司作为本合同电费的担保；2012 年 8 月 8 日合同约定：聚德公司以其所有的两台容量为 630kVA 变压器、两台容量为 1000kVA 变压器、两台容量为 1250kVA 变压器及配套 20kV 开关柜、0.4kV 开关柜抵押给泗洪供电公司作为本合同电费的担保。2014 年 8 月 26 日本院裁定受理聚德公司破产一案，并指定江苏大楚律师事务所为破产管理人，因该管理人同意对该债权予以确认故原告撤回起诉，该案原告支付诉讼费 15 158.5 元。后因优先受偿权问题双方产生争议，双方因而成讼。被告辩称：关于原告主张优先权，被告认为双方虽然签订了抵押合同，但没有办理登记手续，故原告不享有优先受偿权。

裁判要旨：关于原告主张优先受偿权，因双方合同约定被告以其供电设备抵押，该抵押权自抵押合同生效时设立，故原告对抵押设备拍卖变卖款项享有优先受偿权。

2. 借款用于继续营业而应支付的劳动报酬和社会保险费用，被认定为共益债务，但共益债务不支持利息。

案情简介：2008 年 8 月 14 日，东莞金卧牛公司及其破产管理人与深圳市亿商通信息技术开发有限公司（亿商通公司的前称）签订借款协议一份，主要内容如下：（1）亿商通公司借款给东莞金卧牛公司1 000 000元整。……（2）东莞金卧牛公司只能把上述借款用于破产重整期间继续营业而应支付的劳动报酬、水电费用、安保费用和社会保险费用以及由此产生的其他费用（上列费用均为2008年5月28日以后发生的），不得挪作他用。如若东莞金卧牛公司挪作他用，亿商通公司有权随时追讨相应借款并追究东莞金卧牛公司的责任。……（3）还款期限：①在东莞金卧牛公司重整期间，东莞金卧牛公司进入正常生产6个月后，一次性清偿。②若根据人民法院的裁定，东莞金卧牛公司进入到破产清算的程序。根据《企业破产法》第42条、第43条的规定，由东莞金卧牛公司的财产随时清偿。2012年12月27日，东莞金卧牛公司破产管理人向亿商通公司出具债权审查结果通知函，对亿商通公司申报的1 000 000元债权不予确认。亿商通公司遂提起本案诉讼。东莞金卧牛公司答辩称：关于亿商通公司诉请1 000 000元借款的事实由法院认定，但东莞金卧牛公司认为该笔款项无法认定为共益债务，且根据协议约定，双方并未约定利息的支付，对亿商通公司诉请的利息应不予支持。

裁判要旨：关于该笔债务是否属共益债务问题。该笔借款系经由东莞金卧牛公司破产管理人确认且约定用于"东莞金卧牛公司破产重整期间继续营业而应支付的劳动报酬、水电费用、安保费用和社会保险费用以及由此产生的其他费用"之目的，系为维护全体权利人和破产财产利益而发生，属于《企业破产法》第42条第1款第4项规定的"为债务人继续营业而应支付的劳动报酬和社会保险费用以及由此产生的其他债务"情形，依法应当认定为东莞金卧牛公司的共益债务。同时，根据《企业破产法》第46条第2款规定"附利息的债权自破产申请受理时起停止计息"，因此，亿商通公司向破产企业东莞金卧牛公司主张借款利息，缺乏法律依据，本院不予支持。

三、风险防范措施

(一) 电费债权种类的选择

基于笔者在风险点法律分析中总结的不同债权类型的清偿次序,供电公司的电费主张不同的债权类型也将影响到用户即债务人的清偿能力。因此,在实践操作中,供电公司应当尽量争取获得根据前文所述清偿次序靠前的债权类型。

1. 根据《企业破产法》和《物权法》的规定,用户作为破产企业开始破产程序时,若在破产清算程序开始前,未提供担保的,其在破产程序开始前所发生的电费仅能作为普通债权。在用户未能支付电费的情况下,可以要求其提供担保,以保证债权的实现。但应当注意,根据《企业破产法》第31条的规定,人民法院受理破产申请前一年内,对没有财产担保的债务提供财产担保的,管理人有权请求人民法院予以撤销。因此,即便是设定担保,若法院于半年内受理该用户的破产申请,亦有可能使担保权利被撤销。

2. 关于不安抗辩权的行使。根据《合同法》第180条与《供电营业规则》第66条均赋予了供电企业在用户经催告未能按时缴纳电费的情况下,中止供电的权利,该项权利亦是《合同法》第68条所规定的不安抗辩权的具体体现。然而,电力是现代企业生产经营活动必不可少的基础能源,电费也是绝大多数企业应当发生的费用,且大多数企业不具备自我供电的能力。一旦供电企业行使不安抗辩权,中断企业供电,其必然带来企业的部分乃至全部的生产、经营活动的中断,而在许多企业确实无力偿还电费的情况下行使不安抗辩权,企业具有较大的彻底丧失偿还能力的风险。因此,对于破产申请受理前所欠电费,是要求用户提供担保,还是直接行使不安抗辩权,应当综合考虑用户的负债情况和经营状况,个别判断。

3. 关于破产申请受理后发生的电费。(1) 根据《企业破产法》第18条规定,破产申请受理前成立的但双方均未履行完毕的合同,管理人决定继续履行的，即可能继续发生电费，基于此所发生的电费，应根据《企业破产法》第42条的规定，列为共益债务。（2）部分管理人可能使用债务人办公地点履行管理人职务，在此期间因此事宜所发生的电费，应当根据《企业破产法》第41条的规定，列为破产费用。

（二）关于电费领域个别清偿的特殊规定

根据《企业破产法》第32条的规定，人民法院受理破产申请前六个月内，债务人有本法第2条第1款规定的情形，仍对个别债权人进行清偿的，管理人有权请求人民法院予以撤销。但是，个别清偿使债务人财产受益的除外。因此，原则上法律否定了个别清偿的有效性，但是，根据《最高人民法院关于适用〈中华人民共和国企业破产法〉若干问题的规定（二）》第16条的规定，债务人为维系基本生产需要而支付水费、电费等的，不属于可撤销的个别清偿行为。因此用户支付的电费不会被撤销。

（三）关于破产清算期间的撤销权和无效行为

1. 可撤销行为。

（1）根据《企业破产法》第31条和第32条的规定，人民法院受理破产申请前一年内以及在受理破产申请前六个月内，债务人有本法第2条第1款规定的情形，债务人有无偿转让财产、以明显不合理的价格进行交易的、对没有财产担保的债务提供财产担保的、对未到期的债务提前清偿的、放弃债权的，管理人可以请求人民法院予以撤销。根据《企业破产法》第64条第2款的规定，债权人认为债权人会议的决议违反法律规定，损害其利益的，可以自债权人会议作出决议之日起15日内，请求人民法院裁定撤销该决议，责令债权人会议依法重新作出决议。

（2）债权人能否履行撤销权。由于《企业破产法》第31条和第32条赋予撤销权的行使主体均为破产管理人，但是根据《最高人民法院关于适用〈中华人民共和国企业破产法〉若干问题的规定（二）》第13条的规定，债权人依旧可以根据《合同法》第74条的规定，主动行使撤销权。另外，根据《最高人民法院关于适用〈中华人民共和国企业破产法〉若干问题的规定（二）》第9条的规定，管理人因过错未依法行使撤销权导致债务人财产不当减损，债权人提起诉讼主张管理人对其损失承担相应赔偿责任的，人民法院应予支持。

2. 无效行为。

根据《企业破产法》第33条的规定，为逃避债务而隐匿、转移财产，虚构债务或者承认不真实的债务的行为无效。根据《企业破产法》第16条的规定，人民法院受理破产申请后，债务人对个别债权人的债务清偿无效。另外，根据《企业破产法》第40条关于抵销行为效力的认定，也有相关规定。

综上所述，在破产清算过程中，作为债权人的供电企业应当积极地参与审查所有债权人的债权情况并尽职责询问、调查债务人在法定期间内是否有个别清偿或转移财产等无效、可撤销行为，及时申请破产管理人行使相关权利，若破产管理人未行使撤销权或确认无效，应依法向破产受理法院提起诉讼，请求确认无效或撤销债务人的相关行为，维护供电企业的债权。

【相关法律法规】

《中华人民共和国企业破产法》

第三十一条　人民法院受理破产申请前一年内，涉及债务人财产的下列行为，管理人有权请求人民法院予以撤销：

（一）无偿转让财产的；

（二）以明显不合理的价格进行交易的；

（三）对没有财产担保的债务提供财产担保的；

（四）对未到期的债务提前清偿的；

（五）放弃债权的。

第三十二条　人民法院受理破产申请前六个月内，债务人有本法第二条第一款规定的情形，仍对个别债权人进行清偿的，管理人有权请求人民法院予以撤销。但是，个别清偿使债务人财产受益的除外。

第三十三条　涉及债务人财产的下列行为无效：

（一）为逃避债务而隐匿、转移财产的；

（二）虚构债务或者承认不真实的债务的。

第三十四条　因本法第三十一条、第三十二条或者第三十三条规定的行为而取得的债务人的财产，管理人有权追回。

第四十一条　人民法院受理破产申请后发生的下列费用，为破产费用：

（一）破产案件的诉讼费用；

（二）管理、变价和分配债务人财产的费用；

（三）管理人执行职务的费用、报酬和聘用工作人员的费用。

第四十二条　人民法院受理破产申请后发生的下列债务，为共益债务：

（一）因管理人或者债务人请求对方当事人履行双方均未履行完毕的合同所产生的债务；

（二）债务人财产受无因管理所产生的债务；

（三）因债务人不当得利所产生的债务；

（四）为债务人继续营业而应支付的劳动报酬和社会保险费用以及由此产生的其他债务；

（五）管理人或者相关人员执行职务致人损害所产生的债务；

（六）债务人财产致人损害所产生的债务。

第四十三条　破产费用和共益债务由债务人财产随时清偿。

债务人财产不足以清偿所有破产费用和共益债务的，先行清偿破产费用。

债务人财产不足以清偿所有破产费用或者共益债务的，按照比例清偿。

债务人财产不足以清偿破产费用的，管理人应当提请人民法院终结破产程序。人民法院应当自收到请求之日起十五日内裁定终结破产程序，并予以公告。

第七十五条第二款　在重整期间，债务人或者管理人为继续营业而借款的，可以为该借款设定担保。

第一百零九条　对破产人的特定财产享有担保权的权利人，对该特定财产享有优先受偿的权利。

第一百一十三条 破产财产在优先清偿破产费用和共益债务后,依照下列顺序清偿:

(一)破产人所欠职工的工资和医疗、伤残补助、抚恤费用,所欠的应当划入职工个人账户的基本养老保险、基本医疗保险费用,以及法律、行政法规规定应当支付给职工的补偿金;

(二)破产人欠缴的除前项规定以外的社会保险费用和破产人所欠税款;

(三)普通破产债权。

破产财产不足以清偿同一顺序的清偿要求的,按照比例分配。

破产企业的董事、监事和高级管理人员的工资按照该企业职工的平均工资计算。

《最高人民法院关于适用〈中华人民共和国企业破产法〉若干问题的规定(二)》

第九条 管理人依据企业破产法第三十一条和第三十二条的规定提起诉讼,请求撤销涉及债务人财产的相关行为并由相对人返还债务人财产的,人民法院应予支持。

管理人因过错未依法行使撤销权导致债务人财产不当减损,债权人提起诉讼主张管理人对其损失承担相应赔偿责任的,人民法院应予支持。

第十三条 破产申请受理后,管理人未依据企业破产法第三十一条的规定请求撤销债务人无偿转让财产、以明显不合理价格交易、放弃债权行为的,债权人依据合同法第七十四条等规定提起诉讼,请求撤销债务人上述行为并将因此追回的财产归入债务人财产的,人民法院应予受理。

相对人以债权人行使撤销权的范围超出债权人的债权抗辩的,人民法院不予支持。

第十六条 债务人对债权人进行的以下个别清偿,管理人依据企业破产法第三十二条的规定请求撤销的,人民法院不予支持:

(一)债务人为维系基本生产需要而支付水费、电费等的;

（二）债务人支付劳动报酬、人身损害赔偿金的；

（三）使债务人财产受益的其他个别清偿。

第六节 国有企业营销工作刑事法律风险防范

一、风险点法律分析

供电企业在处理营销业务过程中，除了常见的民事法律风险，也存在着一定的刑事法律风险，营销部门对外开展工作可能会有涉及以下几类罪名的风险：非法经营同类营业罪，为亲友非法牟利罪，签订、履行合同失职被骗罪，国有公司、企业、事业单位人员失职罪，国有公司、企业、事业单位人员滥用职权罪。该类罪名一个显著的特点即犯罪主体是特殊主体，都是国有公司、企业和事业单位的从业人员。刑事责任上的"特殊照顾"，也让国有公司企业的从业人员在工作中需比普通企业单位人员更为谨慎。

（一）非法经营同类营业罪

1. 本罪是指国有公司、企业的董事、经理利用职务便利，自己经营或者为他人经营与其所任职公司、企业同类的营业，谋取非法利益、数额巨大的行为。根据《公司法》第148条第4项的规定，董事、高级管理人员不得有未经股东会或者股东大会同意，利用职务便利为自己或者他人谋取属于公司的商业机会，自营或者为他人经营与所任职公司同类的业务的行为。对于担任国有公司、企业的董事、高级管理人员，不仅仅受到《公司法》忠实和勤勉义务的限制，同时受到《刑法》的约束。

2. 犯罪构成与量刑。

（1）根据《刑法》第165条的规定，本罪的犯罪主体为国有公司、企业的董事、经理。另外，关于主体的构成，存在以下两个争议：①副经理是否构成本罪，在学术上具有一定争议——有的认为根据罪刑法定原则，既然刑法条文中没有明确规定，那么应当予以排除，但笔者认为，根据《公司法》第216条的规定，高级管理人员是指公司的经理、副经理、财务负责人，上市公司董事会秘书和公司章程规定的其他人员，本罪来源于《公司法》第148条对于高级管理人员竞业禁止的限制，则应当认定副经理构成本罪，且司法实践中，已有副经理因非法经营同类营业而被定罪处罚的情形。②内部机构、分支机构负责人（如办公室主任、分公司负责人）是否构成本罪。笔者认为，应严格遵循罪刑法定原则，不应对主体进行类推解释从而认定其构成本罪，理由有二，其一，内部机构、分支机构负责人并非公司高级管理人员，其对公司整体的经营战略并没有决策权，而仅仅管理其机构的日常事务，若将其认定为犯罪主体，则属类推解释。其二，董事、经理的职权来源于《公司法》第46条、第49条的规定，其职权具有法定性，而内部机构、分支机构的职权来自于公司章程或公司内部管理规范。但是参考郑州市惠济区人民法院（2013）惠刑初字第15号刑事判决书，亦有部门经理、部门主任构成本罪的情形，笔者在此保留意见，但作为风险提示仍予写明。

（2）本罪所侵害的客体为国有公司、企业的财产权益以及国家对公司的管理制度。依照《刑法》第165条的规定，获取非法利益，数额巨大的，处3年以下有期徒刑或者拘役，并处或者单处罚金；数额特别巨大的，处3年以上7年以下有期徒刑，并处罚金。根据《最高人民检察院、公安部关于公安机关管辖的刑事案件立案追诉标准的规定（二）》[以下简称《刑事案立案追诉标准（二）》]第12条的规定，国有公司、企业的董事、经理利用职务便利，自己经营或者为他人经营与其所任职公司、企业同类的营业，获取非法利益，数额在10万元以上的，应予立案追诉。另外，根据《福建省高级人民法院、福建省人民检察院、福建省公安厅关于印发〈关于部分经济犯罪、渎职犯罪案件数额幅度及情节认定问题的座谈纪要〉的通知》（以下简称《福建省部分经济犯罪、渎职犯罪座谈纪要》）第4条的规定，对于非法经营同类营业罪，该罪的"数额巨大"，是指非法经营同类营业，获利或转嫁损失达10万元以上不满50万元；该罪的"数额特别巨大",是指非法经营同类营业,获得或转嫁损失达 50 万元以上。

(3) 本罪的主观要件为故意。

(二) 为亲友非法牟利罪

1. 本罪是指国有公司、企业、事业单位的工作人员,利用职务上的便利,违背任务,非法为亲友牟利,致国家遭受重大损失的行为。

2. 犯罪构成与量刑。

(1) 根据《刑法》第 166 条的规定,本罪的犯罪主体为国有公司、企业、事业单位的工作人员。

(2) 本罪所侵害的客体是国有公司、企业、事业单位的财产权益。《刑法》第 166 条将本罪的客观行为限定为三类:①将本单位的盈利业务交由自己的亲友进行经营的;②以明显高于市场的价格向自己的亲友经营管理的单位采购商品或者以明显低于市场的价格向自己的亲友经营管理的单位销售商品的;③向自己的亲友经营管理的单位采购不合格商品的。其中,本罪重点争议在于"亲友"的定义,普通人的一般理解,"亲友"一般是指具备血缘关系或情感关系的自然人,而现实中,"亲友"并不直接以自然人的身份经营业务、买卖商品,往往是通过注册公司的形式进行,若仅仅拘泥于文字,则造成了实际无法对此类犯罪进行有效处置的可能性,因此,多数观点认为,"亲友"既包括亲友本人,也包括与亲友有重大利益关系的单位。

根据《刑法》第 166 条的规定,使国家利益遭受重大损失的,处 3 年以下有期徒刑或者拘役,并处或者单处罚金;致使国家利益遭受特别重大损失的,处 3 年以上 7 年以下有期徒刑,并处罚金。根据《刑事案立案追诉标准(二)》第 13 条的规定:"国有公司、企业、事业单位的工作人员,利用职务便利,为亲友非法牟利,涉嫌下列情形之一的,应予立案追诉:(一)造成国家直接经济损失数额在十万元以上的;(二)使其亲友非法获利数额在二十万元以上的;(三)造成有关单位破产、停业、停产六个月以上,或者被吊销许可证和营业执照、责令关闭、撤销、解散的；（四）其他致使国家利益遭受重大损失的情形。"同时，《福建省部分经济犯罪、渎职犯罪座谈纪要》第 5 条规定，关于为亲友非法牟利罪，该罪的"重大损失"，是指致使国家利益遭受损失达 10 万元以上不满 50 万元；该罪的"特别重大损失"是指致使国家利益遭受损失达 50 万元以上。

（3）本罪的主观要件为故意。

（三）签订、履行合同失职被骗罪

1. 本罪是指国有公司、企业、事业单位的直接负责的主管人员，在签订、履行合同过程中，因严重不负责任被诈骗，致使国家利益遭受重大损失的行为。

2. 犯罪构成与量刑。

（1）根据《刑法》第 167 条的规定，本罪的犯罪主体为国有公司、企业、事业单位直接负责的主管人员。

（2）本罪所侵害的客体是国有公司、企业、事业单位的正常活动秩序和经济利益。根据《刑法》第 167 条的规定，致使国家利益遭受重大损失的，处 3 年以下有期徒刑或者拘役；致使国家利益遭受特别重大损失的，处 3 年以上 7 年以下有期徒刑。《刑事案立案追诉标准（二）》第 14 条规定："国有公司、企业、事业单位直接负责的主管人员，在签订、履行合同过程中，因严重不负责任被诈骗，涉嫌下列情形之一的，应予立案追诉：（一）造成国家直接经济损失数额在五十万元以上的；（二）造成有关单位破产，停业、停产六个月以上，或者被吊销许可证和营业执照、责令关闭、撤销、解散的；（三）其他致使国家利益遭受重大损失的情形。"《福建省部分经济犯罪、渎职犯罪座谈纪要》第 6 条规定，关于签订、履行合同失职被骗罪，该罪的"重大损失"，是指致使国家利益遭受损失达 50 万元以上不满 100 万元；该罪的"特别重大损失"，是指致使国家利益遭受损失达 100 万元以上。

（3）本罪的主观要件为过失。

（四）国有公司、企业、事业单位人员失职罪；国有公司、企业、事业单位人员滥用职权罪

1. 国有公司、企业、事业单位人员失职罪，国有公司、企业、事业单位人员滥用职权罪是指国有公司、企业、事业单位的工作人员，由于严重不负责任或者滥用职权，造成国有公司、企业、事业单位破产、严重损失，致使国家利益遭受重大损失的行为。本罪在1997年设立之初，根据《最高人民法院关于执行〈中华人民共和国刑法〉确定罪名的规定》（法释〔1997〕9号）的规定，原罪名为徇私舞弊造成破产、亏损罪。

后在《中华人民共和国刑法修正案》中，修改为："国有公司、企业的工作人员，由于严重不负责任或者滥用职权，造成国有公司、企业破产或者严重损失，致使国家利益遭受重大损失的，处三年以下有期徒刑或者拘役；致使国家利益遭受特别重大损失的，处三年以上七年以下有期徒刑。国有事业单位的工作人员有前款行为，致使国家利益遭受重大损失的，依照前款的规定处罚。""国有公司、企业、事业单位的工作人员，徇私舞弊，犯前两款罪的，依照第一款的规定从重处罚。"其修改内容主要是：（1）增加了构成本罪的主体，不再仅限于直接负责的主管人员，而包含了国有公司、企业的所有工作人员；（2）增加了事业单位的工作人员；（3）增加了结果加重条款，如致使国家遭受特别重大损失的，处3年以上7年以下有期徒刑。此后，在《最高人民法院、最高人民检察院关于执行〈中华人民共和国刑法〉确定罪名的补充规定》（法释〔2002〕7号）中，将罪名改为国有公司、企业、事业单位人员失职罪和国有公司、企业、事业单位人员滥用职权罪。

2. 犯罪构成与量刑。

（1）根据《刑法》第167条的规定，二罪的犯罪主体均为国有公司、企业、事业单位的工作人员。

（2）二罪侵害的客体都是国有公司、企业财产权益和社会主义市场经济秩序。根据《刑法》第168条的规定，造成国有公司、企业破产或者严重损失，致使国家利益遭受重大损失的，处3年以下有期徒刑或者

拘役；致使国家利益遭受特别重大损失的，处 3 年以上 7 年以下有期徒刑。

其中，国有公司、企业、事业单位人员失职罪根据《刑事案立案追诉标准（二）》第 15 条的规定，"国有公司、企业、事业单位的工作人员，严重不负责任，涉嫌下列情形之一的，应予立案追诉：（一）造成国家直接经济损失数额在五十万元以上的；（二）造成有关单位破产，停业、停产一年以上，或者被吊销许可证和营业执照、责令关闭、撤销、解散的；（三）其他致使国家利益遭受重大损失的情形。"而国有公司、企业、事业单位人员滥用职权罪根据《刑事案立案追诉标准（二）》第 16 条的规定："国有公司、企业、事业单位的工作人员，滥用职权，涉嫌下列情形之一的，应予立案追诉：（一）造成国家直接经济损失数额在三十万元以上的；（二）造成有关单位破产，停业、停产六个月以上，或者被吊销许可证和营业执照、责令关闭、撤销、解散的；（三）其他致使国家利益遭受重大损失的情形。"

根据《福建省部分经济犯罪、渎职犯罪座谈纪要》第 7 条的规定，徇私舞弊造成破产、亏损罪（现已改为"国有公司、企业、事业单位人员失职罪"和"国有公司、企业、事业单位人员滥用职权罪"），该罪严重不负责任的"重大损失"，是指致使国家利益遭受损失达 50 万元以上不满 100 万元的；滥用职权的"重大损失"，是指致使国家利益遭受损失30 万元以上不满 100 万元的；该罪的"特别重大损失"，是指致使国家利益遭受损失达 100 万元以上的。

（3）犯罪的主观要件上，国有公司、企业、事业单位人员失职罪属于过失犯罪，国有公司、企业、事业单位人员滥用职权罪属于故意犯罪。

（五）法律、司法解释适用问题

本篇所涉及的《刑事案立案追诉标准（二）》虽然是最高人民检察院、公安部颁布的文件，但是经由《最高人民法院关于在经济犯罪审判中参照适用〈最高人民检察院、公安部关于公安机关管辖的刑事案件立案追诉标准的规定（二）〉的通知》第一条的规定，最高人民法院对相关经济犯罪的定罪量刑标准没有规定的，人民法院在审理经济犯罪案件时，可以参照适用该标准的规定。同时，相关罪名各省高级人民法院和各省级人民检察院均按本省实际情况作出规定，本篇主要参考《福建省部分经济犯罪、渎职犯罪座谈纪要》。

二、风险点案例分析

1. 公司不具备该类营业的资质，副经理是否可能构成非法经营同类营业罪。（2014 余刑二终字第 12 号）

案情简介：二审法院认定，2006 年 10 月至 2009 年 12 月，邱某某担任渝水区供电公司副经理，分管用电、营销、亿隆公司等工作。2008 年 10 月 25 日，渝水区供电公司以亿隆公司的名义，与新余市渝水区仙来办事处（下称仙来办）就仙来办安装工程达成一致意见，并签订《协议书》。二日后，渝水区供电公司因担心工程款的结算问题，决定将仙来办安装工程转包给其他单位施工，渝水区供电公司不收取利润，适当收取验收费，由承建单位自己负责与政府结算工程款。邱某某将该决定告知刘一某，提出私下一起承接仙来办安装工程，刘一某表示同意，并邀集罗二某（时任渝水区供电公司经理）参股，三人共同承接。其后，由被告人邱某某组织施工，刘一某负责日常管理。至 2009 年 1 月 20 日，工程款 6 500 000 元已全部结清，邱某某、刘一某、罗二某共获取纯利 2 400 000 元，其中邱某某、刘一某各得 900 000 元，罗二某得 600 000 元。

裁判要旨：原判认为，邱某某系国有公司的管理人员，在担任渝水区供电公司副经理期间，伙同公司经理罗二某等人，利用职务便利，经营公司同类营业，获取非法利益价值人民币 2 400 000 元（个人实得 900 000 元），数额特别巨大，其行为已构成非法经营同类营业罪。首先，从渝水区供电公司营业执照及公司章程确定的经营范围和实际经营来看，该公司有电力安装的业务，只是需要获得有关资质或许可证。检察机关虽未提供该公司已获得相关资质或许可证的证据，但渝水区供电公司未获得相关资质或许可证而承接电力安装工程的后果是应承担相应的民事或行政责任，而不能由此认定其没有电力安装的经营范围。其次，同案人罗二某、邱某某当时分别任渝水区供电公司的经理和副经理，具有非法经营同类营业罪的主体身份。再次，邱某某等人能够私自承接仙来办安置小区一期的电力安装业务并顺利施工、结算工程款利用了其职务便利。亿隆公司虽然与渝水区供电公司在形式上是各自独立的企业法人，但从亿隆公司的人、财、物的管理以及业务承接等实际运营来看，其完全被区供电公司控制，与渝水区供电公司的一个下属部门无异。在渝水区供电公司班子会议讨论决定亿隆公司不做该工程后，邱某某利用掌握的信息便利，与刘一某合谋，并获得罗二某的默认，决定私自承接该工程，遂由刘一某以亿隆公司经理的身份冒用亿隆公司之名义而继续施工，并以亿隆公司的名义发函给仙来办要之与其他公司结算工程款，自始至终未将实情告知仙来办，令仙来办误以为是亿隆公司完成了施工。因此，可以认定邱某某等人利用了职务便利。故邱某某等人的行为已完全齐备了非法经营同类营业罪的所有犯罪构成要件，应以本罪论处，最终被判处有期徒刑 3 年，并处罚金人民币 200 000 元。

本案的争议点在于，被告人邱某某作为供电公司的副经理，在供电公司本身并没有电力安装的资质和许可的情况下，在了解到渝水区供电公司班子会议讨论决定亿隆公司不做该工程后，邱某某利用掌握的信息便利，与刘一某合谋，并获得罗二某的默认，私自承接该工程。故其本质上，仍系利用其担任供电公司副经理的职务之便，经营同类营业，实际上也侵害国有公司、企业的财产权益以及国家对公司的管理制度，并依此获利，故法院仍然认定其构成非法经营同类营业罪。

2. 为亲友非法牟利罪与贪污罪的辨析。（2015 珠中法刑二初字第 12 号）

案情简介：从 2002 年开始，被告人陶某某作为国有企业深圳技开公司、中油器材公司、青岛实业公司的实际主管领导，一方面利用国有企业公司的名义从胜利油田获得巨额采油原料器材的供货合同和事先预支货款的特殊关照；另一方面利用职务之便安排其胞弟陶甲控制的深圳胜联、深圳市中晟进出口有限公司、深圳骏通、深圳市博浩生物技术有限公司、日照鹏胜石油科技有限公司五家壳公司参与国有企业与货源供应厂商之间的交易环节，使得其胞弟陶甲控制的五家壳公司赚取巨额交易利润，造成国有企业经营利润的重大损失。经司法会计鉴定，被告人陶某某安排其胞弟陶甲控制的五家壳公司通过介入中间贸易环节共计获利 29 487 600.98 元。

裁判要旨：贪污罪与为亲友非法牟利罪均属于国家工作人员利用职务便利实施的化公为私、损公肥私型犯罪。为亲友非法牟利罪在客观方面有多种表现形式，容易与贪污罪发生定性之争的主要是国有公司人员利用职务便利将其亲友或亲友经营管理的单位设置为国有公司购销活动的中介，使亲友从中牟取非法利益的行为。此种情形如何定性可以从两个方面考察，一是考察非法获利者即亲友是否实施一定的经营行为。为亲友非法牟利罪中亲友必须付出一定的经营性劳动，这是获取非法利益的客观基础。如在国有公司购销活动中通过实施一定经营行为获取非法利润，一般认定为为亲友非法牟利罪；而借从事经营活动之名，行侵吞公共财物之实则应认定为贪污罪。二是考察非法获利者即亲友取得的是否属于实施经营行为的利润。为亲友非法牟利罪获取的是基于经营行为产生的利润，尽管经常表现为明显超出市场价格的暴利，但一般而言利润通常受到市场规律的制约，在一般社会观念上有一定的数额限度。如在国有公司购销活动中参与介绍货源或买家等行为，但从国有公司获取的已绝非从事经营行为之"利润"或从事中介活动之"报酬"，其非法所得与行为时的相应市价或报酬水平明显背离，以致达到了社会一般观念普遍不能认同为"利润"或"报酬"的程度，此种行为的实质不再是赚取非法利润，而是借参与国有公司购销活动之机，行取公共财物之实，此种情形应认定贪污罪。概言之，为亲友非法牟利罪以国有公司工作人员利用职务便利让亲友实施一定的经营行为赚取非法利润为特征；贪污罪则以直接让亲友非法占有公共财物为特征。

由此可见，被告人陶某某行为的定性，关键在于陶甲是否付出经营性劳动、如付出经营性劳动而获取的是否为合理利润。作为购销活动的中间商所实施的经营行为主要就是联系货源和买家，由于五家公司销售对象基本上是陶某某管理的深圳技开等国有公司，故在联系买家方面陶甲无须付出经营性劳动。但是，证明五家公司销售利润的鉴定意见仅反映部分货物的具体购销路径，仅查明一些货源厂家和买家，并查明当中部分具有陶甲参与贸易环节的非必要性，而其他货源既无法认定陶某某已掌握信息并利用职务便利让陶甲参与交易，亦无法排除陶甲参与联系货源、付出经营性劳动的可能，且因未能查明具体购销路径而无法确定利润数额，该部分宜认定为为亲友非法牟利罪。

本案判决中表述了为亲友非法牟利罪与贪污罪的罪名辨析，法院认定，为亲友非法牟利罪关键在于行为人是否付出经营性劳动，如付出经营性劳动，则仍要判断获取的是否为合理利润。本案中，控方提供的证据仅能证明部分内容没有付出经营性劳动，其他的部分无法排除系由陶甲参与联系货源、付出经营性劳动的可能，亦因未能查明具体购销路径而无法确定利润数额，所以该部分认定为为亲友非法牟利罪。

3. 未审查合同主体签订财务顾问服务协议，被他人骗取巨款致使国家利益遭受了特别重大的损失，被认定构成签订、履行合同失职被骗罪。(2016 内 0402 刑初 77 号)

案情简介：被告人董某某在担任内蒙古自治区国土资源储备交易登记中心主任期间，于 2012 年 6 月至 2013 年 6 月，在与兴业银行呼和浩特分行办理贷款业务过程中，严重不负责任，不经审查、核实便与"庆云沃森财务咨询管理有限公司"签订财务顾问服务协议，被王某某（因犯合同诈骗罪另案处理）以收取财务顾问服务费的名义骗取资金 1700 万元。案发后，侦查机关追缴赃款、赃物合计人民币 1396.58619 万元。

裁判要旨：本院认为，被告人董某某身为国有事业单位直接负责的主管人员，在签订、履行合同过程中严重不负责任，被他人骗取 1700 万元，致使国家利益遭受了特别重大的损失，其行为已经构成签订、履行合同失职被骗罪。本院认为，董某某作为内蒙古自治区国土资源厅国土资源储备交易登记中心主任，属于事业单位直接负责的主管人员，对合同的成立拥有最终决定权，有责任对合同进行必要的审查，而被告人董某某却严重不负责任，未向兴业银行进行核实，致使内蒙古自治区国土资源厅国土资源储备交易登记中心被骗取 1700 万元，应当承担相应刑事责任。公诉机关指控被告人董某某犯签订、履行合同失职被骗罪的犯罪事实清楚，证据确实充分，本院予以采纳，判决被告人董某某犯签订、履行合同失职被骗罪，判处有期徒刑 3 年零 6 个月。

本案中，被告人董某某作为内蒙古自治区国土资源储备交易登记中心主任，属于事业单位直接负责的主管人员，符合主体身份。其次，其作为负责人，对合同的成立拥有最终决定权，应当尽合同审查义务，但其未履行合同审查义务，失职被骗，造成重大损失，依法构成签订、履行合同失职被骗罪。

4. 供电所工作人员用估录的方式将用户用电量数据录入电力营销系统，供电公司少收电费，造成严重损失，依法被认定构成国有企业人员失职罪。（2015 黔六中刑三终字第 00107 号）

案情简介： 被告人余某某系盘县供电局（属全民所有制企业）职工，2007 年 1 月调入红果供电所工作，担任红果供电所抄表员职务，先后负责红果片区专变用户电表抄录及所有专变的数据整理和营销系统录入等工作，期间，其不到现场实际抄电表数据或者对他人协助抄来的真实数据进行涂改，用估录的方式将数据录入电力营销系统，导致张某某、胜境化建公司（磷肥厂水泵房用电）、六盘水红果开发区红果西富矸石砖厂、盘县工商局锦泰花园（尚品国际房地产）、六盘水恒鼎实业有限公司、翰林苑（房地产公变）、顾阳富、盘县公安局消防大队、水厂（化工厂水泵房）、万豪水艺会所（娱乐）、金华大酒店、红果大酒店、兴凯花园酒店共 13 户专变用户少交电费，给盘县供电局造成经济损失人民币 11 203 751 元。现张某某、胜境化建公司（磷肥厂水泵房用电）、盘县工商局锦泰花园（尚品国际房地产）、六盘水恒鼎实业有限公司、翰林苑（房地产公变）、顾某某、水厂（化工厂水泵房）7 户专变用户已补交全部电费，共计 1 371 475.64 元;万豪水艺会所（娱乐）及金华大酒店已就补交电费事宜达成协议，涉及电费金额共计 6 941 142.12 元，已补交电费 316 711.4 元;

盘县公安消防大队及兴凯花园已补交电费 360 000.35 元，未缴纳电费为 1 093 504.36 元；六盘水红果开发区西富矸石砖厂及红果大酒店未补交电费，涉及电费金额共计 1 437 628.62 元。

裁判要旨：经审理查明，原审判决认定上诉人余某某在担任盘县供电局红果供电所抄表员职务期间，在负责的红果片区专变用户电表抄录工作过程中，严重不负责任，不到现场实际抄电表数据或者对他人协助抄来的真实数据进行涂改，随意估计用电数据录入电力营销系统，使专变用户少交电费，给盘县供电局造成人民币 11 203 751 元经济损失的犯罪事实清楚。关于上诉人余某某所提"对部分专变用户已达成协议或交清的电费不应计入犯罪数额"的上诉理由，经查，在本案案发后，部分专变用户才与盘县供电局就少缴费用达成协议或补缴，该部分电费应计入犯罪数额，故其所提此上诉理由不成立，本院不予采纳。

本案系供电公司营销业务处置过程中，可能涉嫌的风险罪名，其行为模式不仅包含如案例中所体现的工作人员以"估录的方式将数据录入电力营销系统"，同时也包含了各类因违反规程、重大过失而导致的电能计量错误，造成公司损失的情况。

5. 货物未入库，出具收货证明，造成货款被骗，依法构成国有公司、企业、事业单位人员滥用职权罪。（2014 兖刑初字第 150 号）

案情简介：经审理查明，山东省二〇一处为国有企业，被告人冯某某作为山东省二〇一处的副经理，从 2003 年至今一直分管山东省二〇一处的仓储保管业务工作。2008 年 4 月份，山东省二〇一处与安徽安粮国际发展股份有限公司签订货物仓储保管合同，合同约定：山东省二〇一处向安徽安粮国际发展股份有限公司提供仓储服务，保管安徽安粮国际发展股份有限公司从邹城宏利纸品有限公司购买的成品纸，邹城宏利纸品有限公司分批将成品纸送往山东省二〇一处，山东省二〇一处经清点入库后再向安徽安粮国际发展股份有限公司出具正式已收到货物的仓单。2008 年 6 月，被告人冯某某应邹城宏利纸品有限公司法人代表潘某某的要求，在成品纸未实际入库的情况下，于 2008 年 6 月 6 日、6 月 10 日以山东省二〇一处的名义向邹城宏利纸品有限公司出具了两份证实已收到成品纸的仓单，潘某某以该两份仓单从安徽安粮国际发展股份有限公司领走货款343万余元。了解实际情况后，安徽安粮国际发展股份有限公司于2010年8月2日向安徽省合肥市中级人民法院提起诉讼，要求山东省二〇一处赔偿其经济损失343万余元。2011年2月，经安徽省高级人民法院终审判决，山东省二〇一处应当赔偿安徽安粮国际发展股份有限公司343万余元的货款损失。2013年1月，经山东省物资集团总公司协调，山东省华源经贸有限公司代山东省二〇一处向安徽安粮国际发展股份有限公司赔偿货款损失305万元，安徽安粮国际发展股份有限公司将其公司对山东省二〇一处的债权转移给山东省华源经贸有限公司。

裁判要旨： 被告人冯某某作为国有企业工作人员，滥用职权，使国家利益遭受重大损失，其行为已经构成国有企业人员滥用职权罪，判决如下：被告人冯某某犯国有企业单位人员滥用职权罪，判处有期徒刑3年，缓刑4年。

本案中，被告人冯某某作为国有企业工作人员，违规在成品纸未实际入库的情况下，向邹城宏利纸品有限公司出具收货证明，造成损失343万余元，依法构成国有公司、企业、事业单位人员滥用职权罪。

【相关法律法规】

《中华人民共和国刑法》

第一百六十五条　国有公司、企业的董事、经理利用职务便利，自己经营或者为他人经营与其所任职公司、企业同类的营业，获取非法利益，数额巨大的，处三年以下有期徒刑或者拘役，并处或者单处罚金；数额特别巨大的，处三年以上七年以下有期徒刑，并处罚金。

第一百六十六条　国有公司、企业、事业单位的工作人员，利用职务便利，有下列情形之一，使国家利益遭受重大损失的，处三年以下有期徒刑或者拘役，并处或者单处罚金；致使国家利益遭受特别重大损失的，处三年以上七年以下有期徒刑，并处罚金：

（一）将本单位的盈利业务交由自己的亲友进行经营的；

（二）以明显高于市场的价格向自己的亲友经营管理的单位采购商品或者以明显低于市场的价格向自己的亲友经营管理的单位销售商品的；

（三）向自己的亲友经营管理的单位采购不合格商品的。

第一百六十七条 国有公司、企业、事业单位直接负责的主管人员，在签订、履行合同过程中，因严重不负责任被诈骗，致使国家利益遭受重大损失的，处三年以下有期徒刑或者拘役；致使国家利益遭受特别重大损失的，处三年以上七年以下有期徒刑。

第一百六十八条 国有公司、企业的工作人员，由于严重不负责任或者滥用职权，造成国有公司、企业破产或者严重损失，致使国家利益遭受重大损失的，处三年以下有期徒刑或者拘役；致使国家利益遭受特别重大损失的，处三年以上七年以下有期徒刑。

国有事业单位的工作人员有前款行为，致使国家利益遭受重大损失的，依照前款的规定处罚。

国有公司、企业、事业单位的工作人员，徇私舞弊，犯前两款罪的，依照第一款的规定从重处罚。

第四章

安全隐患法律风险防范

第一节 供电企业触电人身损害赔偿责任诉讼风险防范

随着1987年1月1日《民法通则》正式实施以来，人身损害赔偿责任纠纷中的高危、高压致害领域一直被列入无过错责任的范围内。县级供电企业作为供电主体，对其运营、管理的高压线路造成的人身损害，需要对损害结果承担无过错责任。因此，在司法实践中，供电企业面临着极大的诉讼风险，承担较重的举证责任。本章节笔者在此就触电人身损害赔偿责任纠纷案件中的一些法律风险进行针对性论述。

一、风险点法律分析

（一）侵权主体的确定

根据《侵权责任法》第73条的规定，从事高空、高压、地下挖掘活动或者使用高速轨道运输工具造成他人损害的，经营者应当承担侵权责任。因此，如何定义"经营者"，关系到能否准确认定高压电力设施侵权责任的承担主体。

首先，根据《最高人民法院关于审理触电人身损害赔偿案件若干问题的解释》（已废止）第2条的规定，因高压电造成人身损害的案件，由电力设施产权人依照《民法通则》第123条的规定承担民事责任。但对因高压电引起的人身损害是由多个原因造成的，按照致害人的行为与损害结果之间的原因力确定各自的责任。致害人的行为是损害后果发生的主要原因，应当承担主要责任；致害人的行为是损害后果发生的非主要原因，则承担相应的责任。因此，在已废止的司法解释中，明确致害人为电力设施产权人。

其次，根据《供电营业规则》第 51 条的规定，在供电设施上发生事故引起的法律责任，按供电设施产权归属确定。产权归属于谁，谁就承担其拥有的供电设施上发生事故引起的法律责任。但产权所有者不承担受害者因违反安全或其他规章制度，擅自进入供电设施非安全区域内而发生事故引起的法律责任，以及在委托维护的供电设施上，因代理方维护不当所发生事故引起的法律责任。因此，在一般的司法实践中，经营者应认定为电力设施产权人。同时，其作为电力设施的产权人，亦对电力设施的使用和维护负有义务。但根据《最高人民法院关于裁判文书引用法律、法规等规范性法律文件的规定》（法释〔2009〕14 号）第 4 条的规定，民事裁判文书应当引用法律、法律解释或者司法解释。对于应当适用的行政法规、地方性法规或者自治条例和单行条例，可以直接引用。第 6 条规定，对于本规定第 3 条、第 4 条、第 5 条规定之外的规范性文件，根据审理案件的需要，经审查认定为合法有效的，可以作为裁判说理的依据。因此，《供电营业规则》作为部门规章，仅可作为裁判说理的依据，不能直接引用。

再次，参考《福建省高级人民法院关于审理触电人身损害赔偿纠纷案件若干问题的解答》（闽高法〔2015〕17 号）第 3 条也确定了高压设备权属的推定规则：通常认为，在发电企业内部的高压设备造成损害的，作为责任主体的经营者就是发电企业，高压输电线路造成损害的，作为责任主体的经营者就是供电公司，在工厂内运用高压电能进行生产经营活动造成损害的，责任主体就是该工厂的经营者。因此，高压活动的经营者是指从事高压电能生产、经营、提供服务或运用高压电能进行生产经营活动的人。笔者认为，这里的"通常认为"，应当视为在无法明确高压设备权属下建立的推定规则,其依据于《最高人民法院关于民事诉讼证据的若干规定》第9条的规定,即"根据日常生活经验法则,能推定出的另一事实无需举证证明",例如,发电企业对其内部的高压设备、供电企业对高压输电线路、工厂内部对其运用的高压输电及用电设备,可以根据该规范性文件推定高压设备权属。

综上所述,《最高人民法院关于审理触电人身损害赔偿案件若干问题的解释》虽已由《最高人民法院关于废止1997年7月1日至2011年12月31日期间发布的部分司法解释和司法解释性质文件(第十批)的决定》予以废止,但据内容所述,系与《最高人民法院关于审理人身损害赔偿案件适用法律若干问题的解释》(以下简称为《审理人身损害赔偿案件司法解释》)相冲突,且原司法解释废止后,新司法解释并未对触电人身损害赔偿的责任主体进行重新界定,亦无新法予以取代,同时又有电力部《供电营业规则》作为参考,因此,笔者认为,触电人身损害赔偿责任主体仍可参考原司法解释所述,由电力设施产权人作为《侵权责任法》第73条所述"经营者",承担民事责任。

(二)侵权责任构成

触电人身损害赔偿责任属于侵权之债,责任承担方应承担侵权责任。构成侵权责任的,应当具备侵权四要件,即:违法行为、损害结果、因果关系与过错。而在《侵权责任法》第九章"高度危险责任"中,多采用无过错责任与过错推定责任,根据《侵权责任法》第73条所述,从事高空、高压、地下挖掘活动或者使用高速轨道运输工具造成他人损害的,经营者应当承担侵权责任,但能够证明损害是因受害人故意或者不可抗力造成的,不承担责任。被侵权人对损害的发生有过失的,可以减轻经营者的责任。因此,对于触电人身损害,经营者应承担无过错责任。

1. 违法行为。

根据高度危险责任侵权的理论,高度危险责任的侵权行为是"高度危险作业",而高度危险作业具有以下特征:(1)利用现代科学技术手段所从事的一种活动;(2)对于危险作业人和作业物以外的、处于该危险作业及其所产生事故可能危及范围内的一切人和物的安全构成严重威胁的作业；(3) 按照现有技术发展水平，人们还不能完全控制和有效防治致损风险。因此，人们在从事这类作业时，即使尽到现有技术水平所能达到的高度谨慎和勤勉义务，仍不能避免致人损害的事故发生。对于供电企业而言，供用、输送高压电力本身就具有高度危险性，因此，在《民法通则》和《侵权责任法》中，均将其确定为高度危险责任。供电企业需对此承担无过错责任。

另外，应准确界定《民法通则》与《侵权责任法》中的"高压"。首先，根据《最高人民法院关于审理触电人身损害赔偿案件若干问题的解释》（已废止）第1条的规定，《民法通则》第123条所规定的"高压"包括1千伏（kV）及其以上电压等级的高压电；1千伏（kV）以下电压等级为非高压电。虽然该司法解释已废止，但由于新的司法解释中未对"高压"进行定义，因此司法实践中仍采用以1千伏为界限，区分高、低压。其次，根据原电力工业部《供电营业规则》第6条的规定，低压供电单相为220伏，三相为380伏；高压供电为10千伏、35（63）千伏、110千伏、220千伏。另参考《电力安全工作国家标准》（GB 26859—2011）第3.1条、第3.2条的规定，低（电）压为用于配电的交流电力系统中1000V及其以下的电压等级；高（电）压通常指超过低压的电压等级。因此，实践中高、低压的分界一般按1千伏予以界定。再次，现实中存在一个变压器中多个不同电压的出线口，应当明确受害人是基于哪一处出线端造成损害结果，如果双方均无法证明受害人是否为高压致害，则因受害人应对侵权行为与因果关系承担举证不能的责任，推定为低压致害，供电企业承担过错责任。

2. 损害结果：即造成被侵权人的生命、健康或财产损失。

我国对于人身损害损失数额的确定，一般根据《侵权责任法》和《审理人身损害赔偿案件司法解释》两部法律和司法解释确定。而对于造成财产损失的，一般以损失财产的数额确认损失总额，如果无法确定损毁物价值的，则通过司法鉴定机构鉴定意见确定，较为简单，笔者在本文中主要整理人身损害结果的数额确认。根据《侵权责任法》第16条的规定，侵害他人造成人身损害的，应当赔偿医疗费、护理费、交通费等为治疗和康复支出的合理费用，以及因误工减少的收入。造成残疾的，还应当赔偿残疾生活辅助具费和残疾赔偿金。造成死亡的，还应当赔偿丧葬费和死亡赔偿金。同时，第17条规定，因同一侵权行为造成多人死亡的，可以以相同数额确定死亡赔偿金。《审理人身损害赔偿案件司法解释》第17条所规定的项目则包含：医疗费、误工费、护理费、交通费、住宿费、住院伙食补助费、必要的营养费。受害人因伤致残的，还应赔偿残疾赔偿金、残疾辅助器具费、被扶养人生活费，以及因康复护理、继续治疗实际发生的必要的康复费、护理费、后续治疗费。受害人死亡的，除应当根据抢救治疗情况赔偿本条第一款规定的相关费用外，还应当赔偿丧葬费、被扶养人生活费、死亡补偿费以及受害人亲属办理丧葬事宜支出的交通费、住宿费和误工损失等其他合理费用。以下就各项赔偿费用结合《审理人身损害赔偿案件司法解释》第19条至第29条的规定及司法实践予以说明。

（1）医疗费：医疗费用应为一审法庭辩论终结前实际发生的数额，应当根据医疗机构出具的收款凭证，并结合病历和诊断证明确定。若赔偿义务人对治疗的必要性和合理性存在异议的，应当承担举证责任。但是对于医疗机构证明、司法鉴定意见认定必然发生的康复费、适当的整容费以及后续治疗费，可以一并赔偿。

（2）误工费：误工费应计算至定残日前一天，受害人无固定收入的，按其最近三年平均收入计算，受害人不能证明最近三年平均收入情况的，参照受诉法院所在地相同或相近行业上一年度职工的平均工资计算。

（3）护理费：护理人员有收入的，按误工费计算；没有收入或者雇用护工的，参照当地护工从事同等级别护理的劳务报酬标准计算。护理人员原则上为一人，但医疗机构或者鉴定机构有明确意见的，可以参照确定护理人员人数。护理期限应经司法鉴定，但最长不超过20年。

（4）交通费：根据法律、司法解释规定，交通费应当以正式票据为凭；有关凭据应当与就医地点、时间、人数、次数相符合。但是在实践中，由于存在多种多样的交通运输方式，并非每一种方式都能取得正式票据，而此项支出多是必然发生的，因此在受害人或其家属无法提供正式发票的情况下，司法实践中一般会根据受害人数量、伤残程度、就医地点、家庭住址等情况予以酌定。

（5）住院伙食补助费：参照当地国家机关一般工作人员的出差伙食补助标准予以确定。同时，受害人确有必要到外地治疗，因客观原因不能住院，受害人本人及其陪护人员实际发生的住宿费和伙食费，其合理部分应予赔偿。

（6）营养费：营养费一般应根据医疗机构的意见确定。但多数医疗机构并未给出具体意见，或者仅仅在医疗记录上注明"加强营养"，实践中亦有部分法院根据医疗费，酌定予以一定的营养费。如泉州市中级人民法院《全市法院民一庭庭长座谈会纪要》中载明："可以考虑在医疗费的5%～15%的幅度之间酌处，且最高不宜超过一万元。"

（7）残疾赔偿金：应当根据司法鉴定确定的伤残等级，按照受诉法院所在地上一年度城镇居民人均可支配收入或者农村居民人均纯收入标准，自定残之日起按20年计算。但60周岁以上的，年龄每增加一岁减少一年；75周岁以上的，按5年计算。对于受害人因伤致残但实际收入没有减少，或者伤残等级较轻但造成职业妨害严重影响其劳动就业的，可以对残疾赔偿金作相应调整。

（8）残疾辅助器具费：按照普通适用器具的合理费用标准计算。伤情有特殊需要的，可以参照辅助器具配制机构的意见确定相应的合理费用标准。辅助器具的更换周期和赔偿期限参照配制机构的意见确定。

（9）被扶养人生活费：根据扶养人丧失劳动能力程度，按照受诉法院所在地上一年度城镇居民人均消费性支出和农村居民人均年生活消费支出标准计算。被扶养人为未成年人的，计算至18周岁；被扶养人无劳动能力又无其他生活来源的，计算20年。但60周岁以上的，年龄每增加一岁减少一年；75周岁以上的，按5年计算。同时，被扶养人是指受害人依法应当承担扶养义务的未成年人或者丧失劳动能力又无其他生活来源的成年近亲属。被扶养人还有其他扶养人的，赔偿义务人只赔偿受害人依法应当负担的部分。被扶养人有数人的，年赔偿总额累计不超过上一年度城镇居民人均消费性支出额或者农村居民人均年生活消费支出额。

（10）如被侵权人死亡的，还应赔偿丧葬费和死亡赔偿金，其中丧葬费按照受诉法院所在地上一年度职工月平均工资标准，以6个月总额计算。死亡赔偿金按照受诉法院所在地上一年度城镇居民人均可支配收入或者农村居民人均纯收入标准，按20年计算。但60周岁以上的，年龄每增加一岁减少一年；75周岁以上的，按5年计算。

（11）另外，精神损害抚慰金在实践中存在一定争议，同时根据不同的案件类型也存在着不同的认定方法。在民事侵权案件中，根据《审理人身损害赔偿案件司法解释》第18条的规定，受害人或者死者近亲属遭受精神损害，赔偿权利人向人民法院请求赔偿精神损害抚慰金的，适用《最高人民法院关于确定民事侵权精神损害赔偿责任若干问题的解释》予以确定。而根据《最高人民法院关于确定民事侵权精神损害赔偿责任若干问题的解释》第9条的规定，精神损害抚慰金所包括的方式即包含了残疾赔偿金和死亡赔偿金。也就从法律上确立了精神损害抚慰金与残疾赔偿金、死亡赔偿金的同一性，受害人主张残疾赔偿金或受害人家属主张死亡赔偿金的情况下，就无法另行主张精神损害抚慰金。然而从残疾赔偿金、死亡赔偿金的计算方式和结构上，实际上两项赔偿金均是建立在受害人因受伤、死亡所导致的收入减少，而非对于受害人、受害人家属精神创伤的补偿。因此，在司法实践中，大多数法院已改变了原司法解释对精神损害抚慰金的理解。一定金额范围内，也支持受害人、受害人家属另行主张精神损害抚慰金。但是，在刑事附带民事诉讼案件中，根据《刑事诉讼法》第101条的规定，人民法院审理附带民事诉讼案件，可以进行调解，或者根据物质损失情况作出判决、裁定。同时，《最高人民法院关于适用中华人民共和国刑事诉讼法的解释》第138条第2款规定，因受到犯罪侵犯，提起附带民事诉讼或者单独提起民事诉讼要求赔偿精神损失的，人民法院不予受理。因此，在刑事附带民事诉讼案件中，否定了受害人（刑事案件中的被害人）及其亲属对精神损害抚慰金的主张，但亦有部分地区法院作出突破性判决，在刑事附带民事诉讼案件中支持精神损害抚慰金的主张，但这类判决是否存在适用法律错误的情形，笔者在此持保留意见。

3. 因果关系。

由于高压电力的特殊性，《侵权责任法》中所规定的高压活动造成他人损害的，经营者应当承担侵权责任。因此，在《侵权责任法》中，把因果关系界定在高压活动与损害结果之间。而后面的高压经营者和无过错责任的责任认定方式，又让高压活动本身的范围包含了正常的输电、供电和用电活动。因此，在现行法律下，受害者只要能够证明其损害是由供电企业或第三人的电力设施直接造成的，即可认定高压活动与损害结果之间存在因果关系。若能够证明有第三方原因力介入，则法院可根据原因力大小和各方的过错程度，对责任进行分配。

4. 过错。

过错包含两类：（1）过错责任，即行为人存在过错，方认定构成侵权，其中包含过错责任和过错推定责任（即侵权人应举证证明自己无过错）；（2）无过错责任，即行为人无论是否存在过错，均构成侵权，应承担侵权责任。触电人身损害赔偿责任中，根据《民法通则》第123条的规定，从事高空、高压、易燃、易爆、剧毒、放射性、高速运输工具等对周围环境有高度危险的作业造成他人损害的，应当承担民事责任；如果能够证明损害是由受害人故意造成的，不承担民事责任。《侵权责任法》第73条规定，从事高空、高压、地下挖掘活动或者使用高速轨道运输工具造成他人损害的，经营者应当承担侵权责任，但能够证明损害是因受害人故意或者不可抗力造成的，不承担责任。被侵权人对损害的发生有过失的，可以减轻经营者的责任。通过以上两部法律可以看出，自1987年《民法通则》实施以来，对于高压领域一直采用无过错责任，除非供电企业能够证明受害人故意。而在2007年实施的《侵权责任法》中，增加供电企业的不可抗力免责和基于受害人的故意、过失行为免除或减轻经营者责任的条款，但供电企业仍对免责事由承担举证责任。笔者将在后文对于因果关系及过错对于损害赔偿责任承担的影响进行具体分析。

(三）触电人身损害赔偿责任的分配

该部分内容涉及多部法律、司法解释与众多法条，基于《侵权责任法》第73条的规定，经营者承担无过错责任，但能够证明损害是因受害人故意或者不可抗力造成的，不承担责任。被侵权人对损害的发生有过失的，可以减轻经营者的责任。笔者现根据相关的法律、司法解释、部门规章及相关法学理论整理如下。

1. 受害人过错的责任分配。

受害人过错影响责任分配的主要规定有《侵权责任法》第73条，能够证明损害是因受害人故意或者不可抗力造成的，不承担责任。被侵权人对损害的发生有过失的，可以减轻经营者的责任。《审理人身损害赔偿案件司法解释》第2条规定，适用民法通则第106条第3款规定确定赔偿义务人的赔偿责任时，受害人有重大过失的，可以减轻赔偿义务人的赔偿责任。同时，参考已废除的《最高人民法院关于审理触电人身损害赔偿案件若干问题的解释》第3条的规定，"因高压电造成他人人身损害有下列情形之一的，电力设施产权人不承担民事责任：（一）不可抗力；（二）受害人以触电方式自杀、自伤；（三）受害人盗窃电能，盗窃、破坏电力设施或者因其他犯罪行为而引起触电事故；（四）受害人在电力设施保护区从事法律、行政法规所禁止的行为"。

但是，由于该司法解释已废除，而《侵权责任法》又未明确"受害人故意"的范畴，因此，在司法实践中也存在着一定程度上的争议。笔者在此逐一分析原司法解释下，除不可抗力以外的三种受害人行为导致的免责事由：第一类，受害人以触电方式自杀、自伤，其主观心态明确，对于危害行为、损害结果和因果关系都具有充分的认识，并且积极追求损害结果的发生，是典型的"受害人故意"行为，经营者依法不承担责任。第二类，受害人因盗窃、破坏电力设施或其他犯罪行为而引起的触电事故。根据一般人的常识，盗窃、破坏电力设施本身是众所周知的犯罪行为，根据《刑法》第118条、第119条的规定，破坏电力设备，危害公共安全，尚未造成严重后果的，处3年以上10年以下有期徒刑。造成严重后果的，处 10 年以上有期徒刑、无期徒刑或者死刑。同时，根据《最高人民法院关于审理破坏电力设备刑事案件具体应用法律若干问题的解释》第 3 条第 2 款的规定，盗窃电力设备，没有危及公共安全，但应当追究刑事责任的，可以根据案件的不同情况，按照盗窃罪等犯罪处理。而根据刑法理论，破坏电力设施罪与盗窃罪均为故意犯罪，这里的故意是指其对破坏电力设施或非法占有目的的故意，而非对自身损害结果的故意。但是，笔者认为，由于电力设施本身具有高度危险性，而盗窃、破坏电力设施、盗窃电能等犯罪行为本身就是为刑法所科处的犯罪行为，加上基于一般人的常识，应当充分认识电力设备本身具有高度危险性，其仍然继续实施犯罪行为，视为对自身损害结果的放任，或认为其行为足以接近放任损害结果发生的程度，达到高压经营者免责的条件，故应当认定为其对危害结果具备间接故意。第三类，受害人从事法律、行政法规所禁止的行为。由于《最高人民法院关于审理触电人身损害赔偿案件若干问题的解释》已废止，又基于作为新法的《侵权责任法》第 73 条中，对于经营者免责事由仅限于受害者故意和不可抗力。因此，对一般违法行为如违反《电力法》第 53 条、《电力设施保护条例》第 15 条的规定，在电力设施保护区内兴建建筑、种植高杆植物引起触电事故，对其如何归责的问题，司法实践中存在较大的争议。但根据《电力法》第 60 条的规定，电力运行事故由用户过错造成的，电力企业不承担赔偿责任。同时，参考《供电营业规则》第 51 条的规定，即"产权所有者不承担受害者因违反安全或其他规章制度，擅自进入供电设施非安全区域内而发生事故引起的法律责任"。笔者认为，如果按相关条文的规定，举轻以明重，故意实施违反法律、法规及规章的行为，所导致的事故，应当由受害人承担。但是，前文所述，已废除的《最高人民法院关于审理触电人身损害赔偿案件若干问题的解释》第 3 条所规定的一般违法行为免责事由，与《侵权责任法》第 73 条的规定免责事由相冲突，司法实践中，亦几无受害者积极追求损害结果发生之故意，因此，当受害者从事法律、行政法规所禁止的行为，而供电企业充分履行告知、警示义务，亦难以完全免责，仅能减轻责任。

综上所述，笔者认为，受害人故意应认定为其对结果的故意。但是，当在受害人存在实施盗窃、破坏电力设施等严重违法、犯罪行为，且供电企业不存在过错的情况下，不应苛责供电企业对于受害人放任危害结果发生的情况承担赔偿责任。同时，对于高压经营者而言，证明受害人行为是否违法的客观事实，远比证明受害人主观上是否存在自杀、自伤的故意更符合生活经验，也更具备举证可能性。《侵权责任法》第73条同样规定了被侵权人对损害的发生有过失的，可以减轻经营者的责任，但并不能完全免除高压经营者的责任。参考《福建省高级人民法院关于审理触电人身损害赔偿纠纷案件若干问题的解答》第2条关于"高压活动经营者在触电人身损害赔偿案件中承担何种民事责任？"的答复，认为"除受害人故意或不可抗力外，只要损害是由高压活动造成的，不管高压活动的经营者对损害的发生是否存在过错，都应承担赔偿责任。在受害人对损害发生有过失的情况下，亦只能减轻经营者的责任，不能完全免除经营者的责任，经营者有无过错不是免除或者减轻其责任的条件"。

2. 第三人过错的责任分配。

涉及第三人侵权的法律、司法解释、部门规章等条款，主要如下：《侵权责任法》第28条规定，损害是因第三人造成的，第三人应当承担侵权责任。《电力法》第60条第3款规定，因用户或者第三人的过错给电力企业或者其他用户造成损害的，该用户或者第三人应当依法承担赔偿责任。《电力供应与使用条例》第43条规定，因用户或者第三人的过错给供电企业或者其他用户造成损害的，该用户或者第三人应当依法承担赔偿责任。按《供电营业规则》第95条第2项的规定，因用户过错造成其他用户损害的，受害用户要求赔偿时，该用户应当依法承担赔偿责任。虽因用户过错，但由于供电企业责任而使事故扩大造成其他用户损害的，该用户不承担事故扩大部分的赔偿责任。

但是，不论是《电力法》《电力供应与使用条例》还是《供电营业规则》，均是以"用户"为主体，而《电力法》并未明确"用户"一词的含义，从其文义，应可理解为用电主体。因此，是否适用于人身损害赔偿责任分配,仍有争议。笔者认为,第三人过错,应当考虑其过错程度,能否完全独立于经营者的经营行为,单独成为引发损害结果的原因力。这类观点亦有相关的司法判例作为印证。当经营者没有过错,而第三人因故意行为(一般情况下会构成犯罪)或严重违反法律法规的规定,利用高压电力造成受害人的损害结果,已经独立于经营者的经营行为,抽离了侵权构成要件中的因果关系,单独成为损害结果发生的原因力,因此,第三人应当独立承担责任。仅有当第三人过失或轻微违法行为,不足以完全阻断经营行为与损害结果的因果关系时,供电企业才应承担部分无过错责任。

3. 混合过错。

参考《福建省高级人民法院关于审理触电人身损害赔偿纠纷案件若干问题的解答》第6条的规定,对因高压活动引起的人身损害是由多个原因造成的,按照致害人的行为与损害结果之间的原因力确定各自相应的赔偿责任。致害人的行为是损害后果发生的主要原因,应当承担主要责任;致害人的行为是损害后果发生的非主要原因,则承担次要责任。在根据原因力确定责任承担比例时,即便经营者没有过错也不能免除经营者对损害赔偿责任的承担,但应根据原因力的大小合理确定经营者应承担的责任比例。因此,在存在多方过错的情况下,应以各方过错程度、造成损害结果的原因力确定各自承担责任的比例,但作为无过错责任方的经营者,不能据此完全免除责任。

4. 不可抗力。

根据《民法通则》第153条及《合同法》第117条第2款的规定,本法所称的"不可抗力",是指不能预见、不能避免并不能克服的客观情况。司法实践中,一般认定自然灾害,如地震、海啸、洪灾等,政府行为,如征收、征用,以及社会异常事件,如罢工等,造成的危害结果,经营者可以免除责任。但与前文中的"第三人过错"相类似,在发生不可抗力时,高压电力经营者只有在完全没有过错的情况下才能免责,如发生电力设计、建设不符合标准,或因质量太差而致在不可抗力中发生事故,高压电力经营者即存在过错,也应承担责任。

(四) 诉讼时效的确定

1. 触电损害责任的诉讼时效期间。

根据《民法通则》第 136 条的规定，身体受到伤害要求赔偿的，诉讼时效期间为 1 年，因此，因触电造成的人身损害赔偿责任，诉讼时效为 1 年。但是，如果因触电引起的财产损失，受害人请求侵害财产权利赔偿责任的，诉讼时效则按《民法通则》第 135 条的规定为 2 年。但根据 2017 年 10 月 1 日开始实施的《民法总则》的规定，诉讼时效为 3 年，人身损害不再作为特殊时效。

2. 触电人身损害责任的诉讼时效的计算。

根据《最高人民法院关于贯彻执行中华人民共和国民法通则若干问题的意见》第 168 条的规定，人身损害赔偿的诉讼时效期间，伤害明显的，从受伤害之日起算；伤害当时未曾发现，后经检查确诊并能证明是由侵害引起的，从伤势确诊之日起算。虽然触电造成人身损害的伤害多较为明显，但根据司法实践的情况，该规定在实践中多有窒碍。原因有如下几点。

（1）根据《审理人身损害赔偿案件司法解释》的规定，残疾赔偿金、护理费、后续治疗费等各项费用，均需要通过司法鉴定确定，如第 21 条规定，护理人员有收入的，参照误工费的规定计算；护理人员没有收入或者雇佣护工的，参照当地护工从事同等级别护理的劳务报酬标准计算。护理人员原则上为一人，但医疗机构或者鉴定机构有明确意见的，可以参照确定护理人员人数。又如第 25 条规定，残疾赔偿金根据受害人丧失劳动能力程度或者伤残等级，按照受诉法院所在地上一年度城镇居民人均可支配收入或者农村居民人均纯收入标准，自定残之日起按 20 年计算。因此，该类费用均需通过司法鉴定才可以确定具体请求数额。

然而，根据《人体损伤致残程度分级》第 4.2 条评定时机的规定，应在原发性损伤及其与之确有关联的并发症治疗终结或者临床治疗效果稳定后进行鉴定。因此，部分损害特别是严重受伤的情况下，往往因为治疗周期较长，难以在一年之内治疗终结。

（2）根据《民事诉讼法》第 119 条的规定："起诉必须符合下列条

件：（一）原告是与本案有直接利害关系的公民、法人和其他组织；（二）有明确的被告；（三）有具体的诉讼请求和事实、理由；（四）属于人民法院受理民事诉讼的范围和受诉人民法院管辖。"民事诉讼法要求起诉需要有具体的诉讼请求，但是按前文所述，法定赔偿数额需要等待司法鉴定机构出具鉴定意见，而评定时机又需要等待治疗终结，因此，在司法实践中，亦鲜有直接适用《最高人民法院关于贯彻执行中华人民共和国民法通则若干问题的意见》第168条的规定，认定受害人在受伤之日超过一年起诉即超过诉讼时效的观点。

（3）根据《民法总则》第188条的规定，向人民法院请求保护民事权利的诉讼时效期间为3年。法律另有规定的，依照其规定。

3. 触电人身损害赔偿诉讼时效的中止与中断。

部分人据此认为，触电人身损害赔偿责任的诉讼起算点即鉴定机构出具鉴定意见之日起。笔者认为这种观点缺乏法律依据（但在司法实践中，为最大限度地维护受害人利益、且受害人因受伤存在诸多不便，主张权利过程中多有窒碍，因此较多法院采纳该观点）。首先，按照《民法通则》和《最高人民法院关于贯彻执行中华人民共和国民法通则若干问题的意见》，人身损害赔偿责任的请求权发生于受害人知道或应当知道权利受侵害之日，其无法起诉是基于治疗未终结，鉴定机构未出具鉴定意见，难以确定具体的诉讼请求。但是，主张权利并非仅有诉讼一种，根据《最高人民法院关于审理民事案件适用诉讼时效制度若干问题的规定》仍可以通过人民调解委员会调解、向责任人发放律师函甚至在主体明确的情况下通过短信等电子形式主张权利。因此，在段这时期内，受害人未通过诉讼以外的其他途径主张权利的，也属于怠于主张权利。

因触电人身损害经治疗终结后，司法鉴定机构出具鉴定意见，适用诉讼时效中止还是诉讼时效中断。根据《民法通则》第139条的规定，在诉讼时效期间的最后6个月内，因不可抗力或者其他障碍不能行使请求权的，诉讼时效中止。从中止时效的原因消除之日起，诉讼时效期间继续计算。第 140 条则规定，诉讼时效因提起诉讼、当事人一方提出要求或者同意履行义务而中断。从中断时起，诉讼时效期间重新计算。因此，引起诉讼时效的中断必须是基于当事人一方提出要求或者同意履行义务，而因司法鉴定结果未出具，而导致无法确定诉讼请求，属于客观原因，应当按照《民法通则》第 139 条的规定，认定属于《最高人民法院关于审理民事案件适用诉讼时效制度若干问题的规定》第 20 条规定的其他导致权利人不能主张权利的客观情形。因此，应当在诉讼时效期间的最后 6 个月，适用时效中止的规定。另外，如受害人在未进行司法鉴定之前，通过诉讼以外的其他途径向责任人主张权利或者提起诉讼，但因被决定不予立案或裁定驳回起诉的，符合《最高人民法院关于审理民事案件适用诉讼时效制度若干问题的规定》第 10 条、第 12 条或第 14 条的规定，中断诉讼时效。

4. 多因一果形态下的，不同被告之间触电人身损害赔偿诉讼时效的判断。

根据《侵权责任法》第 8 条、第 9 条、第 11 条、第 12 条分别规定了：两人合意共同侵权；教唆、帮助他人侵权；二人以上分别实施侵权行为造成同一损害，每个人的侵权行为都足以造成全部损害的；二人以上分别实施侵权行为造成同一损害，能够确定责任大小的和难以确定责任大小四种情况下侵权责任的分配与承担方式。

由于在司法实践中，高压设施经营者往往不存在与第三者的合意，形成共同侵权行为或教唆、帮助他人实施侵权行为的情况，因此较少出现《侵权责任法》第 8 条、第 9 条中规定的情况，承担连带责任。而第 11 条、第 12 条的规定，二人以上分别实施侵权行为造成同一损害的情形较为常见。根据第 11 条的规定，每个人的侵权行为都足以造成全部损害的，行为人承担连带责任。而第 12 条的规定，能够确定责任大小的，各自承担相应的责任；难以确定责任大小的，平均承担赔偿责任。而根据《最高人民法院关于审理民事案件适用诉讼时效制度若干问题的规定》第 17 条第二款的规定，对于连带债务人中的一人发生诉讼时效中断效力的事由，应当认定对其他连带债务人也发生诉讼时效中断的效力。在多因一果的情形下，故确定诉讼时效是否对电力设施产权人中断，应当判断是否应当与其他责任人承担连带责任。

5. 司法实践中对诉讼时效的判断。

诉讼时效制度是督促权利人及时行权而不使权利长期处于休眠状态的制度，其本身并不直接否定权利人的权利，但一旦债务人提出诉讼时效抗辩，就足以完全阻断债权人实现债权。由于这个制度与我国民间"欠债还钱"的传统思想差距较大，因此在实践中，特别是在人身权利受损、被害者一方家庭经济严重困难的情况下，法院在适用诉讼时效制度时往往采用最有利于受害者的解释，即按定残日为诉讼时效起算点。

（五）高压损害责任、高度危险活动区域损害责任、搁置物悬挂物损害责任和建筑物构筑物倒塌损害责任的辨析

实践中，高压设施造成他人损害的，并非全部都是高压触电损害责任。排除低压触电，仍有可能造成高压损害责任、高度危险活动区域损害责任、搁置物悬挂物损害责任和建筑物构筑物倒塌损害责任。例如，具有较大危险性的被高墙或铁丝网隔离变电站内触电，应采用高压损害责任还是高度危险活动区域损害责任；再如电线杆倒塌或电线杆上附着物掉落致使他人受损，应适用哪种责任。其所涉责任承担形式与过错归责不尽相同，笔者对此逐一列数。

根据《侵权责任法》第73条、第76条、第85条、第86条的规定，四种侵权责任各按其规定承担民事责任。其中，第76条规定，未经许可进入高度危险活动区域或者高度危险物存放区域受到损害，管理人已经采取安全措施并尽到警示义务的，可以减轻或者不承担责任。第85条规定，搁置物、悬挂物损害责任为过错推定责任，所有人、管理人不能证明自己没有过错的，应承担侵权责任。而第86条规定了建筑物构筑物倒塌损害责任应由建设单位、施工单位承担。

1. 高压损害责任与高度危险活动区域损害责任。

根据《侵权责任法》第76条的规定，高度危险活动区域损害责任与

高压损害责任同属于高度危险责任,侵权人均应承担无过错责任。但由于危险区域在管理人已经采取安全措施并尽警示义务的情况下,其高度危险性已被大幅度降低,只要按照警示行止,几乎没有发生危害结果的可能性,当受害人违反警示标志或不听从工作人员警告,进入危险区域,其行为已构成重大过错,且近乎构成对损害结果的放任,因此法律规定可以减轻或者不承担责任。

那么,当危害结果发生时,应当适用高压损害责任还是高度危险活动区域损害责任,使得供电企业在举证责任及责任承担上具有不同的情况。在认定为高压损害责任时,经营者应当承担无过错责任,除非受害人故意或不可抗力,受害人过错仅能错过相抵,不能完全免责。但是如果认定为高度危险活动区域损害责任,法院则可适用《侵权责任法》第76条,对于已作出警示义务的减轻责任直至完全免责。

但是在司法实践中,并非所有触电事故所发生的区域都能被法院认定为《侵权责任法》所规定的"高度危险活动区域",同时也没有相应的法律法规予以确定。笔者认为,"高度危险区域"应当同时具备以下条件:(1)具有明确的划定范围——可以是客观上以墙壁、铁丝网、碑牌圈定的范围,也可以是法律确定的范围。(2)区域内正在从事《侵权责任法》第70条至第73条规定的高度危险活动。

当受害人同时符合《侵权责任法》第73条和第76条的规定时,应适用哪条法律,笔者认为应当适用第76条即高度危险活动区域损害责任。因为第73条是对高度危险的其中几类进行划定,系高度危险责任中高压侵权的一般规定。而第76条是对高度危险责任一般规定中特殊情形的补充规定,适用《立法法》第92条的规定,特别规定与一般规定不一致的,适用特别规定。因此,应当适用《侵权责任法》第76条的规定。

其次,司法实践中存在较大争议的是,电力设施保护区能否视为高度危险活动区域。电力设施保护区为依法划定的区域,系根据国务院《电力设施保护条例》第10条的规定确定电力设施保护区的范围,同时,国家经济贸易委员会、公安部发布的《电力设施保护条例实施细则》第 5 条、第 6 条和第 7 条对相关范围作出了补充规定。同时，参考宿州市中级人民法院作出的（2015）苏中民终字第 00870 号民事判决书，其判决为：《电力设施保护条例》第 10 条第 1 款第 1 项对架空电力线路保护区作出了明确的规定：35～110 千伏、154～330 千伏、500 千伏的架空电力线路，导线边线向外侧水平延伸分别为 10 米、15 米、20 米并垂直于地面所形成的两平行面内的区域为架空电力线路保护区。基于高压电的危险性，《电力设施保护条例》所规定的保护区应当属于高度危险活动区域。现实中亦有部分法院认定电力设施保护区为高度危险活动区域，供电企业只要能够证明已尽警示义务，即可最大限度地减轻责任。但由于没有法律、法规、司法解释对此进行明确规定，因此在实践中也存在相反的认定。

2. 高压损害责任与搁置物、悬挂物损害责任，建筑物构、筑物倒塌损害责任。

笔者认为，对于高压损害责任与物件损害责任的区分，应以受害人致害因果关系确定。若受害人系因高压电力触电致害，则应当按高压损害责任适用法律，若系因高压设施坠落、倒塌等原因造成的损失，则应按物件损害责任适用法律。

二、风险点案例分析

1. 第三人通过故意犯罪，将高压电线引向人行横道金属围栏，导致被害人触电死亡，供电公司依法不承担民事赔偿责任。（2015 泉刑初字第 46 号）

案情简介：2009 年 6 月，被告人刘某某因与家人吵架，离家出走，并因心生怨气，在当夜凌晨通过竹竿、手套、钳子等工具，将高压线路电流导至人行道的金属栏杆上，是夜，被害人程某路过案发路段，触碰人行道栏杆，当场电死。2014 年，通过数据库比对，晋江警方抓获犯罪嫌疑人刘某某，2015 年，泉州市人民检察院以被告人刘某某涉嫌以危险方法危害公共安全罪提起公诉，被害人程某的父母提起刑事附带民事诉讼，要求被告人刘某某承担人身损害赔偿责任，共计人民币 640 992 元。同时，提出将某供电公司列为刑事附带民事诉讼被告人，要求某供电公司对赔偿项目承担连带责任。

裁判要旨：泉州市中级人民法院认为，办案被告刘某某因家庭纠纷，故意将高压线路电流引至人行道栏杆，造成一人死亡的严重后果。供电公司在本案中不存在过错，不承担民事责任。一审判决后，被告人刘某某未对附带民事诉讼部分提起上诉。

2. 第三人实施破坏电力设施的行为，造成受害人死亡的，供电公司不承担民事赔偿责任。（2015 青民五终字第 1074 号）

案情简介：原告姜某某、李某某系受害人姜某辉之法定继承人。2013 年 10 月 11 日，姜某雪因电线杆的拉线斜埋在其承包的田地里，干活不方便，于当日下午约三四点钟，从家中携带扳子等工具擅自拆卸、解除该拉线，该拉线底部的螺丝被拆卸后，造成拉线向上回松，并与线杆横担零克上带电的引线相接触，致使拉线绝缘子下端的拉线带电，导致受害人姜某辉身亡，破坏电力设施的姜某雪受伤。而姜某雪也因涉嫌以危险方法危害公共安全罪一案，已由平度市公安机关刑事拘留并立案侦查。

裁判要旨：《侵权责任法》第 5 条规定，其他法律对侵权责任另有特别规定的，依照其规定。《侵权责任法》第 28 条规定，损失是第三人造成的，第三人应当承担侵权责任。《侵权责任法》第 73 条规定，从事高空、高压、地下挖掘活动或者使用高速轨道运输工具造成他人损害的，经营者应当承担侵权责任，但能够证明损害是因受害人故意或者不可抗力造成的，不承担责任。被侵权人对损害的发生有过失的，可以减轻经营者的责任。根据上述法律规定可以看出，根据《侵权责任法》第 73 条的规定，触电致人伤亡的高度危险作业的经营者、管理者的免责事由包括不可抗力和受害人故意两项事由，但同时应当看到，根据侵权责任法总则部分中关于不承担责任和减轻责任的情形的规定，损失由第三人造成的，第三人应当承担责任。实际上触电致人伤亡的高度危险作业的经营者、管理者的免责事由还应包括第三人侵权这一种情况。而且如果其他法律对高度危险作业事项另有规定的，应当适用其特殊规定。《电力法》第 60 条第 3 款规定，因用户或第三人的过错给电力企业或其他用户造成损害的，该用户或第三人应当依法承担赔偿责任。《最高人民法院关于审理触电人身损害赔偿案件若干问题的解释》第 2 条规定，因高压电引起的人身损害是由多个原因造成的，按照致害人的行为与损害后果之间的原因力确定各自的责任。分析以上法律、司法解释可以看出，虽然侵权责任法和电力法对触电致人损害的案件的归责原则的规定不尽一致，但二者均把第三人的侵权作为电力经营者、管理者的免责事由之一，在这一点上，二者是相同的，不冲突的。因此，上诉人认为根据侵权责任法的规定仅有不可抗力和受害人故意是触电人身损害责任纠纷的免责事由的上诉理由不成立。通过上述分析可以看出，受害人因触电导致人身伤亡，属于高度危险作业致人损害的一种特殊情形，而电力法是专门调节这一特殊法律关系的法律，《最高人民法院关于审理触电人身损害赔偿案件若干问题的解释》更是针对由于触电导致的人身伤亡的法律后果、责任主体而作出的司法解释。根据特别法优于一般法的规定，优先适用《电力法》和《最高人民法院关于审理触电人身损害赔偿案件若干问题的解释》的规定，更符合本案的实际情况。

具体到本案，受害人姜某辉触电的主要原因是因为案外人姜某雪为耕地方便私自拆除斜拉线，使已经拆掉的斜拉线下垂，接触到裸露的高压引线，故而使斜拉线带电，从而造成姜某辉触电身亡，姜某雪受伤，此为客观事实，案外人姜某雪的行为是导致受害人姜某辉触电身亡的最直接、最根本的原因，其侵权行为与受害人死亡后果之间具有直接因果关系，故姜某雪应当承担姜某辉死亡的主要责任。最终，本案终审判决直接以事故的发生与电力设施产权人无因果关系，驳回了原告的诉讼请求。

3. 最高人民法院予以再审认定"高压经营者"即高压设施产权人。（2015 民申字第 1767 号、2014 鲁民一终字第 494 号、2013 烟民一初字第 152 号）

案情简介：2013 年 10 月 20 日 23 时，成峰果品公司发生火灾，造成财产损失，经消防大队出具的火灾事故认定书，认为造成火灾的原因是高压线发生短路，喷溅的熔珠引燃下方堆放的聚乙烯泡沫垫引起火灾。成峰果品公司认为，供电公司应当承担责任。经法庭调查，发生短路的位置位于原告成峰果品公司的产权侧。被告供电公司提供证据证明其在高压线路架设中不存在过失。

裁判要旨：一审法院认为，蓬莱供电公司是涉案电缆的经营者，其对该高压设备拥有支配权并享有运行利益。而供电公司根据《高压供用电合同》提出负责事由，与法不符，应承担责任。成峰果品公司在电缆下放堆放可燃物造成损失扩大，可以减轻供电公司的责任，故判决供电公司承担60%的损害赔偿责任。二审法院认为，《高压供用电合同》依法有效，已明确了双方电力设施的产权和互相应承担的责任，双方应以各自的产权为标准对相应的法律责任进行分配，同时，合同也约定了高压电力设施的维护和管理义务方为原告和双方禁止越界操作的行为。一审法院认定事实清楚，但适用法律错误，撤销原审判决，驳回成峰果品公司的诉讼请求。最高法院再审认为：成峰果品公司实际利用蓬莱供电公司架设的高压电力设施进行生产经营活动，符合法律关于经营者的界定。最终驳回成峰果品公司的再审申请。

4. 高级人民法院裁判认为"高压经营者"即供电公司，被最高人民法院裁定提审。（2014 渝高法民提字第 00018 号、2016 最高法民抗 9 号）

案情简介：2010 年 7 月 14 日，徐某某在大塘公司位于秀山土家族苗族自治县钟灵乡大塘村中岭山组七号洞井旁被电击伤。供电公司和大塘公司对徐某某因高压电受伤以及受伤地点无异议。2009 年 9 月 1 日，供电公司与大塘公司签订《高压供用电合同》。合同约定：供电人由 35kV 美沙变电站以 10kV 电压，从出口 10kV 美复线 974# 开关送出的架空线经 #069－4－16－54 杆向用电人 1 受电点供电。供用电设施产权分界点设在 10kV 美复线#069－4－16－54 号杆。分界点电源侧供电设施属供电人，分界点负荷侧供用电设施属用电人，分别由供电人和用电人负责运行、维护、管理。事发地点的电线、变压器的产权人为大塘公司。庭审过程中，大塘公司也承认其为电力设施产权人。

第四章
安全隐患法律风险防范

裁判要旨：一审法院认为，虽然事发地点线路应当未通电，但有下垂电线，不论徐某某的损害是否因该下垂电线造成，大塘公司作为产权人对线路管理维护未尽到责任，对徐某某损害应承担10%责任。徐某某属限制民事行为能力人，其监护人明知事发地点为大塘公司变压器安装地，事发地也远离人群聚集地区，对徐某某出现在事发地点及受到损害，应承担90%责任。二审法院认为，根据《侵权责任法》第73条规定，高压电造成他人损害的，应由高压电的经营者承担责任；该条还规定了免责和减轻责任条件。根据两公司《高压供用电合同》约定，供电公司负责向事发地供电设施供用高压电流。供电公司通过使用该供电设施从事电流输送和供应作业，获取经济利益，其收益表现为卖电收入扣除经营成本后的利润。故供电公司为高压电的经营者，应承担侵权责任。根据《最高人民法院关于民事诉讼证据的若干规定》第2条的规定，供电公司未举示证据证明徐某某在本案中存在过失，故徐某某及其监护人在本案中不应承担责任。大塘公司是事发地供电设施产权人，同时也是使用高压电能用户，对高压电不享有经营利益，不属于法律规定的从事高压作业经营者，不应承担侵权责任。再审法院认为，原生效判决对此（即高压电的经营者）认定是正确的。供电公司要求用电设施产权人大塘公司作为经营者承担责任的理由不能成立，本院不予支持。而大塘公司在本案中不属于法律规定从事高压电的经营者，不应在本案中承担无过错侵权责任，原生效判决对此认定并无不当。但是，本案经最高人民检察院抗诉，最高人民法院已作出（2016）最高法民抗9号民事裁定书，本案依照《民事诉讼法》第206条、第211条之规定，裁定提审，本案目前仍在审理中。

5. 法院认定"电力设施保护区"为"高度危险活动区域"，适用《侵权责任法》第76条的规定，本案中供电公司已尽警示义务，依法应予免责。（2014 泉民终字第256号）

案情简介：2012年1月9日8时许，田某某在在建楼房三楼顶板作业移动钢筋材料时，被楼板下方经过的10千伏高压输电线路电击受伤，输电线路的所有人为电力公司。

203

裁判要旨：田某某事发时所处的位置在高压电力设施保护区范围内，属高度危险活动区域。电力公司作为高压电力设施管理人已将相应线路改造为绝缘线路且经竣工验收合格，杆体上也张贴有"禁止攀爬高压危险"字样的警示标志。根据《侵权责任法》第76条的规定，电力公司作为高压电力设施的所有人和管理人，已采取了必要的安全措施并尽到警示义务，对在其电力设施保护区内违法从事危险活动所引起的损害依法不承担赔偿责任。

三、风险点防范措施

1. 事故发生后的法律风险防范。

发生触电事故之后，财产损失尚可通过诉讼程序依法分配责任，但大多数矛盾出现于人身损害的情形。受害人及其亲属往往难以理智地处理触电受害纠纷，因此事故发生后，供电企业既不可完全对受害者及其亲属不闻不问，激化矛盾，也不可为平息矛盾，在未明确责任的情况下，任由受害者及其亲属索要不合理的高价赔偿。笔者提供相关建议如下：

（1）保护现场，固定证据。事故发生后，应当及时报警，由公安机关或第三方公证机构对事故现场进行拍照、固定证据。其中，固定证据过程中首先应当重点关注是否收集现场的警示标志。根据《电力设施保护条例》第11条的规定："县以上地方各级电力管理部门应采取以下措施，保护电力设施：（一）在必要的架空电力线路保护区的区界上，应设立标志，并标明保护区的宽度和保护规定；（二）在架空电力线路导线跨越重要公路和航道的区段，应设立标志，并标明导线距穿越物体之间的安全距离。"同时，根据《电力设施保护条例实施细则》第9条的规定："电力管理部门应在下列地点设置安全标志：（一）架空电力线路穿越的人口密集地段；（二）架空电力线路穿越的人员活动频繁的地区；（三）车辆、机械频繁穿越架空电力线路的地段。"现场相关警示标志是否设置，将严重影响责任认定与分配。其次，应当关注现场是否存在受害人过错的相关证据，根据《侵权责任法》的规定，受害人故意和受害人过错可以使高压经营全部或部分免责。

（2）确定事故原因。供电企业可以在现场证据已经由公安机关或公证机构保全的情况下，对事故原因进行初步判断，但尽量避免破坏现场。如受害者及其亲属对事故原因有争议的，可以在相关部门如村民委员会、居民委员会、镇政府、街道办、司法所调解中心等第三方的协调下，共同委托鉴定机构对事故发生原因进行鉴定。如果涉案电力设施为供电企业提供产品，受害者及其亲属对电力设施产品质量有异议的，也可以一并申请鉴定。如果事故成因中存在刑事犯罪，应当及时向公安机关提供线索，请求公安机关刑事立案。

（3）确认责任主体，搜集相关证据。①确定涉案电力设施产权归属，如果为第三人所有的电力设施，应找出相应的供用电合同作为证据；②如涉案电力设施为第三人所有，但没有合同的，是否能够根据《供电营业规则》的内容，确定产权；③如涉案电力设施为供电企业提供，那么供电企业所提供的电力设施是否符合技术规范，是否存在质量问题。

2. 诉前调解的法律风险防范。

（1）代垫费用。针对受害者及其亲属索赔的，可建议其向人民法院起诉。供电企业经公司程序决议后，决定先予预支部分医疗费用的，应当通过银行转账的形式支付，且应当与索赔方签订预支付协议，明确支付方式和支付账号，并应明确诉讼后，确应由供电企业承担责任的，依法抵扣赔偿额，如供电企业不承担责任或依法应由第三方承担责任的，应当返还预支费用；

（2）受害人死亡索赔主体的确定。应当确认索赔方是否为受害者第一顺位的法定继承人，如索赔者非受害者第一顺位的法定继承人，应当由受害者第一顺位的法定继承人全体当场签名授权或由公证机关公证的委托授权文书；

（3）关于一次性和解协议。首先，除明确为一次性和解的协议，双方不再就此事诉至法院的，索赔者要求代垫或赔偿医疗费用以外的费用的，不应为其代垫或赔偿。其次，同前文代垫费用相似，和解协议应当由受害者全部的第一顺位继承人签署，并明确具体的款项支付方式和支付时间，以及该款项已包含《侵权责任法》《审理人身损害赔偿案件司法解释》等法律、法规、司法解释所规定的所有人身损害赔偿项目，且和解后不再就同样的事由提起其他赔偿要求。

【相关法律法规】

《中华人民共和国侵权责任法》

第二十八条　损害是因第三人造成的，第三人应当承担侵权责任。

第七十三条　从事高空、高压、地下挖掘活动或者使用高速轨道运输工具造成他人损害的，经营者应当承担侵权责任，但能够证明损害是因受害人故意或者不可抗力造成的，不承担责任。被侵权人对损害的发生有过失的，可以减轻经营者的责任。

第七十六条　未经许可进入高度危险活动区域或者高度危险物存放区域受到损害，管理人已经采取安全措施并尽到警示义务的，可以减轻或者不承担责任。

第八十五条　建筑物、构筑物或者其他设施及其搁置物、悬挂物发生脱落、坠落造成他人损害，所有人、管理人或者使用人不能证明自己没有过错的，应当承担侵权责任。所有人、管理人或者使用人赔偿后，有其他责任人的，有权向其他责任人追偿。

第八十六条　建筑物、构筑物或者其他设施倒塌造成他人损害的，由建设单位与施工单位承担连带责任。建设单位、施工单位赔偿后，有其他责任人的，有权向其他责任人追偿。

因其他责任人的原因，建筑物、构筑物或者其他设施倒塌造成他人损害的，由其他责任人承担侵权责任。

《中华人民共和国电力法》

第六十条　因电力运行事故给用户或者第三人造成损害的，电力企业应当依法承担赔偿责任。

电力运行事故由下列原因之一造成的，电力企业不承担赔偿责任：

（一）不可抗力；

（二）用户自身的过错。

因用户或者第三人的过错给电力企业或者其他用户造成损害的，该用户或者第三人应当依法承担赔偿责任。

《最高人民法院关于审理人身损害赔偿案件适用法律若干问题的解释》（法释〔2003〕20号）

第十七条　受害人遭受人身损害，因就医治疗支出的各项费用以及因误工减少的收入，包括医疗费、误工费、护理费、交通费、住宿费、住院伙食补助费、必要的营养费，赔偿义务人应当予以赔偿。

受害人因伤致残的，其因增加生活上需要所支出的必要费用以及因丧失劳动能力导致的收入损失，包括残疾赔偿金、残疾辅助器具费、被扶养人生活费，以及因康复护理、继续治疗实际发生的必要的康复费、护理费、后续治疗费，赔偿义务人也应当予以赔偿。

受害人死亡的，赔偿义务人除应当根据抢救治疗情况赔偿本条第一款规定的相关费用外，还应当赔偿丧葬费、被扶养人生活费、死亡补偿费以及受害人亲属办理丧葬事宜支出的交通费、住宿费和误工损失等其他合理费用。

国务院《电力供应与使用条例》（国务院令第666号）

第四十三条　因电力运行事故给用户或者第三人造成损害的，供电企业应当依法承担赔偿责任。

因用户或者第三人的过错给供电企业或者其他用户造成损害的，该用户或者第三人应当依法承担赔偿责任。

原电力工业部《供电营业规则》（电力工业部令第8号）

第五十一条　在供电设施上发生事故引起的法律责任，按供电设施产权归属确定。产权归属于谁，谁就承担其拥有的供电设施上发生事故引起的法律责任。但产权所有者不承担受害者因违反安全或其他规章制度，擅自进入供电设施非安全区域内而发生事故引起的法律责任，以及在委托维护的供电设施上，因代理方维护不当所发生事故引起的法律责任。

《福建省高级人民法院关于审理触电人身损害赔偿纠纷案件若干问题的解答》（闽高法〔2015〕17号）

一、审判实践中如何区分高压电和非高压电？

答：审判实践中触电人身损害赔偿案件，包括高压电触电案件和非高压电触电案件，二者适用不同的法律归责原则，审理触电案件时，必须要首先加以区分，才能正确适用法律。根据国家标准化管理委员会及国家质量监督检验检疫总局颁布的电力安全工作国家标准（GB 26859—2011），高压系指1千伏（kV）以上电压等级的高压电；1千伏（kV）及其以下电压等级为非高压电。

三、审判实践中如何界定高压活动的经营者？

答：《侵权责任法》第七十三条规定"从事高空、高压、地下挖掘活动或者使用高速轨道运输工具造成他人损害的，经营者应当承担侵权责任"，是从高度危险活动角度规定由经营者承担民事责任。通常认为，在发电企业内部的高压设备造成损害的，作为责任主体的经营者就是发电企业，高压输电线路造成损害的，作为责任主体的经营者就是供电企业，在工厂内运用高压电能进行生产经营活动造成损害的，责任主体就是该工厂的经营者。因此，高压活动的经营者是指从事高压电能生产、经营、提供服务或运用高压电能进行生产经营活动的人。

六、对多因一果的高压电致人损害赔偿案件应如何处理？

答：《侵权责任法》第12条："二人以上分别实施侵权行为造成同一损害，能够确定责任大小的，各自承担相应的责任；难以确定责任大小的，平均承担赔偿责任。"这是关于多因一果侵权责任如何承担的规定。对因高压活动引起的人身损害由多个原因造成的，按照致害人的行为与损害结果之间的原因力确定各自相应的赔偿责任。致害人的行为是损害后果发生的主要原因，应当承担主要责任；致害人的行为是损害后果发生的非主要原因，则承担次要责任。在根据原因力确定责任承担比例时，即便经营者没有过错也不能免除经营者对损害赔偿责任的承担，但应根据原因力的大小合理确定经营者应承担的责任比例。

第二节　电力设施保护区内种植可能危及电力设施安全的植物法律风险防范

由于我国基础建设领域的发展越来越快，电力设施的建设也随之高速发展，特别是在"村村通电工程"开始以后，电力设施在各山林河湖上拔地而起，但是随之而来的是，有些人开始在电力设施保护区内种植可能危及电力设施的种植物——如竹子、速生桉树等，其中确有种植者对法律、行政法规不了解的情况存在，也有故意种植并在供电企业要求其砍伐时向供电企业索要赔偿款的现象。本篇笔者就该问题的法律关系与风险防范加以探讨。

一、风险点法律分析

（一）电力设施保护区的相关规定

1. 电力设施保护区的范围。

要对电力设施进行保护，首先就必须确定电力设施保护区的范围，电力设施保护区的划定是根据国务院《电力设施保护条例》第二章的规定，其确定电力设施保护区范围如下。

（1）发电设施、变电设施的保护范围：①发电厂、变电站、换流站、开关站等厂、站内的设施；②发电厂、变电站外各种专用的管道（沟）、储灰场、水井、泵站、冷却水塔、油库、堤坝、铁路、道路、桥梁、码头、燃料装卸设施、避雷装置、消防设施及其有关辅助设施；③水力发电厂使用的水库、大坝、取水口、引水隧道（含支洞口）、引水渠道、调压井（塔）、露天高压管道、厂房、尾水渠、厂房与大坝间的通信设施及其有关辅助设施。

（2）电力线路的保护范围：①架空电力线路：杆塔、基础、拉线、接地装置、导线、避雷线、金具、绝缘子、登杆塔的爬梯和脚钉，导线跨越航道的保护设施，巡（保）线站，巡视检修专用道路、船舶和桥梁，标志牌及其有关辅助设施；②电力电缆线路：架空、地下、水底电力电缆和电缆联结装置，电缆管道、电缆隧道、电缆沟、电缆桥、电缆井、盖板、人孔、标石、水线标志及其有关辅助设施；③电力线路上的变压器、电容器、电抗器、断路器、隔离开关、避雷器、互感器、熔断器、计量仪表装置、配电室、箱式变压器及其有关辅助设施。

(3) 电力线路保护区：架空电力线路保护区为导线边线向外侧水平延伸并垂直于地面所形成的两平行面内的区域，在一般地区各级电压导线的边线延伸距离如下：1 至 10 千伏为 5 米；35 至 110 千伏为 10 米；154 至 330 千伏为 15 米；500 千伏以上为 20 米。在厂矿、城镇等人口密集地区，架空电力线路保护区的区域可略小于上述规定。但各级电压导线边线延伸的距离，不应小于导线边线在最大计算弧垂及最大计算风偏后的水平距离和风偏后距建筑物的安全距离之和。同时，规定了电力电缆线路保护区：地下电缆保护区为电缆线路地面标桩两侧各 0.75 米所形成的两平行线内的区域；海底电缆一般为线路两侧各 2 海里（港内为两侧各 100 米），江河电缆一般不小于线路两侧各 100 米（中、小河流一般不小于各 50 米）所形成的两平行线内的水域。

(4) 国家经济贸易委员会、公安部发布的《电力设施保护条例实施细则》对在计算导线最大风偏情况下，距建筑物的水平安全距离进行了细化，同时规定了江河电缆保护区的范围。

2. 电力设施保护区内禁止种植可能危及电力设施安全的植物的相关规定。

(1) 根据《电力法》第 53 条第 2 款的规定，任何单位和个人不得在依法划定的电力设施保护区内修建可能危及电力设施安全的建筑物、构筑物，不得种植可能危及电力设施安全的植物，不得堆放可能危及电力设施安全的物品。

(2) 根据《电力设施保护条例》第 15 条的规定，"任何单位或个人在架空电力线路保护区内，必须遵守下列规定：（一）不得堆放谷物、草料、垃圾、矿渣、易燃物、易爆物及其他影响安全供电的物品；（二）不得烧窑、烧荒；（三）不得兴建建筑物、构筑物；（四）不得种植可能危及电力设施安全的植物"。

（3）根据《电力设施保护条例实施细则》第13条的规定，在架空电力线路保护区内，任何单位或个人不得种植可能危及电力设施和供电安全的树木、竹子等高杆植物。

（4）同时，各省也根据本地情况，制定地方性条例、规章等规范性文件，对在电力设施下种植高杆植物的情形进行规制，例如，《上海市保护电力设施和维护用电秩序规定》第12条第3项也规定了禁止在电力设施保护区内种植可能危及电力设施安全的植物，《福建省电力设施保护办法》第12条第2项也有类似规定。

（二）法律关系的竞合

1. 民事法律关系。

供电企业作为电力设施的所有者，同时也承担着电力设施的运营和维护责任。而在电力设施保护区内种植可能危及电力设施的植物的行为，无疑直接危及了电力设施的安全运行，很显然，种植行为和种植的树木危害到了电力设施。根据《物权法》第35条的规定，妨害物权或者可能妨害物权的，权利人可以请求排除妨害或者消除危险。《侵权责任法》第21条的规定，侵权行为危及他人人身、财产安全的，被侵权人可以请求侵权人承担停止侵害、排除妨碍、消除危险等侵权责任。所以，在电力设施保护区内种植可能危及电力设施的植物的行为，属于妨害物权的行为。作为电力设施的所有人或占有、使用、收益方，均可以提起消除危险、排除妨害之诉。

2. 行政法律关系。

电力设施保护不仅仅是对电力设施所有人和电力设施相关权利人的物权保护，更涉及公共安全的保障和供用电秩序的维护。因此，电力设施的保护也不仅仅是供电企业的责任，根据《电力法》第69条的规定，违反本法第53条规定，在依法划定的电力设施保护区内修建建筑物、构筑物或者种植植物、堆放物品，危及电力设施安全的，由当地人民政府责令强制拆除、砍伐或者清除。同时，根据《电力设施保护条例》第28条规定，违反本条例规定，在依法划定的电力设施保护区内进行烧窑、烧荒、抛锚、拖锚、炸鱼、挖沙作业，危及电力设施安全的，由电力管理部门责令停止作业、恢复原状并赔偿损失。

同时，部分地区的电力保护地方条例细化了行政机关在危害电力设施活动中的法律义务，如《福建省电力设施保护办法》第31条规定，违反本办法规定，在电力设施保护区内兴建建筑物、构筑物或者堆放物品、种植植物，危及电力设施安全的，由县级以上人民政府电力管理部门提请本级人民政府责令强制拆除、清除或者砍伐。对于种植可能危及电力设施安全的植物的，县级以上人民政府电力管理部门提请本级人民政府强制砍伐，而无须通过民事诉讼要求违法种植人消除危险、排除妨害。

综上所述，关于处理在电力设施保护区内种植可能危及电力设施的植物的行为，供电企业既可以以民事法律关系向法院提起诉讼，要求行为人砍伐树木、排除妨害、消除危险，也可以将相关情况通过提请当地县级以上政府或申请法院强制执行，对违法种植物进行砍伐。

3. 法律关系竞合的处理。

法律关系竞合的情况下，供电企业在处置电力设施保护区内种植物时，应当针对具体个案中所出现的不同的情况，选择不同的方案进行处理。如在无法明确被告主体、不符合《民事诉讼法》规定的立案条件的情况下，采用行政强制执行的方式更为妥当。

（三）土地使用权人、经营权人能否按自己的意愿在土地上种植任何植物

司法实践中，多数种植者往往提出，自己作为土地的经营权人或者土地的使用权人，对在土地上种植植物的行为享有自由权利，供电企业对其种植行为和种植物的种类无权干涉，这是否具有法律依据呢？笔者认为，任何民事主体行使民事权利，都应遵守法律的规定。同时，根据《中华人民共和国土地管理法》第9条的规定，国有土地和农民集体所有的土地，可以依法确定给单位或者个人使用。使用土地的单位和个人，有保

护、管理和合理利用土地的义务。《中华人民共和国农村土地承包法》第17条也规定了，"承包方承担下列义务：（一）维持土地的农业用途，不得用于非农建设；（二）依法保护和合理利用土地，不得给土地造成永久性损害；（三）法律、行政法规规定的其他义务"。其中第三项即是要求土地承包者应当遵守法律、行政法规规定的其他义务。《电力法》第53条亦对土地承包经营者的权利作出限制。较为典型的还有《刑法》第351条所规定的非法种植毒品原植物罪，禁止非法种植罂粟、大麻等毒品原植物，同样也是以法律的形式对土地承包人种植物的限制。因此，土地使用权人、承包经营者和其他主体均不能违反法律、行政法规的规定，随心所欲地种植任何植物。

（四）砍伐违法种植物是否需要承担经济赔偿、补偿义务

现实中，供电企业与种植者协商砍伐事宜，种植者往往提出要求供电企业对其所砍伐的树木承担经济赔偿或经济补偿。而供电企业为了及时处置、避免发生重大危害后果，在事情紧急或即将发生台风等自然灾害的严峻形势下，不得不满足种植者的要求，对其所砍伐的种植物进行经济赔偿或经济补偿。但是根据相关法律规定，电力设施建设在前、危害植物种植在后的，应予砍伐并不予支付各项补偿费用，如《电力设施保护条例实施细则》第18条第2款的规定，电力企业对已划定的电力设施保护区域内新种植或自然生长的可能危及电力设施安全的树木、竹子，应当予以砍伐，并不予支付林木补偿费、林地补偿费、植被恢复费等任何费用。同时，根据《福建省电力设施建设保护和供用电秩序维护条例》第18条第3款的规定，在法定的电力设施保护区内，新种植林木等植物应当符合第1款第5项要求，对不符合安全距离的植物，电力企业应当通知所有人或者管理人限期处理，所有人或者管理人逾期不予处理的，电力企业可以自行修剪或者依法砍伐，并不予支付补偿费用，依法砍伐的林木归产权人所有。

反之，若高杆植物种植在前，电力设施建设在后，对应当砍伐的植物需按国家有关规定予以补偿，如《电力法》第16条规定，电力建设项目

使用土地，应当依照有关法律、行政法规的规定办理；依法征收土地的，应当依法支付土地补偿费和安置补偿费，做好迁移居民的安置工作。《电力设施保护条例》第24条也规定，新建、改建或扩建电力设施，需要损害农作物，砍伐树木、竹子，或拆迁建筑物及其他设施的，电力建设企业应按照国家有关规定给予一次性补偿。《电力设施保护条例实施细则》第16条第1项也有同样的规定，新建架空电力线路建设工程、项目需穿过林区时，应当按国家有关电力设计的规程砍伐出通道，通道内不得再种植树木；对需砍伐的树木由架空电力线路建设单位按国家的规定办理手续和付给树木所有者一次性补偿费用，并与其签订不再在通道内种植树木的协议。

此外，电力设施保护与经济补偿请求权是两个不同的法律关系，《电力法》第53条第2款关于不得种植可能危及电力设施安全的植物的规定，是法律强制性规定，是否给予补偿乃至于电力设施建设本身是否符合法定程序，不能成为其将违法行为合法化的理由。若确实存在此类情况，应由种植者对补偿义务人或其他相关主体另案提起诉讼，主张自己的权益。

（五）民事诉讼中的法律风险

1. 主体认定。

根据《民事诉讼法》第119条的规定，起诉必须符合有明确的被告的条件。但是在现实中，种植者和其种植的位置多种多样，其中农村土地，就存在有家庭承包经营、个人承包经营、村民小组承包后分配给各户经营等多种情形。种植者也分为土地使用权人和非土地使用权人，甚至有发生村民合伙在荒地上种植高杆植物危及电力设施的情形。虽然供电企业在前期协商的过程中能够接触到种植者，但是常常未能在协商的过程中取得有效的主体证据，如种植者的个人身份、户籍信息，以及其为实际种植者或者是涉案土地的经营权人、使用权人的有关证据。因此造成无法确认本案适格被告的后果。所以，笔者建议供电企业在与种植者进行前期接触的过程中，应当尽量取得当地村委会、乡镇政府、街道办事处的配合，在交涉过程中尽量由第三方机构进行见证或者参与，或者在起诉前调取相关土地经营权人、使用权人的身份信息。如果在起诉后，供电企业无法证明种植者或土地经营权人、使用权人,则可能因为没有明确的被告,被裁定驳回起诉。

2. 诉讼请求的确定。

起诉砍伐违法种植物,往往是以消除危险纠纷为案由立案审理,要求种植者即涉案被告自行砍伐电力设施保护区内可能危及电力设施的植物。但是在这种情况下,供电企业需要承担两项事实的证明责任:其一,涉案种植物系被告所种,同时系被告所有;其二,如无法证明涉案种植物系被告所种,那么需证明被告为土地使用权人或经营权人。需要查证相关事实又必须通过法庭调查取证方可实现。因此涉及另一类诉讼请求,即请求判令被告停止对原告砍伐违法种植物的妨害,基于此,作为原告的供电企业仅需证明两点:其一,供电企业有权砍伐涉案违法种植物;其二,涉案被告对供电企业砍伐违法种植物的行为进行了阻扰和妨害。这个过程需要在前期交涉过程中,对该过程通过相关录像取证或者公证机关进行证据保全。

(六) 紧急情况下的先予执行

作为对电力设施安全运行负有主要责任的供电企业,往往因起诉后漫长的诉讼期,而导致无法及时对高杆植物进行及时处理,最终造成危害结果。但实际上,民事诉讼法对于此类情况规定了救济途径。根据《民事诉讼法》第106条的规定,"人民法院对下列案件,根据当事人的申请,可以裁定先予执行:(一) 追索赡养费、扶养费、抚育费、抚恤金、医疗费用的;(二) 追索劳动报酬的;(三) 因情况紧急需要先予执行的。"同时,第107条规定,"人民法院裁定先予执行的,应当符合下列条件:(一) 当事人之间权利义务关系明确,不先予执行将严重影响申请人的生活或者生产经营的;(二) 被申请人有履行能力。人民法院可以责令申请人提供担保,申请人不提供担保的,驳回申请。申请人败诉的,应当赔偿被申请人因先予执行遭受的财产损失"。

电力设施保护区内的非法种植物,即属于《民事诉讼法》第106条第3项规定的"因情况紧急需要先予执行的",也符合第107条规定,不先予执行将严重影响申请人的生活或者生产经营的,甚至将危及公共安全，且被申请人有履行能力。同时，根据《最高人民法院关于适用〈中华人民共和国民事诉讼法〉的解释》第170条的规定，"《民事诉讼法》第一百零六条第三项规定的情况紧急，包括：（一）需要立即停止侵害、排除妨碍的；（二）需要立即制止某项行为的……"因此，此种情况依法属于先予执行的范围。

二、风险点案例分析

1. 电力设施是否经过审批，不属于消除危险纠纷一案的审查范围，不能以此作为危害电力设施的抗辩理由。（2015岩民终字第869号）

案情简介：由于上诉人漳平市云中山林业专业合作社所属林地内输电线路下种植的高杆植物越长越高，多处林木已快要触碰输电线路，三元水电公司进行修剪或砍伐，遭到原告云中山合作社的拒绝，为此，原告起诉要求两被告消除危险，停止输送电力。同时认为，三元水电公司的建设未办理征占用林地手续，存在审批手续不合法。

而被上诉人即原审被告三元水电公司反诉原告，要求其排除妨碍，依法修剪或砍伐架空电力线路廊道下的高杆植物。

裁判要旨：依据《电力法》第53条规定："任何单位和个人不得在依法划定的电力设施保护区内修建可能危及电力设施安全的建筑物、构筑物，不得种植可能危及电力设施安全的植物，不得堆放可能危及电力设施安全的物品。在依法划定电力设施保护区前已经种植的植物妨碍电力设施安全的，应当修剪或者砍伐。"本案原告系2007年9月29日依法注册成立，是在电站建成投产多年后才取得涉案林地经营权，显然，三元水电公司的输电线路建设在先，原告在电力设施保护区内种植的树木、竹子等高杆植物已经危及电力设施安全，理应自行排除，因此，原告起诉要求被告消除危险、停止在原告经营区内的输电线路输送电力的诉求理由不足，不予采信。原告不自行修剪或砍伐可能危及输电线路安全的高杆植物，被告三元水电公司有权依法予以修剪或砍伐。因此，被告三元水电公司反诉原告排除妨碍的诉讼主张有事实和法律依据，予以支持。根据《电力设施保护条例》的规定，电力设施受国家法律保护，禁止任何单位或个人从事危害电力设施的行为。因此在电力线路及其相关设施架设完成并投入使用后，任何单位或个人都有保护电力设施的义务，对危及电力线路安全的行为，应予以阻止。故上诉人在输电线路范围内对涉案的林木、林地行使经营权的行为应当受到限制。上诉人认为被上诉人三元水电公司的建设未办理征占用林地手续，存在审批手续不合法的上诉理由，因被上诉人三元水电公司的建设是否依照相关规定履行了完整手续，不属本案审理范围，本院不予审查，上诉人的该上诉理由不予采纳。

2. 砍伐种植物是否经过赔偿、补偿，不能作为在电力设施保护区内非法种植的合法化理由，对于赔偿、补偿款有争议的，应当由种植者另案起诉赔偿、补偿义务人。（2015通民初字第666号）

案情简介：110千伏湖张—武支高压输电线路于2003年11月建成，原告电力公司为该线路产权人。该线路建成后，被告梁士勇未经原告同意，擅自在该线路48#～49#杆塔间电力线路保护区内种植杨树等高大树木。随着树木的自然生长，现树木的最高点与高压线导线之间的净空距离不足0.1米，有的树木已超过高压线的高度，极易发生放电现象、树木在雷雨天气带电现象和树木挂断供电线路现象，已严重威胁到原告上述线路的供电安全，极易产生大面积停电事故。特别是基于电网的统一性和电力产供销同时完成的特点，一旦发生停电事故将会直接影响北京部分地区的供电，后果将十分严重。因电力设施涉及社会公共利益，属于国有财产，为保护电力设施，国务院颁布的《电力设施保护条例》第10条规定了110千伏电力线路保护区为导线边线向外侧水平延伸10米并垂直于地面所形成的两平行面内的区域。《电力法》第53条规定："任何单位和个人不得在依法划定的电力设施保护区修建可能危及电力设施安全的建筑物、构筑物，不得种植可能危及电力设施安全的植物，不得堆放可能危及电力设施安全的物品。在依法划定电力设施保护区前已经种植的植物妨碍电力设施安全的，应当修剪或者砍伐。"《电力设施保护条例实施细则》第16条和《110～500千伏架空送电线路设计技术规程》（原国家经贸委发布实施)16.0.7规定,110千伏导线与树木之间的垂直距离不应小于4米。现被告种植的树木的最高点与上述电力线路之间的垂直距离仅有0.1米,已严重威胁到电力线路的安全,极容易引发大面积停电事故的发生和导致人身触电事故。因此原告根据《电力法》《物权法》的规定,请求法院依法判令被告自行砍伐种植在110千伏湖张—武支48#~49#杆塔间电力线路保护区(导线边线向外侧水平延伸10米并垂直于地面所形成的两平行面内的区域)范围内的所有树木,消除保护区内树木对该条线路供电安全产生的严重危险,避免大面积停电事故的发生;本案诉讼费由被告承担。

被告梁士勇答辩称其与西集镇经济合作社于1998年、2005年共签订两份承包合同,原告是2005年安装的电力线路,未经其同意,并提出拒绝挪树,除非原告给予经济赔偿。

裁判要旨: 本院认为,根据《电力法》规定,任何单位和个人不得在依法划定的电力设施保护区内修建可能危及电力设施安全的建筑物、构筑物,不得种植可能危及电力设施安全的植物,不得堆放可能危及电力设施安全的物品。现梁士勇在电力设施保护区内管理和种植树木,已经影响到供电安全,根据法律规定,梁士勇应当将管理和种植于电力线路保护区内的树木自行移除。对于梁士勇主张的树木赔偿问题,可以在本案查明的事实基础上另行主张权利和提起诉讼。

3. 以原告建设塔杆未向被告提供补偿为由,未实际获得占地补偿不能作为违法种植高杆植物的抗辩理由。(2016京0113民初137号)

案情简介: 原告国网北京市电力公司诉称:220千伏孙怀一二线送电工程由原告于1988年建成投运,原告为该线路产权人。该线路建成后,被告未经原告同意,擅自在该线路106#~108#杆塔间电力线路保护区内种植1000余棵高大树木。原告经营管理的电力设施直接关系电力的安全稳定运行,为维护供用电持续,避免大面积停电事故发生,请求法院依法判令被告自行砍伐种植在220千伏孙怀一二线106#~108#杆塔间电力线路保护区(导线边线向外侧水平延伸15米并垂直于地面所形成的两平行面内的区域)范围内的所有树木,消除保护区内树木对该条线路供电安全产生的严重危险，避免大面积停电事故的发生；本案诉讼费由被告承担。被告李井林辩称：原告起诉被告没有法律依据。涉诉土地是被告依法承包的，原告建的杆塔在被告承包地范围内，所建杆塔占地范围未从被告承包地范围内扣除，被告还在交纳这部分区域的承包费。原告建杆塔未对被告承包地范围内的树木等地上物进行补偿，其在证据中所述已经进行过补偿并不属实，应当起诉实际接受补偿的一方。由于高压电网的存在，给被告及其相关管理人员的人身安全造成严重危险，致使无法正常生产经营，造成间接经济损失（8亩经济林无法管理），然而被告却还要依然上交承包费达27年之久，原告应赔付被告上述损失。原告如果砍伐涉诉树木应当给予被告合理赔偿。而且，被告自己也无法砍伐，根据森林法规定被告自己砍伐需要报批，而且因为距离导线近，砍伐也有安全隐患。综上，不同意原告的诉讼请求。

裁判要旨： 妨害物权或者可能妨害物权的，权利人可以请求排除妨害或者消除危险。本案中，涉诉树木为被告种植，原告作为电力线路的产权人和管理人，可以消除危险为由向被告主张权利，被告系本案的适格主体。被告以杆塔建设未实际获得占地补偿为由，要求原告向获得补偿者提起诉讼，于法无据，本院不予采信。我国《电力法》明确规定任何单位和个人不得在依法划定的电力设施保护区内修建可能危及电力设施安全的建筑物、构筑物，不得种植可能危及电力设施安全的植物，不得堆放可能危及电力设施安全的物品。根据双方陈述，原告架设线路在先，被告种植树木在后。现被告在电力设施保护区范围内所种植的树木，已经影响到供电安全，根据法律规定，被告应当将其种植于电力线路保护区内的树木自行移除。关于被告答辩中提出的关于线路建设时未给其补偿及因线路存在造成其损失的问题，因其明确表示上述意见仅作为其答辩意见，不作为独立的请求，本院对此不持异议，被告可另行解决。

4. 电力线路内种树危及公共安全，法院裁定先予执行（2014綦法民初字第02400号）。

案情简介： 110千伏綦江中坝—松藻电力线路系重庆市发改委批准建

设项目，原告系该项目建设单位，该项目施工单位系重庆市送变电工程有限公司。该工程于2012年2月开工，计划于2012年12月投入运行。为满足线路安全规程要求，该线路位于綦江赶水镇藻渡村1社的26号塔至28号塔线路下方3棵桉树需砍伐。2012年4月，项目施工单位与桉树所有人被告敖万敏根据相关标准达成了砍伐桉树的赔偿协议，施工单位一次性支付敖万敏312元后根据工程进度自行对树木进行砍伐。协议达成后，被告敖万敏领取了该款。2012年7月12日，线路架设完工，重庆市送变电工程有限公司组织线路树木清障，要求砍伐桉树时，被告再次索要10万元的高价树木赔偿款，还提出拆迁电力线路旁边的房屋（依据相关规定，110千伏电力架空线路不属于拆迁范围，且此架设线路符合安全规范，不影响房屋安全）的无理要求，并以此为由阻拦砍伐树木。经村社及政府多次协商未果，导致该电力线路由于树木未砍伐不符合通电条件至今无法投入运行。由于线路不能按期投运，导致施工单位需组织大量人力看护，重庆松藻煤电有限责任公司35千伏电网不能按期升级到110千伏电网，供电可靠性低，给重庆松藻煤电有限责任公司安全生产带来巨大压力，也因无法满足生产负荷需求给松藻煤矿公司带来巨额经济损失。2014年2月20日，110千伏綦江中坝—松藻线路中天线一侧正式投入运行，单线路带50 000千伏安负荷，供重庆松藻煤电有限责任公司整个电力网络，35千伏中大线作保安电源。目前重庆松藻煤电有限责任公司电网无备用电源回路，一旦发生故障，一方面将难以保障矿井下作业人员人身安全，恐造成重大人身伤亡事故；另一方面重庆松藻煤电有限责任公司随时面临因停电生产中断的危险，将使綦江经济遭受严重损失，给綦江社会带来不稳定因素。故被告的行为已给原告及用电单位带来了很大的经济损失，该电力线路清障通电已刻不容缓。为此，现起诉至法院，要求判令被告排除妨碍，不得阻挠原告砍伐110千伏中坝—松藻电力线路26号塔至28号塔线路下方的3棵桉树。

裁判要旨：原告綦南供电公司于2014年3月4日向本院提出先予执行的申请，要求被告敖万敏、刘国香、敖开忠排除妨碍，立即停止阻挠原告砍伐 110 千伏中坝—松藻电力线路 26 号塔至 28 号塔线路下方 3 棵桉树的行为，本院于 2014 年 4 月 14 日作出民事裁定书，裁定被告敖万敏、刘国香、敖开忠立即停止阻止原告砍伐 110 千伏中坝—松藻电力线路 26 号塔至 28 号塔线路下方 3 棵桉树的行为。

三、风险点防范措施

对于在电力设施保护区内种植可能危及电力设施的植物，如前文所述，可以通过民事诉讼，以物上请求权起诉违法种植者，也可以报请电力执法部门，向人民法院申请强制执行。对于其中可能产生的风险，笔者提出以下防范建议。

（一）难以确定违法种植主体的风险

1. 农村集体土地上在电力设施保护区内种植可能危及电力设施的植物的，应当向村委会或有关部门查询涉案地区的土地承包者或宅基地所属情况，并通过协商由其出具相关书面证明，用以证明涉案土地所属。在国有土地上违法种植植物危及电力设施的，可以在前期调查中确定涉案土地使用权人，在案件起诉后，申请法院调查取证，并向不动产登记管理部门或国有土地使用权登记管理部门申请调取土地使用权人。

2. 对于土地所有权人、土地使用权人、农村土地承包经营者答辩称非本人种植的，仍可以之为被告。根据《土地管理法》第 9 条的规定，国有土地和农民集体所有的土地，可以依法确定给单位或者个人使用。使用土地的单位和个人，有保护、管理和合理利用土地的义务。第 10 条规定，农民集体所有的土地依法属于村农民集体所有的，由村集体经济组织或者村民委员会经营、管理；已经分别属于村内两个以上农村集体经济组织的农民集体所有的，由村内各该农村集体经济组织或者村民小组经营、管理；已经属于乡（镇）农民集体所有的，由乡（镇）农村集体经济组织经营、管理。因此，土地相关权利人对其土地承担有保护、管理和合理利用的职责，在其土地上有人种植可能危及电力设施的植物，其有义务对其土地履行管理职责，依法履行法定义务。

3. 涉案土地经查没有使用权人的，为种植人私自在荒地种植的，应当在前期沟通过程中，注意存留种植人自认的证据，并通过录像、由其本人签署《协商笔录》《会议纪要》等方式保留证据用以诉讼。

（二）诉讼程序漫长，可能在诉讼过程中发生危险的

可以依照《民事诉讼法》第106条、第107条和《最高人民法院关于适用中华人民共和国民事诉讼法的解释》第170条的规定，向人民法院申请先予执行，由于已有前文判例，且事关公共安全和供电秩序，法院在原告一方证据充足的情况下，一般会裁定先予执行。

（三）法律规定的冲突和适用与刑事法律风险防范

根据《中华人民共和国森林法》（以下简称《森林法》）第32条的规定，采伐林木必须申请采伐许可证，按许可证的规定进行采伐；农村居民采伐自留地和房前屋后个人所有的零星林木除外。根据最高人民法院、最高人民检察院《关于办理盗伐滥伐林木案件应用法律的几个问题的解释》第2条的规定，"情节严重"是刑法规定盗伐、滥伐林木罪构成的必要条件。数量较大是"情节严重"的重要内容。"数量较大"的起点，在林区盗伐一般可掌握在2~5立方米或幼树100~250株；滥伐一般可掌握在10~20立方米或幼树500~1200株。在非林区盗伐一般可掌握在1~2.5立方米或幼树50~125株；滥伐一般可掌握在5~10立方米或幼树250~600株，或者相当于上述损失。

虽然供电企业依照《电力法》及相关行政法规、部门规章砍伐可能危及电力设施的树木，但是反之《森林法》却对采伐林木进行了严格的规定，林木采伐许可证作为采伐林木的唯一合法凭证，相关办理采伐许可证的规定又未对树木危及电力设施的情况进行规范。因此，笔者建议，供电企业在处理可能危及电力设施的种植物时，应当积极与当地林业部门、森林公安及地方政府加强沟通，并充分利用电力执法部门的行政属性，以规避刑法上的风险。

第四章
安全隐患法律风险防范

【相关法律法规】

《中华人民共和国电力法》

第五十三条 电力管理部门应当按照国务院有关电力设施保护的规定，对电力设施保护区设立标志。

任何单位和个人不得在依法划定的电力设施保护区内修建可能危及电力设施安全的建筑物、构筑物，不得种植可能危及电力设施安全的植物，不得堆放可能危及电力设施安全的物品。

在依法划定电力设施保护区前已经种植的植物妨碍电力设施安全的，应当修剪或者砍伐。

第六十九条 违反本法第五十三条规定，在依法划定的电力设施保护区内修建建筑物、构筑物或者种植植物、堆放物品，危及电力设施安全的，由当地人民政府责令强制拆除、砍伐或者清除。

国务院《电力设施保护条例》（国务院令第239号）

第十条 电力线路保护区：

（一）架空电力线路保护区：导线边线向外侧水平延伸并垂直于地面所形成的两平行面内的区域，在一般地区各级电压导线的边线延伸距离如下：

1～10千伏	5米
35～110千伏	10米
154～330千伏	15米
500千伏	20米

在厂矿、城镇等人口密集地区，架空电力线路保护区的区域可略小于上述规定。但各级电压导线边线延伸的距离，不应小于导线边线在最大计算弧垂及最大计算风偏后的水平距离和风偏后距建筑物的安全距离之和。

（二）电力电缆线路保护区：地下电缆为电缆线路地面标桩两侧各0.75米所形成的两平行线内的区域；海底电缆一般为线路两侧各2海里（港内为两侧各100米），江河电缆一般不小于线路两侧各100米（中、小河流一般不小于各50米）所形成的两平行线内的水域。

第十五条　任何单位或个人在架空电力线路保护区内，必须遵守下列规定：

（一）不得堆放谷物、草料、垃圾、矿渣、易燃物、易爆物及其他影响安全供电的物品；

（二）不得烧窑、烧荒；

（三）不得兴建建筑物、构筑物；

（四）不得种植可能危及电力设施安全的植物。

第十六条　任何单位或个人在电力电缆线路保护区内，必须遵守下列规定：

（一）不得在地下电缆保护区内堆放垃圾、矿渣、易燃物、易爆物，倾倒酸、碱、盐及其他有害化学物品，兴建建筑物、构筑物或种植树木、竹子；

（二）不得在海底电缆保护区内抛锚、拖锚；

（三）不得在江河电缆保护区内抛锚、拖锚、炸鱼、挖沙。

第二十四条　新建、改建或扩建电力设施，需要损害农作物、砍伐树木、竹子，或拆迁建筑物及其他设施的，电力建设企业应按照国家有关规定给予一次性补偿。

在依法划定的电力设施保护区内种植的或自然生长的可能危及电力设施安全的树木、竹子，电力企业应依法予以修剪或砍伐。

《电力设施保护条例实施细则》（中华人民共和国国家经济贸易委员会、中华人民共和国公安部令第8号发布，根据2011年6月30日国家发展和改革委员会令第10号修改）

第十六条　架空电力线路建设项目和公用工程、城市绿化及其他工程之间发生妨碍时，按下述原则处理：

（一）新建架空电力线路建设工程、项目需穿过林区时，应当按国家有关电力设计的规程砍伐出通道，通道内不得再种植树木；对需砍伐的树木由架空电力线路建设单位按国家的规定办理手续和付给树木所有者一次性补偿费用，并与其签定不再在通道内种植树木的协议。

（二）架空电力线路建设项目、计划已经当地城市建设规划主管部门批准的，园林部门对影响架空电力线路安全运行的树木，应当负责修剪，并保持今后树木自然生长最终高度和架空电力线路导线之间的距离符合安全距离的要求。

（三）根据城市绿化规划的要求，必须在已建架空电力线路保护区内种植树木时，园林部门需与电力管理部门协商，征得同意后，可种植低矮树种，并由园林部门负责修剪以保持树木自然生长最终高度和架空电力线路导线之间的距离符合安全距离的要求。

（四）架空电力线路导线在最大弧垂或最大风偏后与树木之间的安全距离为：

电压等级	最大风偏距离	最大垂直距离
35~110千伏	3.5米	4.0米
154~220千伏	4.0米	4.5米
330千伏	5.0米	5.5米
500千伏	7.0米	7.0米

对不符合上述要求的树木应当依法进行修剪或砍伐，所需费用由树木所有者负担。

第十八条 在依法划定的电力设施保护区内，任何单位和个人不得种植危及电力设施安全的树木、竹子或高杆植物。

电力企业对已划定的电力设施保护区域内新种植或自然生长的可能危及电力设施安全的树木、竹子，应当予以砍伐，并不予支付林木补偿费、林地补偿费、植被恢复费等任何费用。

《福建省电力设施保护办法》

第三十一条 违反本办法规定，在电力设施保护区内兴建建筑物、构筑物或者堆放物品、种植植物，危及电力设施安全的，由县级以上人民政府电力管理部门提请本级人民政府责令强制拆除、清除或者砍伐。

《福建省电力设施建设保护和供用电秩序维护条例》

第十八条 电力设施与林区、城市绿化之间发生妨碍时，按照下列原则处理：

（一）电力建设单位适当提高技术设计标准，提升架空电力线路杆塔高度，以减少对林业生产和生态建设的影响。

（二）新建、改建或者扩建架空电力线路的杆塔基础需使用林地的，电力设施产权人应当依法办理使用林地的相关手续；需使用城市规划区内绿地的，应当依法向县级以上地方人民政府城市园林绿化行政管理部门申请办理使用绿地的相关手续，并依法缴纳相关费用。

（三）新建、改建或者扩建架空电力线路走廊需要砍伐林木的，电力设施产权人应当与林木所有人签订砍伐林木和砍伐后及时绿化但不再种植高杆植物的协议，并按照有关规定给予一次性补偿，依法办理采伐手续。

（四）新建、改建或者扩建架空电力线路走廊需在城市规划区内砍伐、移植、修剪树木的，由电力设施产权人依法向所在地县级以上地方人民政府城市园林绿化行政管理部门申请办理树木相关手续。砍伐、移植、修剪费用的承担按国家和所在地城市有关规定执行。

（五）架空电力线路导线在最大弧垂或者最大风偏后与树木之间的安全距离按照国家和本省有关规定执行。在法定的电力设施保护区内，电力设施投入运行后，已经种植的植物，因自然生长不满足安全距离要求的，应当按照前款第三项规定执行。在法定的电力设施保护区内，新种植林木等植物应当符合第一款第五项要求，对不符合安全距离的植物，电力企业应当通知所有人或者管理人限期处理，所有人或者管理人逾期不予处理的，电力企业可以自行修剪或者依法砍伐，并不予支付补偿费用，依法砍伐的林木归产权人所有。

第三节 电力设施周围施工作业、电力设施保护区内兴建建筑物的法律风险防范

根据《电力法》等电力领域法律法规的规定，电力设施周围施工作业、电力设施保护区内兴建建筑物需经过电力管理部门的批准，但是实践中，大量的违法建设不断影响电力设施的安全，同时也威胁着建设人和施

第四章
安全隐患法律风险防范

工人的生命健康安全，在这种情况下，供电企业的法律风险和法律责任极重，既要承担违法建设人的违法行为可能给电力设施带来的破坏，也要防范建设过程中人员伤亡的法律风险。

一、风险点法律分析

（一）电力设施保护区内违法建设的相关法律

电力设施周围、电力设施保护区内禁止违法作业、违法建设的法律框架与电力设施保护区内禁止种植可能危及电力设施的种植物的法律体系基本一致，以《电力法》为主要法律，并通过《电力设施保护条例》及其实施细则、各电力设施保护相关的地方条例对违法作业、违法建设的情形进行具体规定。

1. 《电力法》第52条第2款规定，在电力设施周围进行爆破及其他可能危及电力设施安全的作业的，应当按照国务院有关电力设施保护的规定，经批准并采取确保电力设施安全的措施后，方可进行作业。第53条第2款规定，任何单位和个人不得在依法划定的电力设施保护区内修建可能危及电力设施安全的建筑物、构筑物，不得种植可能危及电力设施安全的植物，不得堆放可能危及电力设施安全的物品。第55条规定，电力设施与公用工程、绿化工程和其他工程在新建、改建或者扩建中相互妨碍时，有关单位应当按照国家有关规定协商，达成协议后方可施工。

2. 《中华人民共和国建筑法》（以下简称《建筑法》）第42条规定，"有下列情形之一的，建设单位应当按照国家有关规定办理申请批准手续：（一）需要临时占用规划批准范围以外场地的；（二）可能损坏道路、管线、电力、邮电通讯等公共设施的；（三）需要临时停水、停电、中断道路交通的；（四）需要进行爆破作业的；（五）法律、法规规定需要办理报批手续的其他情形"。

3. 《电力设施保护条例》第15条规定，"任何单位或个人在架空电力线路保护区内，必须遵守下列规定：……（三）不得兴建建筑物、构筑物……"同时，《电力法》第54条规定，任何单位和个人需要在依法划定的电力设施保护区内进行可能危及电力设施安全的作业时，应当经电力管理部门批准并采取安全措施后，方可进行作业。

4.《电力设施保护条例实施细则》第7条第3款规定，在保护区内禁止使用机械掘土、种植林木；禁止挖坑、取土、兴建建筑物和构筑物；不得堆放杂物或倾倒酸、碱、盐及其他有害化学物品。

综上，电力设施周围进行可能危及电力设施安全的作业、电力设施保护区内禁止修建可能危及电力设施的建筑物、构筑物是《电力法》《电力设施保护条例》及其实施细则所明令禁止的行为。

（二）拆除违法建筑、停止违法作业的，供电企业是否需要承担经济赔偿、补偿义务

1. 根据《电力法》第69条的规定，违反本法第53条规定，在依法划定的电力设施保护区内修建建筑物、构筑物或者种植植物、堆放物品，危及电力设施安全的，由当地人民政府责令强制拆除、砍伐或者清除。

2. 根据《电力设施保护条例》第22条规定，公用工程、城市绿化和其他工程在新建、改建或扩建中妨碍电力设施时，或电力设施在新建、改建或扩建中妨碍公用工程、城市绿化和其他工程时，双方有关单位必须按照本条例和国家有关规定协商，就迁移、采取必要的防护措施和补偿等问题达成协议后方可施工。同时，根据第24条的规定，新建、改建或扩建电力设施，需要损害农作物，砍伐树木、竹子，或拆迁建筑物及其他设施的，电力建设企业应按照国家有关规定给予一次性补偿。

3. 根据《电力设施保护条例实施细则》第15条的规定，对架空电力线路通道内的原有房屋，架空电力线路建设单位应当与房屋产权所有者协商搬迁，拆迁费不得超出国家规定标准；特殊情况需要跨越房屋时，设计建设单位应当采取增加杆塔高度、缩短档距等安全措施，以保证被跨越房屋的安全。被跨越房屋不得再行增加高度。超越房屋的物体高度或房屋周边延伸出的物体长度必须符合安全距离的要求。

4. 各地区条例亦有类似规定，如《福建省电力设施建设保护和供用电秩序维护条例》第16条规定，电力线路项目依法审批前已批准建设的

房屋被限制加高加层的，以及按照设计规程需要，依法拆除架空电力线路走廊内建筑物的，电力建设单位应当予以补偿。

因此，关于补偿规则，相关法律、行政法规、部门规章与地方条例均已作出明确规定。只有在建筑物建设在先、电力设施建设在后（包括新建、改建、扩建的情况）需要作补偿。而对于建筑物建设在后的情况，依法应当拆除的，违法建设者向供电企业主张赔偿的没有法律依据。这类补偿方式与电力设施保护区内可能危及电力设施的种植物相类似。

（三）电力设施保护区内违法建设存在的风险

电力设施保护区内违法建设与前篇所述电力设施下种植可能危及电力设施的种植物在法律关系上具有一定程度上的重合性，关于行政法律关系与民事法律关系均可通用。但是，由于建筑物的价值往往远高于种植物，故对其进行处置的难度也远高于种植物，且对于在电力设施保护区内正在进行的违法建设的情况，其迫切危险性较之尚未长入电力设施保护区内的种植物更具严重性。

而在实践中，供电企业也会定期对相关电力线路、电力设施进行巡查、巡视，在多数情况下都能够发现正在进行的违法建设，但是后续处置多只能向其发放通知书，向其告知违法建设事实并应当停止建设，但是电力公司本身是企业，并无执法权，因此无法对其进行拆除。而建设方几无可能为一张通知书停止建设，更有可能会加速建造，让建筑物成为既成事实。在这种情况下，就可能产生相关风险：一是人员触电；二是建设过程中相关作业危及电力设施安全。

（四）违法建设过程中，人员触电法律风险

由于在电力设施保护区内进行施工作业具有较高的危险性，现实中，也屡屡出现人员触电致伤甚至死亡的情形，尤其是施工人员。在这种情况下，一旦诉至法院，受害人往往将供电企业作为共同被告诉至法院。笔者现就违法建设过程中人员触电法律相关责任分配做以下阐述。

1. 发包方（建设单位）责任。

（1）承包人资质审查责任。根据《建筑法》第22条的规定，建筑工程实行招标发包的，发包单位应当将建筑工程发包给依法中标的承包单位。建筑工程实行直接发包的，发包单位应当将建筑工程发包给具有相应资质条件的承包单位。同时，第65条规定，发包单位将工程发包给不具有相应资质条件的承包单位的，或者违反本法规定将建筑工程肢解发包的，责令改正，处以罚款。因此在《建筑法》中，已经明确禁止发包方将工程发包给不具有建设资质的主体。同时，根据《最高人民法院关于审理人身损害赔偿案件适用法律若干问题的解释》第11条第2款的规定，雇员在从事雇佣活动中因安全生产事故遭受人身损害，发包人、分包人知道或者应当知道接受发包或者分包业务的雇主没有相应资质或者安全生产条件的，应当与雇主承担连带赔偿责任。

（2）工程违法建设责任。根据《建筑法》第7条的规定，建筑工程开工前，建设单位应当按照国家有关规定向工程所在地县级以上人民政府建设行政主管部门申请领取施工许可证。按照《电力设施保护条例》的规定，在电力设施保护区内进行作业，应当经过电力管理部门批准，实践中，建设单位多数不可能具备办理施工许可证及相关证照的条件，属于无证施工。在这种情况下，工程本身未办理施工许可、不符合施工条件，建设单位即发包方对于施工人员的损害应当承担责任。

2. 承包方（施工单位）责任。

（1）安全生产管理责任。根据《建筑法》第39条的规定，建筑施工企业应当在施工现场采取维护安全、防范危险、预防火灾等措施；有条件的，应当对施工现场实行封闭管理。第45条规定，施工现场安全由建筑施工企业负责。实行施工总承包的，由总承包单位负责。分包单位向总承包单位负责，服从总承包单位对施工现场的安全生产管理。同时，第46条规定，建筑施工企业应当建立健全劳动安全生产教育培训制度，加强对职工安全生产的教育培训；未经安全生产教育培训的人员，不得上岗作业。施工单位作为安全生产的直接负责人，对于其雇员人身损害负有不可推卸的责任。对于建设施工过程中施工人员致害的，施工单位应当承担一定的责任甚至主要责任。

（2）雇主责任。根据《最高人民法院关于审理人身损害赔偿案件适用法律若干问题的解释》第 11 条第 1 款的规定，雇员在从事雇佣活动中遭受人身损害，雇主应当承担赔偿责任。雇佣关系以外的第三人造成雇员人身损害的，赔偿权利人可以请求第三人承担赔偿责任，也可以请求雇主承担赔偿责任。雇主承担赔偿责任后，可以向第三人追偿。因此，作为雇主的施工单位，应当对雇员的人身损害承担无过错责任。

3. 施工人员（受害人）责任。

（1）施工人员是否取得相关作业资质，如涉电工程作业资质、机械操作资质，根据相关领域的管理法规，施工人员如果未能取得操作资质即进行相关专业领域的操作，属于违反国家安全生产法规的规定，本身具有重大过错。根据《侵权责任法》第 26 条的规定，被侵权人对损害的发生也有过错的，可以减轻侵权人的责任。因此，施工人员自己应当承担一定的责任。

（2）施工人员是否有尽到一般注意义务或其作为专业人员的注意义务。如施工人员所从事的作业项目不需要取得相关资质，那么其是否已尽到一般人的注意义务。例如，对于有明显警示标志的高度危险活动区域、电力设施保护区，作为一般人的生活常识，均可以迅速识别显著危险，施工人员却未尽一般注意义务，造成自身损害的，应承担一定责任。另外，如果施工人员作为专业领域相关人员——如具备《电工进网作业许可证》的施工人员，在电力设施保护区内因过失造成触电损害的，其作为电力领域专业人员，仍应对自身过错承担一定责任。

4. 供电企业责任。

原《最高人民法院关于审理触电人身损害赔偿案件若干问题的解释》（已废止）第 3 条规定，因高压电造成他人人身损害有下列情形之一的，电力设施产权人不承担民事责任：……受害人在电力设施保护区从事法律、行政法规所禁止的行为。但是，该司法解释已被废止，同时《侵权责任法》第73条规定,对于高压经营者应当承担无过错责任,除非能够证明损害是由不可抗力或受害人故意自杀、自伤造成的。第76条规定,未经许可进入高度危险活动区域或者高度危险物存放区域受到损害,管理人已经采取安全措施并尽到警示义务的,可以减轻或者不承担责任。

(五)建设过程中相关作业危及电力设施安全,导致电力设施损毁及建筑物、构筑物造成电力设施损毁的法律风险

1. 物上请求权。关于物上请求权,主要是根据《物权法》第33条、第35条的规定,因物权的归属、内容发生争议的,利害关系人可以请求确认权利。妨害物权或者可能妨害物权的,权利人可以请求排除妨害或者消除危险。同时,《侵权责任法》第21条规定,侵权行为危及他人人身、财产安全的,被侵权人可以请求侵权人承担停止侵害、排除妨碍、消除危险等侵权责任。建设单位违法在电力设施周围、电力设施保护区内作业、兴建建筑物、构筑物的,即形成对供电企业物权的侵害,亦侵害了公共利益,则要求违法建设者、施工者停止在电力设施周围进行危险作业,或要求其拆除电力设施保护区内的建筑物、构筑物,排除对电力设施的妨害,消除危险。该部分内容与在电力设施保护区内种植可能危及电力设施的种植物的内容基本一致,本篇不再进行重复论述。

2. 债权请求权。根据《物权法》第37条的规定,侵害物权,造成权利人损害的,权利人可以请求损害赔偿,也可以请求承担其他民事责任。同时,根据《侵权责任法》第15条、第19条的规定,侵害他人财产的,应当承担赔偿损失的侵权责任。财产损失按照损失发生时的市场价格或者其他方式计算。

(六)违法建设者造成电力设施损害的行政责任与刑事责任

1. 行政责任。

(1)根据《电力法》第65条规定,违反本法第32条规定,危害供电、用电安全或者扰乱供电、用电秩序的,由电力管理部门责令改正,给予警告;情节严重或者拒绝改正的,可以中止供电,可以并处5万元以下

的罚款。第 68 条规定，违反本法第 52 条第 2 款和第 54 条规定，未经批准或者未采取安全措施在电力设施周围或者在依法划定的电力设施保护区内进行作业，危及电力设施安全的，由电力管理部门责令停止作业、恢复原状并赔偿损失。第 69 条规定，违反本法第 53 条规定，在依法划定的电力设施保护区内修建建筑物、构筑物或者种植植物、堆放物品，危及电力设施安全的，由当地人民政府责令强制拆除、砍伐或者清除。

（2）根据《建筑法》第 64 条规定，违反本法规定，未取得施工许可证或者开工报告未经批准擅自施工的，责令改正，对不符合开工条件的责令停止施工，可以处以罚款。第 71 条规定，建筑施工企业违反本法规定，对建筑安全事故隐患不采取措施予以消除的，责令改正，可以处以罚款；情节严重的，责令停业整顿，降低资质等级或者吊销资质证书；构成犯罪的，依法追究刑事责任。

2. 刑事责任。

（1）重大劳动安全事故罪。根据《刑法》和《最高人民法院、最高人民检察院关于办理危害生产安全刑事案件适用法律若干问题的解释》的规定，对于对安全生产设施或者安全生产条件不符合国家规定负有直接责任的生产经营单位负责人、管理人员、实际控制人、投资人，以及其他对安全生产设施或者安全生产条件负有管理、维护职责的人员，不改善安全生产设施与安全生产条件，因而发生重大事故或者造成其他严重后果的应承担刑事责任。在电力设施保护区内进行建设、作业都是具有较高危险性的，依法应经电力部门审批，相关责任人员不具备安全生产条件即进行施工，造成损害后果的，将构成本罪。

（2）重大责任事故罪。本罪科处的是对生产、作业负有组织、指挥或者管理职责的负责人、管理人员、实际控制人、投资人等人员，以及直接从事生产、作业的人员，在生产、作业中违反有关安全管理的规定，因而发生重大伤亡事故或者造成其他严重后果的行为。其构成类似于重大劳动安全事故罪，但犯罪主体增加了直接从事生产、作业的人员。

（3）强令违章冒险作业罪。对于生产、作业负有组织、指挥或者管理职责的负责人、管理人员、实际控制人、投资人等人员,利用职权强令他人,违反生产、作业中的相关安全作业管理规定进行作业,明知存在事故隐患、继续作业存在危险,仍然违反有关安全管理的规定强令他人作业,造成人员、财产重大损失的,可能构成强令违章冒险作业罪。

(4) 破坏电力设备罪、过失损坏电力设备罪。根据《刑法》第118条的规定,破坏电力、燃气或者其他易燃易爆设备,危害公共安全,尚未造成严重后果的,处3年以上10年以下有期徒刑。同时,第119条规定,破坏交通工具、交通设施、电力设备、燃气设备、易燃易爆设备,造成严重后果的,处10年以上有期徒刑、无期徒刑或者死刑。过失犯前款罪的,处3年以上7年以下有期徒刑;情节较轻的,处3年以下有期徒刑或者拘役。由于破坏电力设备罪的主观要件是行为人要有破坏电力设备的主观故意,并积极追求损害结果的发生,因此在实践中,建设人员、施工人员故意破坏电力设施的情况较少,多为过失,疏忽大意或自信能够避免,因此多数构成过失损坏电力设备罪。

二、风险点案例分析

1. 违法在电力设施保护区内作业,造成施工人员触电死亡,责任人依法构成重大责任事故罪。(2016 苏 0583 刑初 1450 号)

案情简介:2016 年 5 月 6 日上午,被告人丁某乙作为涉案项目负责人,在未取得电力设施保护区内作业相关行政许可的情况下,安排未取得相应吊车操作资格并未进行安全生产教育和培训的被告人孙某甲(吊车司机)在电力设施保护区(昆山市巴城镇正仪环城西路君子亭路路口北 100 米路东侧高压线:111 正壹线、145 仪镇线,电压等级 10 千伏)内操作汽车吊车与被害人钱某乙等人进行树木吊装作业。被告人孙某甲操作汽车吊车过程中未保持吊车与 10 千伏高压线的安全距离,汽车吊车大臂靠近上方的高压电线,造成线路放电,导致现场施工的被害人钱某乙触电死亡。

裁判要旨:被告人丁某乙、孙某甲在生产、作业中,违反安全生产管理的规定,因而发生重大事故,造成一人死亡,其行为均已构成重大责任事故罪。最终判决被告人丁某乙犯重大责任事故罪,判处有期徒刑1年3个月,缓刑2年。被告人孙某甲犯重大责任事故罪,判处有期徒刑1年3个月,缓刑2年。

笔者认为,本案中,被告人丁某乙作为涉案项目负责人,其应对安全生产承担责任。但被告人生产、作业中违反有关安全管理的规定,违反《电力法》《建筑法》的规定,未经审批在高压电力设施下违法作业,造成一人死亡,符合《最高人民法院、最高人民检察院关于办理危害生产安全刑事案件适用法律若干问题的解释》关于重大责任事故罪的入罪标准,依法构成重大责任事故罪。

2. 电力设置周围违法施工,损坏电力设施,依法构成过失损坏电力设备罪。(2014扬广刑初字第0364号)

案情简介:被告人程某甲的父亲程某乙从事吊车业务,与从事建筑行业的贾某有正常业务往来。2013年12月8日,贾某与程某乙电话联系要求程某乙用吊车为其在扬州市广陵区头桥镇红桥工业园弘扬汽修厂西侧所建的平房吊混凝土,双方约定后,程某乙遂安排未取得吊车操作资格的被告人程某甲前往。当日下午1时许,被告人程某甲在操作吊车做准备工作过程中,因吊车吊臂与平房侧上方500kV江晋5291线49#~50#塔A相导线安全距离不足,引起导线放电,造成该线路沿线停电约1小时,电量损失价值约人民币295 200元。经扬州市广陵区价格认证中心价格鉴证,受损线路恢复正常、安全运行状态需维修(更换)的损失价值为人民币950 285.13元。此次事故造成损失共计人民币1 245 485.13元。

裁判要旨:被告人程某甲因过失致使电力设备损坏,危害公共安全,造成严重后果,其行为已构成过失损坏电力设备罪。最终判决被告人程某甲犯过失损坏电力设备罪,判处有期徒刑3年,缓刑3年。

3. 破坏电力设施依法构成犯罪,并应承担损害赔偿责任。(2014穗云法刑初字第1957号)

案情简介:2014年4月13日2时许,被告人邓某到本市白云区石井街滘心村中和里街10号，盗剪得广州市白云供电局西郊供电所架设在该处、正在使用中的BBV-256mm²电线40米。经鉴定，上述线路修复费用为人民币1315.69元。附带民事诉讼原告人广州供电局有限公司白云供电局诉称，被告人邓某破坏电力设备的行为造成单位经济损失共1315.69元，请求法院判令被告人邓某赔偿其单位线路修复费用1315.69元。

裁判要旨：被告人邓某破坏电力设备，危害公共安全，其行为已构成破坏电力设备罪。公诉机关指控被告人邓某犯破坏电力设备罪事实清楚，证据确实、充分，罪名成立。经审查，被告人邓某盗剪正在使用中的电力设备，危害公安安全，应以破坏电力设备罪定罪处罚。被告人邓某破坏电力设备的犯罪行为给附带民事诉讼原告人广州供电局有限公司白云供电局造成的经济损失应予赔偿。附带民事诉讼原告人广州供电局有限公司白云供电局要求赔偿经济损失的诉讼请求，本院予以支持。

4. 供电公司未及时发现并处理高压线架空区内安全隐患，造成触电事故的，供电公司应承担一定责任。（2017新01民终982号）

案情简介：一审法院认定事实：2016年5月12日，殷某某、胡某某分别与刘某某签订了承包合同。殷某某、胡某某将位于乌鲁木齐市米东区小地磅房屋修建工程以包工包料的方式承包给刘某某施工。合同签订后，刘某某雇用孙某某等人为殷某某、胡某某房屋工程进行施工。2016年6月15日，孙某某在被告殷某某、胡某某的工地上施工时，被工地上方高压线的高压电击伤。

裁判要旨：一审法院认为，供电公司是电力设施的产权人，在线路架空区既无警示标志，也没有及时巡查高压线架空区内的安全情况，对其所有的电力设施没有尽到安全注意义务，应对孙某某的人身损害承担与其过错相应的赔偿责任。孙某某作为完全民事行为能力人并具备工程施工的经验，应具备一定的安全意识和防范意识，在高压线下工作时应对自身的安全尽到谨慎保护的义务，孙某某对于自己受到的人身损害也应承担相应的责任。结合各方过错程度，供电公司承担本次事故30%的赔偿责任。乌鲁木齐中级人民法院二审认为，本案系多因一果的侵权损害赔偿纠纷。殷某某、胡某某未经政府建设行政主管部门的规划和审批，在高压线网通道下私搭乱建，并雇用无劳务施工资质人员违章施工，刘某某雇用组织民工施工前未进行现场安全生产和事故设防教育，也未有具体的安全生产和事故防范措施，供电公司对所属高压电网危险区域内的违章建设施工未有及时发现、制止和尽到相应的管理职责，孙某某无视高压电网通道区域的安全注意义务，施工中违章操作，造成自身身体触电被击重伤，供电公司、殷某某、胡某某、刘某某、孙某某对该人身触电伤害事故的发生均负有一定的责任，一审法院根据审理查明的事实，综合各关系人对引发此劳动安全事故的各种条件因素，判决本案的损害结果按一定比例分担和赔偿是正确的，且各关系人的分担比例及数额分配亦无不妥，本院予以支持。关于殷某某、胡某某以及刘某某上诉称本案为触电侵权事故，应由供电公司承担全部侵权责任或应当加大供电公司的责任承担的上诉请求，本院认为，本案中，供电公司虽然对其所属的高压电网下的通道存在疏于管理的责任，但该并不是导致触电事故发生的唯一原因。

5. 受害人因一般违法行为，造成损害结果发生的，其对损害结果的发生不具备主观故意，供电公司不能完全免责，但因其自身存在重大过错，应适用过错相抵原则，承担一定责任。（载《民事审判指导与参考》2013年第2辑，总第54辑）

案情简介：王某受张某雇用，为张某修建房屋。2010年9月，王某在修建房屋的过程中，到房顶作业，触碰到房顶上方10千伏高压线，被电击伤后坠地。但在此前的2010年3月，宏大电力公司工作人员对张某的违法建房行为进行了阻止，并向其送达《安全隐患整改通知书》，要求其停止施工，但张某和王某不听劝阻，仍然违法建房。此后，答辩人多次口头和书面告知张某不得违法建房，要求其停止施工，已尽到告知和警示义务，二人不听劝阻仍违法施工，造成原告受伤的后果，宏大电力公司亦曾到当地派出所报案请求公安部门阻止违法施工行为，但派出所没有作为，宏大公司认为其已尽职责，应当免责。

裁判要旨：二审法院认为，宏大电力公司的理由不符合《侵权责任法》第 73 条规定的免责事由，即本案不存在被害人故意或不可抗力的事由，因此，宏大电力公司不能免责。考虑到宏大电力公司已经向王某和张某履行了警示义务，并请求公安机关予以协助制止违法行为，故可减轻宏大电力公司的赔偿责任，由于张某作为房主不听劝阻，仍然指挥违法施工，故应承担主要责任。

6. 虽然已经发现线下高压线路安全隐患，并送达《安全隐患整改告知书》，但未彻底排除隐患，仍应承担责任。（2016 豫 04 民终 3811 号）

案情简介：2014 年 11 月 18 日，樊某某将位于叶县夏李乡孙安路口在建房屋的上梁及铁皮瓦承包给张某施工，后张某雇用刘某某施工。2014 年 11 月 21 日，刘某某在屋顶上施工，不幸触电坠地受伤。本案事故发生前，叶县供电公司曾向樊某某下达《安全隐患整改告知书》，樊某某确已收到。后叶县供电公司已将樊某某在高压线附近建房的情况上报叶县安全生产委员会办公室，2014 年 12 月 4 日，叶县安全生产委员会办公室向叶县夏李乡人民政府下发督办函。

判决摘要：一审法院认为，从事高空、高压、地下挖掘活动或者使用高速轨道运输工具造成他人损害的，经营者应承担侵权责任，但能够证明损害是因受害人故意或不可抗力造成，不承担责任，被侵权人对损害结果有过失的，可以减轻经营者的责任。根据规定，"高压"包括 1 千伏及其以上高压等级的高压电，以高压运送电力属于高压作业。本案涉案线路为 10 千伏，为高压线路。刘某某在施工中不幸在该线路触电后从屋顶坠落在地致伤，有平煤神马医疗集团总医院的诊断证明及双方陈述为证。叶县供电公司作为该线路的经营者应当承担高度危险责任，其辩称架设的高压线符合国家标准，并将樊某某在高压线附近建房的情况上报叶县安全生产委员会办公室，叶县安全生产委员会办公室也向叶县夏李乡人民政府下发督办函，且也向樊某某下达《安全隐患整改告知书》，故不应当承担赔偿责任。但本案系高压电致人损害特殊侵权案件，适用无过错责任原则，事发高压线路的高度是否符合国家标准，不影响电力部门按无过错原则承担赔偿责任，其免责事由仅包括受害人故意或不可抗力所致。故叶县供电公司的辩称理由，应不予采纳。樊某某在高压电线路附近建房存在安全隐患，在叶县供电公司向其下达《安全隐患整改告知书》后，仍未采取有效措施消除安全隐患，仍把房屋建设的工程承包给张某，使其在缺乏安全生产条件、存在安全隐患的环境下施工，对事故的发生存在过错，应承担相应的赔偿责任。张某在未能保障施工现场符合安全作业条件情况下，即让刘某某施工，未尽到安全注意义务，应对刘某某的损害后果承担相应的赔偿责任。其辩称与刘某某系合伙关系，并非雇用刘某某施工，未提供有效证据支持，对其辩称理由不予采纳。昭南管理所将房屋出租给樊某某，且作为南灌区的管理机构，对樊某某在原承租房屋基础上翻建房屋疏于管理和监督，对此事故的发生也有一定的过错，应承担相应的责任。昭南管理所系叶县水利局二级机构，故叶县水利局对昭南管理所承担的责任负连带责任。刘某某作为完全民事行为能力人，知道或应当知道在高压输电线路边上作业具有一定的危险性，对自己所受损害的发生存在过失，应承担一定的责任。因此，刘某某因高压电造成损害系由多个原因造成，结合各方过错程度及考虑各过错行为与损害后果之间的原因力，确定叶县供电公司承担50%，张某承担15%，樊某某承担15%，昭南管理所承担15%，刘某某承担5%。昭南管理所、叶县供电公司、叶县水利局、樊某某上诉意见均认为，刘某某作为完全民事行为能力人，其知道或者应当知道在高压线下进行作业具有一定的危险性，理应提高自己的安全义务，加倍谨慎作业。但由于其没有尽到足够的注意义务，以致发生触电伤亡事故，其本身具有一定的过错，应当对自己的过错行为承担一定的法律责任。一审判决仅认定其承担5%的责任，划分责任明显不当。叶县供电公司上诉意见认为：（1）涉案房屋的房主昭南管理所在电力设施保护区内违法建房，留下事故隐患，并对外出租，也不向相关人员提醒房顶上有高压线，应对此次事故承担主要赔偿责任。叶县水利局作为昭南管理所的管理机构，也应承担相应的赔偿责任。（2）租赁涉案房屋的樊某某，在电力保护区内的高压线下，对租赁的房屋进行改造，选任没有相应安全生产条件的张某进行房屋改造施工，存在选任过失。张某雇佣刘某某对樊某某租赁的违法建筑进行改造，未采取安全措施，最终造成刘某某触电高空坠落的事故。樊某某与张某应当承担连带赔偿责任。（3）叶县供电公司发现该线路下有违章建房威胁电网安全运行，存在严重安全隐患，曾多次警告房主并于2014年10月8日和樊某某签订有安全隐患协议，明确说明因未采取安全措施，未能保证电力安全，所造成的一切事故责任和相应的法律后果，并将此事于2011年10月29日报于叶县安全生产委员会办公室，下督办函通知房主停止违章建筑。此次事故发生前，作为经营者的叶县供电公司已经尽到应尽的管理责任，对于事故的后果不应该负任何赔偿责任。

二审法院认为，关于叶县供电公司是否应承担责任的问题，本案中，刘某某是在施工过程中触电受伤，叶县供电公司作为涉案高压线路的经营者，其无证据证明本案存在刘某某故意或者不可抗力的事由，故叶县供电公司不能免除责任。但基于叶县供电公司在樊某某改建扩建房屋时已尽到一定的安全警示义务，可减轻其赔偿责任。一审判决认定的赔偿数额，各方均未提出异议，二审法院予以确认。刘某某作为受害人，其在高压线附近从事雇用活动应当尽到谨慎注意义务，因其未尽到注意义务，导致触电坠地受伤，其自身存在过错，一审判决刘某某自担5%的责任较为适当，本院予以确认。张某作为雇主，对在高压线附近施工应采取安全措施，因其未采取安全措施，导致事故发生，张某应当承担相应的赔偿责任，一审判决其承担15%的责任较为适当，二审法院予以确认。关于叶县供电公司、樊某某、昭南管理所的责任划分比例，根据以上所述理由，应分别承担30%、25%、25%的责任比例为宜，即叶县供电公司承担144 084.6元，樊某某承担120 070.5元，昭南管理所承担120 070.5元。

三、风险点防范措施

1. 对于在电力设施周围违法作业、违法建设，导致受害人损害的情形，按目前的法律规定，供电企业不再能够当然免责。但是，如果供电公司能够证明以下几项，也可以最大限度地减轻责任甚至免责：（1）根据《侵权责任法》第26条、第27条、第28条、第73条以及《电力法》第 60 条的规定，证明受害者对损害的发生具有过错，或具有自杀、自伤的主观故意，或单纯由第三人造成的；（2）根据《侵权责任法》第 29 条、第 73 条，证明事故是因不可抗力引起，供电企业依法不承担责任；（3）根据《侵权责任法》第 76 条的规定，证明涉案位置处于高度危险活动区域，且供电企业已尽警示义务。关于高度危险活动区域责任与高压经营者责任之辨析，笔者已在关于触电人身损害责任纠纷一篇中予以详述。

2. 根据国务院《电力设施保护条例》第 15 条规定，任何单位或个人不得在架空电力线路保护区内兴建建筑物、构筑物。但是，根据前文所述相关案例中，供电企业下达《安全隐患整改告知书》等各类通知文件，将安全隐患告知当事人，供电企业作为无过错责任一方可在一定程度上减轻已方过错。除了送达整改通知以外，笔者建议在发生此类现象后，应及时上报安全生产管理部门，协同电力执法部门、城市管理部门、建设部门等有执法权的部门，通过行政执法力量及时停止违法建设、违法施工行为，也可以根据《中华人民共和国行政强制法》请求电力执法部门处理，或提起诉讼，请求排除妨害、消除危险。

3. 设置警示标志，并尽警示义务。实践中，部分法院认可"电力设施保护区"属于高度危险活动区域，可以适用《侵权责任法》第 76 条高度危险活动区域已尽警示义务下的免责条款，所以供电企业应当在电力设施周围、电力设施保护区内设置警示标志，并在内容中明确禁止进行种植高杆植物、垂钓、施工、建设、爆破等活动。

4. 电力设施遭到破坏后，应及时确定损失，提起附带民事诉讼或提起民事诉讼。若没有根据民事法律或者《刑事诉讼法》的规定提起相关诉讼，则可能存在失职造成国有资产流失的责任。

【相关法律法规】

《中华人民共和国电力法》

第五十二条第二款　在电力设施周围进行爆破及其他可能危及电力设

施安全的作业的，应当按照国务院有关电力设施保护的规定，经批准并采取确保电力设施安全的措施后，方可进行作业。

第五十三条第二款　任何单位和个人不得在依法划定的电力设施保护区内修建可能危及电力设施安全的建筑物、构筑物，不得种植可能危及电力设施安全的植物，不得堆放可能危及电力设施安全的物品。

第五十五条　电力设施与公用工程、绿化工程和其他工程在新建、改建或者扩建中相互妨碍时，有关单位应当按照国家有关规定协商，达成协议后方可施工。

第六十条第三款　因用户或者第三人的过错给电力企业或者其他用户造成损害的，该用户或者第三人应当依法承担赔偿责任。

第六十八条　违反本法第五十二条第二款和第五十四条规定，未经批准或者未采取安全措施在电力设施周围或者在依法划定的电力设施保护区内进行作业，危及电力设施安全的，由电力管理部门责令停止作业、恢复原状并赔偿损失。

《中华人民共和国建筑法》

第四十二条　有下列情形之一的，建设单位应当按照国家有关规定办理申请批准手续：

（一）需要临时占用规划批准范围以外场地的；

（二）可能损坏道路、管线、电力、邮电通讯等公共设施的；

（三）需要临时停水、停电、中断道路交通的；

（四）需要进行爆破作业的；

（五）法律、法规规定需要办理报批手续的其他情形。

国务院《电力设施保护条例》（国务院令第239号）

第十五条　任何单位或个人在架空电力线路保护区内，必须遵守下列规定：……

（三）不得兴建建筑物、构筑物。

……

《电力设施保护条例实施细则》（中华人民共和国国家经济贸易委员

会、中华人民共和国公安部令第8号发布，根据2011年6月30日国家发展和改革委员会令第10号修改）

第七条第三款 在保护区内禁止使用机械掘土、种植林木；禁止挖坑、取土、兴建建筑物和构筑物；不得堆放杂物或倾倒酸、碱、盐及其他有害化学物品。

第四节 "三线搭挂"的法律风险与防范

"三线搭挂"是供电企业在生产经营过程中特有的一种安全隐患，是指未经供电企业同意，将通信线路、广播电视线路与电力线路共同架设在电线杆上的行为，然而，无论是通信公司、广播电视公司还是供电企业，其除营利性法人的身份外，还承担着事关群众基本生活需求的特殊职责，因此，即便塔杆的物权归供电企业所有，供电企业亦难以简单地直接要求其他公司进行拆除。

一、风险点法律分析

（一）"三线搭挂"的法律性质

在未经电杆所有权人，即供电企业的同意的情况下，第三方将各类线路、装置搭挂、安装在电杆上，通过利用已有电杆获得了杆塔占地审批、建设、维护等多方面的便利，节约了成本。而实际上，行为人的利用行为已经侵犯了供电企业对电杆、塔杆等设施的物权。三线搭挂涉及的相关法律、法规和规范性文件如下。

1. 《电力法》第52条明确禁止任何单位和个人危害发电设施、变电设施和电力线路设施及其有关辅助设施。

2. 《电力设施保护条例》第14条规定，任何单位或个人，不得擅自攀登杆塔或在杆塔上架设电力线、通信线、广播线，安装广播喇叭。因此，在该条例中，明令禁止任何单位和个人擅自进行"三线搭挂"，该条例从根本上否定了搭挂行为的合法性。

3. 同时，各地方条例如《福建省电力设施建设保护和供用电秩序维护条例》第21条亦禁止擅自攀登杆塔、搭接电力线路以及在杆塔上架设其他线路、安装其他设施的行为，《上海市保护电力设施和维护用电秩序规定》第11条也有类似规定。因此，在法律规定上，"三线搭挂"行为被推定为危害电力线路设施的行为之一，其与电力设施保护区内种植可能危及电力设施的植物的行为不同，"三线搭挂"是直接将可能危害设备架设于电杆上，如架设不规范，极易发生安全生产事故。

4. 2003年，国务院安全生产委员会办公室发布《关于对电力线、通信线、广播电视线交越和搭挂进行安全整治的通知》（安委办字〔2003〕5号），决定对"三线"交越、搭挂进行安全整治。该文件也成了治理"三线搭挂"情形的依据。随着文件的发布，各省、市按照文件精神，对电力线、通信线、广播电视线交越和搭挂问题进行研究，针对存在问题进行处理并解决电力安全隐患。根据文件的规定要求，"三线"交越、搭挂安全整治要按照《安全生产法》《电力设施保护条例》（国务院令第239号）、《国务院、中央军委关于保护通信线路的规定》（〔1982〕28号）、《广播电视设施保护条例》（国务院令第295号）、原电力工业部、铁道部、邮电部、中国人民解放军通信兵部和国家广播事业局下发的《关于架空电力线路与弱电流线路接近和交叉装置规程》〔(57)电设电字第224号〕和国家经贸委发布的《农村低压电力技术规程》（DL/T 499—2001）、《农村安全用电规程》（DL 493—2001）的具体规定，进行整改。

（二）"三线搭挂"发生后，供电企业的权利主张

"三线搭挂"的行为除了各类线路未经安全指导、违法搭挂可能引发的安全事故，以及造成供电中断等情形，也直接妨害了电杆所有人即供电企业物的使用和占有，基于违法搭挂行为人的妨害物权的行为，根据《物权法》第35条的规定，妨害物权或者可能妨害物权的，权利人可以请求排除妨害或者消除危险，拆除搭挂在电杆上、危及电杆运行的线路。同时，《侵权责任法》第21条规定，侵权行为危及他人人身、财产安全的，被侵权人可以请求侵权人承担停止侵害、排除妨碍、消除危险等侵权责任。

第四章 安全隐患法律风险防范

（三）行政法上的请求权

根据《电力法》第 68 条的规定，违反本法第 52 条第 2 款和第 54 条规定，未经批准或者未采取安全措施在电力设施周围或者在依法划定的电力设施保护区内进行作业，危及电力设施安全的，由电力管理部门责令停止作业、恢复原状并赔偿损失。违法搭挂行为本身也是一类未经批准、未采取安全措施，在电力设施上进行作业，危及电力设施安全的行为，且其危害状态具有持续性。同时，《电力设施保护条例》第 27 条规定违反本条例规定，危害发电设施、变电设施和电力线路设施的，由电力管理部门责令改正；拒不改正的，处 1 万元以下的罚款。电力行政管理部门可以通过行政法规，对于违法搭挂行为进行处罚并责令改正。因此，供电企业在管理"三线搭挂"过程中，也可以充分与电力行政管理部门沟通，运用行政权力，按《电力法》《电力设施保护条例》《行政处罚法》等法律法规的规定，处置违法搭挂的行为。

（四）"三线搭挂"的法律风险

1. 电力安全事故发生后的侵权责任。"三线搭挂"致他人损害的情形，是一类典型的"多因一果"侵权模式，根据《侵权责任法》第 12 条的规定，二人以上分别实施侵权行为造成同一损害，能够确定责任大小的，各自承担相应的责任；难以确定责任大小的，平均承担赔偿责任。福建省高级人民法院《关于审理触电人身损害赔偿纠纷案件若干问题的解答》第 6 条也提到对因高压活动引起的人身损害是由多个原因造成的，按照致害人的行为与损害结果之间的原因力确定各自相应的赔偿责任。致害人的行为是损害后果发生的主要原因，应当承担主要责任；致害人的行为是损害后果发生的非主要原因，则承担次要责任。

同时，由于《最高人民法院关于审理触电人身损害赔偿案件若干问题的解释》因与《最高人民法院关于审理人身损害赔偿案件适用法律若干问题的解释》中相关条款相矛盾而被废止，废止后，在没有新的司法解释出台的情况下，人身损害赔偿纠纷案件中，供电企业将不得不承担极重的举证责任和民事责任,如因为"三线搭挂"行为,造成民事侵权案件,供电企业亦应承担一定的责任。首先,搭挂行为人违反法律和行政法规的强制性规定,在电力线路上进行违法搭挂,造成他人损害的,是事故发生的直接成因,应当承担主要责任。而供电企业对于供电企业产权的高压线路、电杆具有维护和安全保障的义务,没有充分履行维护和安全保障义务,导致损害的发生,应当承担次要责任。

2. 违法搭挂人的刑事责任风险。司法实践中,对于违法搭挂致人死伤的行为,亦有被定罪的,一般有过失致人死亡罪或过失以危险方法危害公共安全罪两类。由于行为人违法搭挂,主观目的上并未追求危害结果的发生,故宜以过失犯罪认定,而该危险是针对不特定对象的生命、健康和财产产生的危险,笔者更倾向于以过失以危险方法危害公共安全罪定罪。

二、风险点案例分析

1. 线路穿越未符合标准、也未能达到整改安全标准,造成他人触电死亡的后果,供电公司和违法搭挂行为人共同承担民事责任。[(2015)株中法民一终字第343号]

案情简介:2014年8月24日上午10时许,受害者肖某某爬至编号为177号电信线路杆上查找寄挂在该电信杆上的有线电视线路故障,期间不慎触及电信线路上方380伏电力线从楼梯上摔下后死亡。株洲县公安局刑事技术科学室经检验分析认为,系生前因重度颅脑损伤导致呼吸循环衰竭而死亡,其身体伤口特征符合电流斑体改变。死者身前所爬电杆系电信株洲县分公司所有,有线电线寄搭在电信电杆上。国网株洲县分公司的电缆从电信株洲县分公司电缆的正上方穿过,两线距离较短,本案事发时,与死者攀爬的电杆相邻的国网株洲县分公司的电线有一定幅度的下垂现象。电信公司的线是绝缘的,电信公司电杆上的钢拉绳未通电,国网株洲县分公司的电缆电压为380伏,有线电线外面不带电,放大器外壳不带电,里面有40~60伏的电,放大器没有专业工具难以打开。国网株洲县分公司位于本案事故地段的电杆是2013年4月或5月从其他地方移到这个位置的。国网株洲县分公司的电杆与电信株洲县分公司的电杆设置的先后顺序,双方持有争议,有线电线的产权人系被告周某某。

裁判要旨:(1)死者肖某某承担30%的责任:作为具有完全民事行为能力的成年人,擅自攀爬电杆进入危险区域进行高空作业,且未采取有效的防护措施,进而导致事故发生,故存在过错;(2)被告国网株洲县分公司承担40%的责任:在事发现场提供的380伏裸电缆,其本身带有很大的危险性,在出现多线短距离汇集且其裸电缆下垂的情况下,未及时排除该安全隐患,进而电击到死者肖某某导致事故发生,存在过错,应承担赔偿责任;(3)被告电信株洲县分公司承担20%的责任:未及时排除安全隐患,也未联系供电公司商量整改,而是在安全隐患出现后置之未管,且在国务院安全生产委员会办公室2003年发文要求整改三线搭挂的情况下,长达10余年的时间里,仍允许有线电视的线搭挂,被告电信株洲县分公司的该行为亦具有过错,应承担相应的赔偿责任;(4)被告周某某承担10%的责任:未及时排除上述安全隐患,也未将该隐患上报相关部门,而是在安全隐患出现后置之未管,故被告周某某的该行为亦具有过错,应承担相应的赔偿责任。二审法院维持了原审法院的责任分配和关于责任分配的说理依据。

2. 供电公司虽发现电信公司违法搭挂行为,但未予督促整改、排除隐患,发生触电事故后,承担20%的民事责任。(2016川20民终478号)

案情简介:被告广电公司、供电公司、电信公司线路常有交越、搭挂现象。被告供电公司在资阳市雁江区清水乡王家村4-5社台区二线#103电力线路电杆上有穿220W塑料绝缘PVC管的引下线三根。被告电信公司用铁丝将其所有电信线的钢丝领线缠绕在被告供电公司位于资阳市雁江区清水乡王家村4~5社台区二线#103电力线路电杆上,将三根引下线捆扎在内。被告电信公司的钢丝领线与被告广电公司的钢丝领线在电信清鲤42杆处有缠绕。后由于日晒雨淋,加之风力等作用,铁丝锈蚀,将塑料绝缘PVC管磨破,被告电信公司钢丝领线带电,造成被告广电公司的钢丝领线也带电。农户用电时,常有跳闸的现象出现,反映至被告供电公司清水供电所，该所工作人员迈开漏电自动保护装置，将电力线直接搭线。2015年5月2日11时~12时许，位于资阳市雁江区清水乡王家村四社原告家责任田中央属于被告广电公司的一根电杆倾倒，此电杆距被告电信公司电信清鲤42杆100~200米。2015年5月24日15时许，原告到自家责任田中插秧，被倾倒电杆领线所带电击伤。原告即被送至资阳市第一人民医院住院治疗。2015年5月24日16时许，资阳市公安局雁江区分局清水派出所接警到现场勘查。被告广电公司清水广播站的职工禹某某在场见证勘查。2015年16时40分许，禹某某为查看清楚电杆倒地的具体原因，下田去查看，后禹某某遭受电击受伤。

裁判要旨：本案系供电公司、电信公司、广电公司的共同过错导致被上诉人宋良菊受伤。依照《侵权责任法》第12条"二人以上分别实施侵权行为造成同一损害，能够确定责任大小的，各自承担相应的责任；难以确定责任大小的，平均承担赔偿责任"的规定，供电公司、电信公司、广电公司应根据各自的过错程度承担相应的赔偿责任。本案事故系广电公司的电杆倒塌致宋某某被电击伤，广电公司在已知其所有的电杆倾倒后未及时修复，直接导致宋某某被倒塌的电杆上领线所带电击伤，其应承担本次事故50%的主要责任。电信公司私自将其所有的通信线的钢丝领线缠绕在供电公司的电力线路电杆上且将三根引下线捆扎在内导致其钢丝领线带电，电信公司的钢丝领线与广电公司的钢丝领线缠绕导致广电公司的钢丝领线也带电，电信公司存在擅自捆扎其领线在供电公司电杆上、管理不力等过错，应承担本次事故的次要责任，一审判决其承担30%的责任是恰当的。供电公司称其已发现有违章搭挂情况且向电信公司发放整改通知书，但其所举证据不足以证明该事实，其称已发放整改通知书不应承担赔偿责任的上诉理由不能成立。供电公司在日常巡查中发现了电信公司违规将其电信线上的领线与供电公司的引下线一起捆扎，但其未及时采取措施排除这一安全隐患，应依法承担20%的次要责任。

3. 广电公司、兴北公司签订协议进行搭挂，但存在安全隐患、管理失当，双方仍应承担赔偿责任。（2017 冀民申 572 号）

案情简介：广电公司、兴北公司合作经营期间所架设的光缆在张某某、吕某某虾池南沿经二人使用的东西走向的低压线路上方交叉斜穿而过。广电公司、兴北公司的光缆在风雨情况下与张某某、吕某某的低压线发生放电烧毁二人虾池的供电线路及增氧机、电机、其他相关电器，并致虾池停电。张某某、吕某某证人证实事发后虾池部分增氧机损坏不能正常为虾池增氧，而因供电线路亦损坏，二人的发电机不能继续发电供虾池其他增氧机使用，该情况下张某某、吕某某的虾池已不能正常供氧，导致张秀臣、吕凤广虾池内的虾大量死亡。

裁判要旨：参照《国务院安全生产委员会办公室〈关于对电力线、通讯线、广播电视线交越和搭挂进行安全整治的通知〉》规定精神，搭挂线路要符合国家和行业标准，既要保证原线路安全运行，也要保证第三者的人身、财产安全。广电公司、兴北公司在架设光缆时与张某某、吕某某虾池使用的低压线路发生交叉并自低压线上方斜向通过，使用过程中存在安全隐患和日常管理失当的行为，不符合以上通知的精神，造成风雨天气情况下光缆与低压线发生放电，导致张某某、吕某某二人设备损坏、虾池停电、虾大量死亡的后果。故广电公司、兴北公司所搭挂的光缆存在的安全隐患和日常管理失当的行为与张某某、吕某某虾池的损害后果有因果关系。原一、二审判决广电公司、兴北公司对张某某、吕某某虾池的损害结果承担相应的赔偿责任，并无不当，遂驳回河北广电信息网络集团股份有限公司玉田分公司、唐山市兴北电子设备有限公司的再审申请。

4. 自行架设电力线路，违法挂搭在电信钢绞线上，裸露的线芯使钢绞线带电，致人触电死亡，被处过失以危险方法危害公共安全罪。（2011 永刑初字第 172 号）

案情简介：2011 年 6 月 21 日上午 9 时许，在永登县中堡镇大营湾村一社十字路口，该村村民张某在路边堵水的过程中，双手误抓了延伸在水渠里的电信线杆的斜拉线，因斜拉线带电，张某受电流电击，后被群众救起,送往永登县人民医院抢救,张某因触电在送往医院后证实已经死亡。经兰州大学第一医院病理学研究所检验,证实张某双肺肺出血及心肌细胞广泛性横断;双手表皮及食管黏膜肌部分细胞核呈电流性改变;解剖及镜下检查均未发现张某存在致死性外伤和原发性疾病。2011年6月21日上午10时许,供电局工作人员熊某某等6人到达事发现场,开始查找漏电原因。供电局工作人员陈述当时用万用表测了斜拉线的电压,是88.3伏。经过查找发现控制被告人宋某某用电的二社的电表箱,有一股动力线从电表箱里出来绑在通电话线的钢绞线上,把动力线的电闸关掉,再测斜拉线,斜拉线就没有电压。最后发现离宋某某草场约10米远的地方,导线老化,与钢绞线接触上,电力导线与钢绞线用铁质卡子卡在一起,而钢绞线一端抱箍与斜拉线抱箍接触,导致电传到斜拉线上,致使张某触电死亡。

裁判要旨:被告人宋某某违反相关规定私自用老化电线架设线路,由于电线老化破损漏电,导致受害人张某触电身亡,被告人宋某某的行为构成过失以危险方法危害公共安全罪,公诉机关指控的罪名成立,依法应予惩处。被告人违章架设电线后的近一年时间里,冒险用电,供电部门没有对其违法行为进行制止和监管,对被告人宋某某量刑时可酌情从轻处罚。最终判决被告人宋某某触犯过失以危险方法危害公共安全罪,判处有期徒刑1年,缓刑2年。

三、风险点防范措施

"三线搭挂"之所以存在巨大的法律风险,在于其事故发生之后,即便作为被搭挂方,但因负有管理维护义务,也应承担事故责任。从前文的案例可以看出,违法搭挂行为人应该对其违法行为承担责任,而作为电杆所有者,应当承担管理责任,定期巡检、维护电杆,若发现违法搭挂行为后并未予以整改、处理,司法实践中也可能被认定承担相应的管理责任。

1. 事前防范:(1)相关部门应按照规范定期巡视,一旦发现存在三线搭挂的情形,做好记录,并通过走访或其他方式确定违法搭挂行为人,并依法向电力行政管理部门、安全生产行政监督部门汇报。(2)可以签订《搭挂协议》，在一定的技术标准规范下，要求违法搭挂行为人对搭挂线路进行规范化的整改，同时，在协议中明确双方对线路的巡视、维护责任，并明确一旦因搭挂行为造成他人损失的，应当由搭挂行为人承担赔偿责任。但是，由于《搭挂协议》只能最大限度地减小供电企业的责任而难以完全免责，因此如要签署《搭挂协议》，应当经过请示上一级供电企业及电力主管部门、安全生产主管部门的批准。

2. 事后减损：（1）及时辨别事故成因。由于在触电人身损害案件中，供电企业应当承担无过错责任，在发生事故后，应当第一时间报警，在公安机关介入后，对现场进行拍照取证，固定证据，确定事故的成因，防止事故发生后，现场被人为破坏，造成事故原因无法判断。或者可以申请公证机关介入，对事故现场进行拍照，进行证据保全。（2）确认事故系因违法搭挂造成或违法搭挂系造成事故原因之一的情形后，调查违法搭挂的行为人，如难以确认，建议向公安机关申请介入调查。如果确系私人搭挂，应当向公安机关提出举报，追究搭挂行为人涉嫌以危险方法危害公共安全罪的行为。（3）发生诉讼之后，应当追加违法搭挂行为人、被搭挂电力设施所有人为当事人，根据前文所引用的案例，违法搭挂行为人、被搭挂电力设施所有人、管理人在因违法搭挂行为造成第三人损害后，各方均存在一定的过错，应当共同承担责任。

【相关法律法规】

《中华人民共和国电力法》

第五十二条第一款　任何单位和个人不得危害发电设施、变电设施和电力线路设施及其有关辅助设施。

《中华人民共和国侵权责任法》

第十二条　二人以上分别实施侵权行为造成同一损害，能够确定责任大小的，各自承担相应的责任；难以确定责任大小的，平均承担赔偿责任。

国务院《电力设施保护条例》

第十四条　任何单位或个人，不得从事下列危害电力线路设施的行为：……（五）擅自攀登杆塔或在杆塔上架设电力线、通信线、广播线，安装广播喇叭……

第二十七条 违反本条例规定，危害发电设施、变电设施和电力线路设施的，由电力管理部门责令改正；拒不改正的，处10 000元以下的罚款。

《福建省电力设施建设保护和供用电秩序维护条例》

第二十一条 禁止实施下列危害电力设施的行为：……（九）擅自攀登杆塔、搭接电力线路以及在杆塔上架设其他线路、安装其他设施……

国务院安全生产委员会办公室《关于对电力线、通信线、广播电视线交越和搭挂进行安全整治的通知》（安委办字〔2003〕5号）

二、"三线"交越、搭挂安全整治的具体要求

（一）要按照《安全生产法》、《电力设施保护条例》（国务院令第239号）、《国务院、中央军委关于保护通信线路的规定》（〔1982〕28号）、《广播电视设施保护条例》（国务院令第295号）、原电力工业部、铁道部、邮电部、中国人民解放军通信兵部和国家广播事业局下发的《关于架空电力线路与弱电流线路接近和交叉装置规程》〔(57)电设电字第224号〕和国家经贸委发布的《农村低压电力技术规程》（DL/T 499—2001）、《农村安全用电规程》（DL 493—2001）的规定，落实各级政府和有关部门（单位）的责任，认真进行整改。

（二）自2003年4月起，新建、改建、扩建的电力、电信、广播电视线路，必须严格执行国家的有关规定和标准，不允许出现新的违章交越和搭挂；由于路由资源的原因确需交越、搭挂的，后建方必须经过先建方或产权方同意并签订交越、搭挂安全协议书，在落实保护措施、确保安全的情况下才能进行交越、搭挂。各级规划部门在审批路由时要做好统一规划安排。

（三）对2003年4月以前形成的"三线"违章交越、搭挂问题，按照"尊重历史，面对现实，相互支持，依法办事，妥善处理，确保安全"的原则，由所涉及各产权方负责对自己管辖的杆路、线路全面开展一次普查，摸清情况，统计造册，制定整改计划。对违章交越、搭挂的，后建方、搭挂方必须按有关规定进行整改。

（四）由于路由资源的原因已经交越、搭挂且立即撤除确有困难的，后建方、搭挂方要主动与先建方、产权方联系，采取有效的安全防护措施并承担相应的整改经济补偿，通过整改达到安全标准。同时，产权方要与搭挂方签订安全协议书，明确各自的安全责任，强化安全管理。

（六）各地安全生产委员会办公室要在当地人民政府的领导、支持下，积极协调有关部门，结合城乡电网改造以及电信、广播电视"村村通"工程，加强对"三线"违章交越、搭挂的整改力度，加强对城市结合部、乡镇、居民小区的"三线"私拉乱挂、各种进户线及农村广播线违规架设问题的督促检查，并根据具体情况，要求产权方按照有关规定和标准进行整改。

第五节 供电企业安全生产刑事法律风险防范

一、风险点法律分析

供电企业负有对其产权范围内输供电设备、各类高压线路的管理、维护责任，作为高危领域行业，安全生产责任一直是重点工作项目，一旦发生重大安全事故，供电企业不仅仅在民事责任上、行政责任上具有极大的风险，刑事责任领域也存在着一定的风险。本节就安全生产领域可能涉及的罪名进行分析。

（一）重大责任事故罪

1. 重大责任事故罪是指在生产、作业中违反有关安全管理的规定，因而发生重大伤亡事故或者造成其他严重后果的行为。

2. 犯罪构成与量刑。

（1）《刑法》在1997年制定之初，将本罪行为主体限定在工厂、矿山、林场、建筑企业或者其他企业、事业单位的职工。《刑法修正案（六）》将重大责任事故罪的主体从特殊主体修改为一般主体，但此次修改，仅仅是将企业、事业单位职工这一身份属性删除，根据罪名的表述，行为主体仍需负有特定的职务义务，如《最高人民法院、最高人民检察院关于办理危害生产安全刑事案件适用法律若干问题的解释》（以下简称为《危害生产安全刑事案件司法解释》）第1条即规定，"刑法第一百三十四条第一款规定的犯罪主体，包括对生产、作业负有组织、指挥或者管理职责的负责人、管理人员、实际控制人、投资人等人员，以及直接从事生产、作业的人员"。因此，本罪在犯罪构成要件上，仍需具有一定职务义务的人员，才能构成本罪。

（2）本罪为过失犯罪，包括过于自信的过失和疏忽大意的过失。如果是因自然灾害、设备质量等问题造成的损害结果，由于主观上并不存在过失，因此不能认定构成本罪。

（3）本罪所侵害的客体是相关单位的生产安全。根据《危害生产安全刑事案件司法解释》第6条的规定，实施《刑法》第134条第1款的行为，因而发生安全事故，具有下列情形之一的，应当认定为"造成严重后果"或者"发生重大伤亡事故或者造成其他严重后果"，"对相关责任人员，处三年以下有期徒刑或者拘役：（一）造成死亡一人以上，或者重伤三人以上的；（二）造成直接经济损失一百万元以上的；（三）其他造成严重后果或者重大安全事故的情形"。同时，第7条规定："具有下列情形之一的，对相关责任人员，处三年以上七年以下有期徒刑：（一）造成死亡三人以上或者重伤十人以上，负事故主要责任的；（二）造成直接经济损失五百万元以上，负事故主要责任的；（三）其他造成特别严重后果、情节特别恶劣或者后果特别严重的情形。"并且，根据《危害生产安全刑事案件司法解释》第12条的规定，"具有下列情形之一的，从重处罚：（一）未依法取得安全许可证件或者安全许可证件过期、被暂扣、吊销、注销后从事生产经营活动的；（二）关闭、破坏必要的安全监控和报警设备的；（三）已经发现事故隐患，经有关部门或者个人提出后，仍不采取措施的；（四）一年内曾因危害生产安全违法犯罪活动受过行政处罚或者刑事处罚的；（五）采取弄虚作假、行贿等手段，故意逃避、阻挠负有安全监督管理职责的部门实施监督检查的；（六）安全事故发生后转移财产意图逃避承担责任的；（七）其他从重处罚的情形"。同时，第 13 条也规定："实施刑法第一百三十二条、第一百三十四条至第一百三十九条之一规定的犯罪行为，在安全事故发生后积极组织、参与事故抢救，或者积极配合调查、主动赔偿损失的，可以酌情从轻处罚。"

（二）强令违章冒险作业罪

1. 强令违章冒险作业罪是指强令他人违章作业，因而发生重大伤亡事故或者造成其他严重后果的行为。

2. 犯罪构成与量刑。

（1）根据《危害生产安全刑事案件司法解释》第 2 条的规定，"刑法第一百三十四条第二款规定的犯罪主体，包括对生产、作业负有组织、指挥或者管理职责的负责人、管理人员、实际控制人、投资人等人员"。与重大责任事故罪相比，本罪的主体范围较小，不包括直接从事生产、作业的人员。

（2）本罪侵害的客体是作业的安全，其行为是行为人利用其作为直接指挥、管理人员，利用职权强令他人，违反生产、作业中的相关安全作业管理规定进行作业。根据《危害生产安全刑事案件司法解释》第 5 条的规定，"明知存在事故隐患、继续作业存在危险，仍然违反有关安全管理的规定，实施下列行为之一的，应当认定为刑法第一百三十四条第二款规定的'强令他人违章冒险作业'：（一）利用组织、指挥、管理职权，强制他人违章作业的；（二）采取威逼、胁迫、恐吓等手段，强制他人违章作业的；（三）故意掩盖事故隐患，组织他人违章作业的；（四）其他强令他人违章作业的行为"。本罪规定的"发生重大伤亡事故或者造成其他严重后果"，与重大责任事故罪所适用的《危害生产安全刑事案件司法解释》第 6 条第 2 款的规定一致，对相关责任人员，处 5 年以下有期徒刑或者拘役。同时，《危害生产安全刑事案件司法解释》第 7 条第 2 款也规定了前文所列情形下，对相关责任人员，处 5 年以上有期徒刑，且该司法解释第 12 条规定的从重处罚情节，也适用于本罪。

（3）本罪的主观要件为过失。此处的过失是指行为人对其强令违章冒险作业所造成的危害后果不存在故意，但对其强令作业行为违反安全生产作业规定并具有冒险性主观上是明知的。

3. 本罪与重大责任事故罪的辨析。

强令违章冒险作业罪是重大责任事故罪的特别规定，对于不符合强令违章冒险作业罪构成要件，但是符合重大责任事故罪构成要件的，应当以重大责任事故罪论。

（三）重大劳动安全事故罪

1. 重大劳动安全事故罪是指安全生产设施或安全生产条件不符合国家规定，因而发生重大伤亡或者造成其他严重后果的行为。

2. 犯罪构成与量刑。

（1）根据《危害生产安全刑事案件司法解释》第3条的规定，刑法第135条规定的"直接负责的主管人员和其他直接责任人员"，是指对安全生产设施或者安全生产条件不符合国家规定负有直接责任的生产经营单位负责人、管理人员、实际控制人、投资人，以及其他对安全生产设施或者安全生产条件负有管理、维护职责的人员。

（2）本罪侵害的客体是劳动安全。客观行为与结果包含两种情形：一是负责生产设施或安全生产条件的人员，没有设置合格的安全生产设施与安全生产条件，因而发生重大伤亡事故或者造成其他严重后果；二是在安全生产设施或者安全生产条件不符合国家规定的情况下，直接负责的主管人员或者其他直接责任人员，不改善安全生产设施与安全生产条件，因而发生重大事故或者造成其他严重后果。[①]

《危害生产安全刑事案件司法解释》第6条、第7条、第12条规定的情形适用于本罪。根据该司法解释规定，具有第6条规定情形的，对直接负责的主管人员和其他直接责任人员，处3年以下有期徒刑或者拘役；具有第7条情形的，处3年以上7年以下有期徒刑；具有第12条规定的情形的，从重处罚。

---

① 张明楷：《刑法学（第四版）》，法律出版社2011年版，第640页。

第四章
安全隐患法律风险防范

（3）本罪的主观要件为过失。

3. 本罪与强令违章冒险作业罪的竞合。

根据《危害生产安全刑事案件司法解释》的规定，负责人、管理人员、实际控制人、投资人等人员有可能既对生产、作业负有组织、指挥或管理职责，同时对安全生产设施或者安全生产条件负有直接责任。强令违章冒险行业罪是行为人在明知安全生产设施或者安全生产条件不符合规定的情况下，不采取措施消除隐患，并隐瞒事实或强令他人违章冒险作业。其与重大劳动安全事故罪虽然具备不同的主观与不同的行为，但造成了同一危害结果，行为人强令违章冒险作业，造成损害后果的行为，是其不采取消除安全隐患的行为，导致最终事故发生的发展结果，两罪侵害了同一法益。故可以以狭义的包括一罪论，从一重罪即强令违章冒险作业罪定罪处罚。

（四）不报、谎报安全事故罪

1. 不报、谎报安全事故罪是指在安全事故发生后，负有报告职责的人员不报或者谎报事故，贻误事故抢救，情节严重的行为。

2. 犯罪构成与量刑。

（1）本罪的主体。根据《危害生产安全刑事案件司法解释》第4条的规定："刑法第139条之一规定的'负有报告职责的人员'，是指负有组织、指挥或者管理职责的负责人、管理人员、实际控制人、投资人，以及其他负有报告职责的人员。"

（2）本罪侵害的客体是安全事故监管制度。根据《危害生产安全刑事案件司法解释》第8条的规定，"在安全事故发生后，负有报告职责的人员不报或者谎报事故情况，贻误事故抢救，具有下列情形之一的，应当认定为刑法第一百三十九条之一规定的'情节严重'：（一）导致事故后果扩大，增加死亡一人以上，或者增加重伤三人以上，或者增加直接经济损失一百万元以上的；（二）实施下列行为之一，致使不能及时有效开展事故抢救的：1. 决定不报、迟报、谎报事故情况或者指使、串通有关人员不报、迟报、谎报事故情况的；2. 在事故抢救期间擅离职守或者逃匿的；3. 伪造、破坏事故现场，或者转移、藏匿、毁灭遇难人员尸体，或者转移、藏匿受伤人员的；4. 毁灭、伪造、隐匿与事故有关的图纸、记录、计算机数据等资料以及其他证据的；（三）其他情节严重的情形。"第2款规定："具有下列情形之一的，应当认定为刑法第一百三十九条之一规定的'情节特别严重'：（一）导致事故后果扩大，增加死亡三人以上，或者增加重伤十人以上，或者增加直接经济损失五百万元以上的；（二）采用暴力、胁迫、命令等方式阻止他人报告事故情况，导致事故后果扩大的；（三）其他情节特别严重的情形。"同时，该司法解释第9条规定："在安全事故发生后，与负有报告职责的人员串通，不报或者谎报事故情况，贻误事故抢救，情节严重的，依照刑法第一百三十九条之一的规定，以共犯论处。"

（3）本罪的主观要件为故意，如负有报告职责的人员主观上不知道事故发生或者对事故情形有错误认知的，而导致未报告或错误报告的，其主观上不具有故意，不应以本罪论处。

（五）工程重大安全事故罪

1. 工程重大安全事故罪是指建设单位、设计单位、施工单位、工程监理单位违反国家规定，降低工程质量，造成重大安全事故的行为。

2. 犯罪构成与量刑。

（1）从《刑法》第137条的条文来看，本罪主体为特殊主体，只有条文所列建设单位、设计单位、施工单位、工程监理单位的直接责任人员才能构成本罪。

（2）本罪侵害的客体是国家对建筑工程的管理制度。根据《危害生产安全刑事案件司法解释》第6条所列情形，应当认定为"造成重大安全事故"，对直接责任人员，处5年以下有期徒刑或者拘役，并处罚金。具有该司法解释第7条规定的情形的，对直接责任人员，处5年以上10年以下有期徒刑，并处罚金。同时适用该司法解释第12条规定的从重情节。

（3）本罪的主观要件为过失。

（六）综述

本篇中所列五项风险罪名，均属于《刑法》分则第二章危害公共安全罪的内容，该类罪名所侵害的客体是公共安全，即不特定多数人的生命、健康或重大公私财产。本篇所列的重大责任事故罪，强令违章冒险作业罪，重大劳动安全事故罪，不报、谎报安全事故罪，工程重大安全事故罪五项罪名是安全生产领域具有较高风险的罪名。

二、风险点案例分析

1. 被告人叶某某担任水电站项目的总监。未尽到监理职责，造成严重后果，被判重大责任事故罪。（2015 会刑初字第 25 号）

案情简介：赣州市水利水电建设监理站接受业主委托，指派被告人叶某某担任禾坑口水电站项目的总监。被告人叶某某在施工过程中，未尽到监理职责，对施工方采购的材料未进行检查；对施工方未制定立模方案，对将营脑岗电站的方案拿来使用的不当做法未提出异议；未对施工方搭建钢架过程进行监督。2013 年 6 月 8 日，会昌县禾坑口水电站项目准备往安装好的闸孔工作交通桥启闭机工作平台内浇灌混凝土。在施工安全员不在场的情况下，叶某某同意施工方进行浇灌工作。开始浇灌混凝土后，钢架开始承重。在浇灌混凝土近结束时，发生了坍塌事故，造成 4 人死亡、3 人受伤。事故发生后，事故调查组将发生坍塌的钢管脚手架及扣件等物品送江西产品质量监督检测院检测。经检测，脚手架使用的钢管和扣件不合格。经过技术分析认定，事故发生的主要原因是由于搭设方式和相关搭设材料不符合现行相关规范，导致脚手架整体失稳。

裁判要旨：被告人叶某某在为会昌县禾坑口水电站建设项目施工作业过程中违反有关安全管理规定，身为项目总监未尽到监理职责，对施工方违反有关安全管理的规定的行为，没有及时予以纠正，造成 4 死 3 伤的重大伤亡事故，其行为已构成重大责任事故罪。依照《刑法》第 134 条、第 67 条第 1 款、第 72 条、第 73 条之规定，并经本院审判委员会讨论决定，判决如下：被告人叶某某犯重大责任事故罪，判处有期徒刑1年6个月，缓刑2年。

本案中，被告人叶某某提出辩解称，对于水利施工的材料和配件的检测的书面记录，是现场监理的职责。他作为总监是不用在现场检测报告上签字的，对现场监理事发当天是否在场并不知道。但法院判决认为该辩解不符合相关国家安全管理规定的，被告人叶某某未尽到监理职责，应当认定构成重大责任事故罪。

2. 强令不具备爆破资格的人员进行爆破作业，造成其死亡的，依法构成强令违章冒险作业罪。（2014鄂长阳刑初字第00011号）

案情简介：2013年2月25日，被告人王某某到长阳响石高岭土矿任矿长。因该矿爆破员多已离开，只剩一个爆破员而不能正常作业，为了不停产，被告人王某某违反《安全生产法》的规定，安排不具备爆破作业资格的田某某、侯某某分别带人进行爆破作业，并指使仓库保管员张某某向田某某、侯某某发放民爆物品。2013年6月25日，田某某在井下进行爆破作业时被炸身亡。事故发生后，被告人王某某隐瞒事实真相，伪造交通事故现场而予以上报。

裁判要旨：被告人王某某身为矿长，强令工人违章冒险作业，导致死亡一人的重大伤亡事故，其行为已触犯刑律，构成了强令违章冒险作业罪，依法应予刑罚处罚。公诉机关指控的罪名和犯罪事实成立，本院予以确认。鉴于被告人王某某在事故发生后积极赔偿了被害人亲属的损失，其伪造交通事故现场的行为未造成严重后果，可不认定为情节特别严重，但根据《最高人民法院关于进一步加强危害生产安全刑事案件审判工作的意见》第15条第6项的规定，依法应从重处罚。

本案中，被告人王某某违反法律规定，强令不具备爆破作业资质的田某某、侯某某进行爆破作业，造成事故，依法构成强令违章冒险作业罪。同时，王某某虽然在案发后，伪造交通事故现场，存在不报、谎报安全事故的行为，但是根据《刑法》的规定，不报、谎报安全事故应当造成贻误事故抢救的后果，情节严重的，才予以定罪。由于本案其不报、谎报安全事故并未贻误事故抢救，故不构成不报、谎报安全事故罪。

3. 在未取得审批的情况下，在架空电力保护区内建设厂房，安排工人搬运钢筋过程中触碰高压线死亡，被告人李某作为企业负责人，是直接负责的主管人员，依法应构成重大劳动安全事故罪。（2015 泊刑初字第 7 号）

案情简介：被告人李某系泊头市瑞翔汽车冲压件有限公司实际经营人，其将在公司内的架空电力线路保护区建厂房的工程承包给了无建筑资质的小赵屯建筑队负责人刘某。2013 年 12 月 9 日上午 7 时 30 分，被告人刘某在未采取安全防护措施的情况下，安排工人冯某某、时某、严某三人负责在建厂房的钢筋运送及捆绑工作，冯宪元在施工过程中将钢筋搭到附近高压线上，致其触电死亡。

裁判要旨：被告人李某身为企业负责人，违反国家规定在架空电力线路保护区内兴建建筑物，建筑项目未批先建，并将建设项目承包给无建筑施工资质的建筑队施工；刘某无建筑施工资质承揽工程，违法在电力线路保护区内安排人员施工，未采取安全防护措施，导致在施工过程中发生一人触电死亡的重大伤亡事故，其二人均系直接责任人，其行为已触犯刑律，构成重大劳动安全事故罪。公诉机关指控的罪名成立，应予以支持。李某犯重大劳动安全事故罪，判处有期徒刑 10 个月，缓刑 1 年。刘某犯重大劳动安全事故罪，判处有期徒刑 10 个月，缓刑 1 年。

本案对于供电公司处理违反国家规定、在架空电力保护区内进行施工作业具有一定意义。根据国务院《电力设施保护条例》的规定，任何单位或个人不得在架空电力线路保护区内兴建建筑物、构筑物。本案中，被告人李某作为企业负责人，是重大劳动安全事故罪的适格主体，其明知建筑队和相关人员无施工资质，且在工程未经审批的情况下任由被害人在电力设施保护区内施工，自信能够避免损害结果，但最终造成被害人触电死亡，依法应承担刑事责任。

4. 王某某犯重大责任事故、不报、谎报安全事故罪的认定（2016 黑 0303 刑初 34 号）

案情简介：2011 年 3 月，被告人王某某到桂发煤矿工作，在没有矿长资质的情况下，被高某某任命为桂发煤矿矿长，全面负责煤矿的安全生产管理工作，是煤矿安全生产第一责任者。2011 年 2 月，桂发煤矿盗采隐蔽工作面内未经批准的煤炭资源，整个隐蔽工作面没有形成正规的通风系统，未安装瓦斯安全监控系统，且违规使用煤电钻从事生产作业和使用局扇采煤。工人入井作业不配带救生器材，矿井安全管理人员无资质上岗和虚设有资质管理人员。2011 年 4 月 26 日 3 时 20 分许，工人在进行采掘作业时，瓦斯异常涌出，排风不畅致瓦斯积聚达到爆炸浓度，煤电钻电缆破损处芯线短路产生火花，引起瓦斯爆炸。黑龙江省煤矿安全监察局会同省有关部门组成的事故调查组调查认定，桂发煤矿"4.26"较大瓦斯爆炸事故是一起责任事故，死亡 9 人，直接经济损失 839 万元。

裁判要旨：被告人王某某作为桂发煤矿矿长，违反有关安全管理规定组织生产作业，因而发生较大瓦斯爆炸事故，情节特别恶劣，其行为已构成重大责任事故罪，公诉机关指控罪名成立，予以支持。此外，本案公诉机关认为，被告人王某某在管理煤矿期间，违反有关安全管理规定，事故发生后，并未向有关部门汇报，在事故抢救期间逃匿，应当按重大责任事故罪、不报、谎报安全事故罪追究其刑事责任。但法院认为本案被告王某某不构成不报、谎报安全事故罪。

《刑法》第 139 条之一规定，不报、谎报安全事故罪是指"在安全事故发生后，负有报告职责的人员不报或者谎报事故情况，贻误事故抢救，情节严重的"行为。《最高人民法院、最高人民检察院关于办理危害矿山生产安全刑事案件具体应用法律若干问题的解释》第 6 条规定，在矿山生产安全事故发生后，负有报告职责的人员不报或者谎报事故情况，贻误事故抢救，具有下列情形之一的，应当认定为"情节严重"：一是导致事故后果扩大，增加死亡一人以上，或者增加重伤三人以上，或者增加直接经济损失 100 万元以上的。二是实施下列行为之一，致使不能及时有效开展事故抢救的：（1）决定不报、谎报事故情况或者指使、串通有关人员不报、谎报事故情况的；（2）在事故抢救期间撤离职守或者逃匿的；（3）伪造、破坏事故现场，或者转移、藏匿、毁灭遇难人员尸体，或者转移、藏匿受伤人员的；（4）毁灭、伪造、隐匿与事故有关的图纸、记录、计算机数据等资料以及其他证据的。三是其他严重的情节。被告人王某某作为有报告职责的人员，在安全事故发生后，不报事故情况，但并未因此贻误事故抢救。其在安全事故发生后逃匿，但该行为并未造成不能及时有效开展事故抢救。

不报、谎报安全事故罪在刑法学分类上属于结果犯，需要法定的犯罪结果发生，才成立本罪。而不报、谎报安全事故罪的法定结果是贻误事故抢救，情节严重。根据《危害生产安全刑事案件司法解释》第8条、《关于办理危害矿山生产安全刑事案件具体应用法律若干问题的解释》第6条明确规定的危害结果，犯罪结果要与嫌疑人不报、谎报安全事故的行为存在因果关系，才构成本罪。故本案中，法院依法认定被告王某某不构成不报、谎报安全事故罪。

5. 施工单位雇佣没有资质的人员进行电力设施的安装，造成重大隐患而未能发现，最终因线路短路引起火灾，造成多人死亡，构成重大安全事故罪。（2016 鄂 0105 刑初 325 号）

案情简介：2013年12月以来，武汉某房地产开发有限公司（以下简称某房地产公司）在武汉市汉阳区某村进行某村"城中村"改造还建项目某某嘉苑还建房建设。2014年12月，被告人王某甲、黄某甲通过时任某房地产公司副总经理的陈某某（另案处理）的帮助，在没有取得《承装（修、试）电力设施许可证》《电工进网许可证》的情况下，承接了某某嘉苑1、2号楼的临时电表和电缆线安装工程，并由被告人黄某甲具体组织施工。为结算工程款，在陈某某的帮助下，被告人王某甲又与被告人闵某商议，借用被告人闵某担任法定代表人的武汉某某水电工程有限公司（以下称某某公司）的名义，与某房地产公司签订施工合同，某某公司也未取得《承装（修、试）电力设施许可证》。施工过程中，被告人黄某甲违反安全操作规范，在没有设计图纸的情况下，随意雇用无《电工进网许可证》的安装人员，使用不合格电缆线，且未按操作规范进行安装，致使临时供电线路施工存在重大安全隐患未能发现和解决。2015年7月11日23时许，某某嘉苑1号楼2单元电缆井临时供电线路短路，引燃电缆井内的可燃物发生火灾，造成郑某、陈某、贾某等7人死亡，吴某礼、李某娟等12人因吸入有毒烟气受伤。经法医学检验，被害人郑某、陈某、贾某等7人均因CO中毒而死亡。

裁判要旨：被告人黄某甲、王某甲、闵某作为施工单位的直接责任人，违反国家规定，在单位及个人均无施工资质的情况下，违背操作规范要求，降低工程质量标准，造成重大安全事故，其行为均已构成工程重大安全事故罪。公诉机关指控被告人黄某甲、王某甲、闵某犯工程重大安全事故罪的罪名成立。经审判，被告人黄某甲犯工程重大安全事故罪，判处有期徒刑1年3个月，并处罚金人民币2万元；被告人王某甲犯工程重大安全事故罪，判处有期徒刑1年，并处罚金人民币1万元；被告人闵某犯工程重大安全事故罪，判处有期徒刑1年，并处罚金人民币1万元。

本案中，被告人黄某甲、王某甲的主体是施工单位的直接责任人员，符合重大安全事故罪的主体，其违反国家规定，在没有承包资质的情况下，雇用同样没有电工资质的人员进行电力设施操作，最终因供电线路施工存在重大安全隐患、供电线路短路造成7人死亡的严重后果，依法被判处重大安全事故罪。

【相关法律法规】

《中华人民共和国刑法》

第一百三十四条 在生产、作业中违反有关安全管理的规定，因而发生重大伤亡事故或者造成其他严重后果的，处三年以下有期徒刑或者拘役；情节特别恶劣的，处三年以上七年以下有期徒刑。

强令他人违章冒险作业，因而发生重大伤亡事故或者造成其他严重后果的，处五年以下有期徒刑或者拘役；情节特别恶劣的，处五年以上有期徒刑。

第一百三十五条 安全生产设施或者安全生产条件不符合国家规定，因而发生重大伤亡事故或者造成其他严重后果的，对直接负责的主管人员和其他直接责任人员，处三年以下有期徒刑或者拘役；情节特别恶劣的，处三年以上七年以下有期徒刑。

第一百三十七条 建设单位、设计单位、施工单位、工程监理单位违反国家规定，降低工程质量标准，造成重大安全事故的，对直接责任人员，处五年以下有期徒刑或者拘役，并处罚金；后果特别严重的，处五年以上十年以下有期徒刑，并处罚金。

第一百三十九条之一 在安全事故发生后，负有报告职责的人员不报或者谎报事故情况，贻误事故抢救，情节严重的，处三年以下有期徒刑或者拘役；情节特别严重的，处三年以上七年以下有期徒刑。